高职高专经济管理类规划教材

浙江省高等教育重点建设教材

新编管理学基础实训教程

Foundation of Management
New Training Turoial

主编　曾宪达　毛园芳

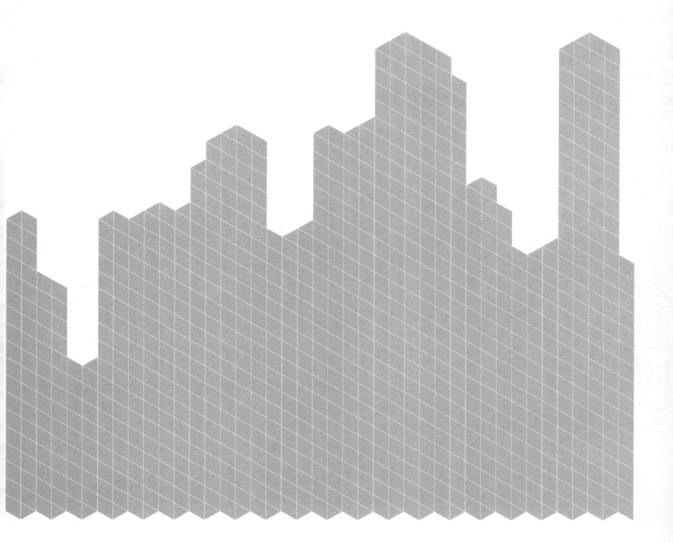

Foundation of Management
New Training Through

FOREWORD 前言

　　《新编管理学基础实训教程》是浙江省精品课程"管理学基础"配套教材,并被列入 2009 年度浙江省高校重点教材建设项目,2009 年 9 月初版,2013 年 2 月进行了修订,2018 年 1 月再次修订。教材内容以管理过程为主线编排,理论教学遵循"必需、够用"原则,以能力为本位,注重管理意识的提高、知识的应用和基本技能的训练。同时有选择地吸收了不少最新研究成果,努力反映管理实践和高职教育教学改革的新趋势,既可供教学使用,也可作为自学教材。本教材主要特点如下:

　　第一,充分体现了高职教育特点。高等职业教育强调职业性和适应性,要求以能力为本位,以"应用"为主旨构建课程和教学内容体系,实践教学的主要目的是培养学习者的技术应用能力。本教材的编写充分体现了以上精神和要求。

　　第二,知识与能力衔接。本教材以实训项目为载体,将管理学的基本知识点融入实训项目,让学习者通过学习和实训在潜移默化中提高各方面的能力;通过各种针对性的案例讨论分析,用头脑风暴的方式激活学习者的思维,提高其语言表达和沟通能力;通过有针对性的测试,让学习者了解自我、完善自我。

　　第三,理论与实践相结合。本教材理论内容重点突出,努力将企业的实际工作情境、工作方式以及工作所需技能与能力,结合管理理论知识点充分地纳入教材内容,同时通过走出去的实训项目,促使学习者与现实世界中的管理实践者交流切磋,巩固对管理理论的理解,体验管理实践的科学性和艺术性。

　　第四,教材内容的编排以工作过程为导向。基于工作过程设计教学内容模块,针对职业工作过程的每一个环节来组织编写相关的课程内容;注重典型工作任务和基本技能分析,合理设计实训项目。

　　第五,创新性的教材体例。相较于其他《管理学基础》教材,在体例编排上本教材具有创新性。从实训目的开始,进入基本知识要点的学习,然后进行实训内容及步骤的安排,最后进行实训考核评价。本教材编制的实训操作指导内容清晰、详尽。

　　21 世纪组织中的管理者如果希望获得成功,就必须有效果、有效率地掌握管理的理论和方法。我们相信,本书的理论与实践的整合性方法会帮助学习者更好地理解管理理论如何渗透于管理过程中。

编　者

2018 年 3 月

目录

Contents

模块一　管理与管理者 ……………………………………… 1

实训项目一　管理的含义、职能及其作用 ……………… 1
实训项目二　管理者的层次、角色、具体任务及技能 …… 6
实训项目三　管理者的素质及培养 …………………… 13

模块二　管理理论的演变 ………………………………… 20

实训项目一　近代管理理论 …………………………… 20
实训项目二　现代管理理论 …………………………… 33
实训项目三　中国古代管理思想 ……………………… 40

模块三　管理与管理环境 ………………………………… 47

实训项目一　管理外部环境 …………………………… 47
实训项目二　管理内部环境 …………………………… 53
实训项目三　管理环境分析 …………………………… 61

模块四　决策及其方法 …………………………………… 65

实训项目一　决策的含义、特点、过程及影响因素 …… 65
实训项目二　主观决策方法 …………………………… 77
实训项目三　定量决策方法 …………………………… 82
实训项目四　个人决策与群体决策 …………………… 87

模块五　计　　划 ………………………………………… 92

实训项目一　目标与目标管理 ………………………… 92
实训项目二　计划的编制 ……………………………… 99

实训项目三　时间管理 ………………………………… 104

模块六　组　　织 ………………………………………… 109

实训项目一　组织结构的设计 ………………………… 109

实训项目二　岗位设计和人员招聘 …………………… 115

实训项目三　团队组织管理 …………………………… 118

模块七　领导和领导艺术 ……………………………… 123

实训项目一　领导者和管理者的区别 ………………… 123

实训项目二　领导方式与领导行为 …………………… 129

实训项目三　领导者的素质 …………………………… 135

实训项目四　授权的艺术 ……………………………… 142

模块八　沟　　通 ………………………………………… 148

实训项目一　沟通的含义及重要性 …………………… 148

实训项目二　沟通过程及基本条件 …………………… 151

实训项目三　沟通方式 ………………………………… 156

实训项目四　沟通障碍的排除 ………………………… 161

模块九　激　　励 ………………………………………… 169

实训项目一　激励的过程及其重要性 ………………… 169

实训项目二　激励理论 ………………………………… 173

实训项目三　激励方法 ………………………………… 181

模块十　控制及其方法 ………………………………… 184

实训项目一　控制与控制过程 ………………………… 184

实训项目二　控制的类型与方法 ……………………… 196

模块十一　管理创新及其方法 ……………………… 203

实训项目一　管理创新的含义、特点及内容 ………… 203

实训项目二　管理创新的过程与组织 ………………… 211

模块十二　综合实训 …………………………………… 219

实训项目一　海尔的管理 ……………………………… 219

实训项目二　企业家智商测评 ………………………… 235

实训项目三　团队管理游戏 ………………………… 237

实训项目四　模拟公司创建 ………………………… 238

附录　实训记录表格 ………………………………… 240

表格一　实训小组讨论分析记录表 ………………… 240

表格二　实训小组实训报告发言提纲表 …………… 241

表格三　企业参观/调研/访谈记录表 ……………… 242

模块一

管理与管理者 ≫ ≫ ≫ ≫

实训目标

1. 提高学生对管理的重要性认识，理解管理的含义及基本职能；
2. 区分不同的管理者，初步认清其角色与任务；
3. 分析不同层次管理者所需的素质与技能，掌握管理者素质培养方式。

实训手段

案例分析；管理沙龙；模拟实践；企业访谈

实训项目一　管理的含义、职能及其作用

一、实训目的

通过资料讨论和分析，学生能够充分理解管理在现实生活中的作用及重要性，提高学习管理学基础知识的兴趣和积极性。

通过下企业参观、与企业家对话，学生能够提高观察能力、与人沟通的能力；并通过对话记录稿的整理，学会倾听，提高信息的搜集和整理能力。

通过班级活动组织策划，学生能够充分了解管理活动的过程及四大职能，也充分地体味到管理的含义。

二、基本知识要点

(一)管理的含义

从词义上看，管理通常被解释为主持或负责某项工作。人们在日常生活上对管理的理解是这样，平常人们也是在这个意义上去应用管理这个词的。但自从管理进入人类的观念形态以来，几乎每一个从人类的共同劳动中思考管理问题的人，都会对管理现象做出一番描述和概括，所以管理的定义非常多，如以下几种。

亨利·法约尔(Henri Fayol)给管理下的定义：管理是所有的人类组织(不论是家庭、企业还是政府)都有的一种活动。这种活动由五项要素组成：计划、组织、指挥、协调和控制。所以管理就是实行计划、组织、指挥、协调和控制。

孔茨给管理下的定义：管理就是设计和保持一种良好环境，使人在群体里高效率地完成既定目标。

小詹姆斯·唐纳利给管理下的定义：管理就是由一个或更多的人来协调他人活动，以便收到个人单独活动所不能收到的效果而进行的各种活动。

彼得·德鲁克给管理下的定义：归根到底，管理是一种实践，其本质不在于"知"，而在于"行"；其验证不在于逻辑，而在于成果；其唯一权威就是成就。

所有这些定义使用的都是专业术语。其实，管理其本身是一门复杂、高度抽象的学问，必须让其易于理解，易于应用。所以管理科学家朱则荣对管理的定义是：对一个活动过程进行组织，让行动变得更有效、成本变得更低，并让结果更加令人满意。因此，在这样一个活动过程中，组织中的管理者要运用一定的职能和手段来协调他人的劳动，使别人同自己一起高效率地实现组织既定目标，在兼顾社会责任的基础上让组织生存和发展，这才是管理的实质。

(二)管理的职能

1.计划

计划就是确定组织未来发展目标以及实现目标的方式。任何管理活动首先都是从计划工作开始的。为了使管理有效益，必须首先确立清楚的目标。只有确立了清楚的目标，才能判别什么事情应该做，什么事情不能做。而为了提高效率，以比较少的投入获得比较大的产出，必须对资源的投放、工作的开展事先进行研究、安排，为此就要进行计划的制定，明确实现目标的途径。因此，计划工作表现为确立目标和明确达到目标的必要步骤，包括估量机会、建立目标、制订实现目标的战略方案、形成协调各种资源和活动的具体行动方案等。计划工作是管理的首要职能，其他工作都只有在计划工作明确了目标后才能有目的地进行。

2.组织

在制定出切实可行的计划后，为了将目标变成现实，就要组织必要的人力和其他资源去执行既定的计划，也就是要进行组织工作。组织工作是为了有效地达成计划所确定的目标而进行分工协作、合理配置各种资源的过程，它是计划工作的自然延伸，一般包括任务的分解、权责明确、资源配置以及协作关系的明确等内容。组织工作不当必然会影响工作成效。

3.领导

任何活动的行为主体是人，因此指导和协调实施过程中人与人之间的关系、激励和调动人的积极性是管理的基本工作之一。在一个组织中，领导工作就是管理者利用职权和威信施展影响，指导和激励各类人员努力去达成目标的过程。作为个人，领导工作的重点在于调动相关人员的积极性，协调相关人员之间的关系。个人的力量是有限的，我们要注重在实现目标的过程中充分调动一切可以调动的因素，激励他人协助我们实现目标。

4.控制

控制是指在动态的环境中为保证既定目标的实现而进行的检查和纠正偏差的活动过程。控制是保证目标能按计划实现所必不可少的。由于环境的不确定性、组织活动的复杂性和管理失误的不可避免，为了保证有效地实现目标，就必须对环境、组织成员和组织活动等加以控制。控制工作具体包括确立控制标准、衡量实际业绩、进行差异分析、采取纠偏措施等内容。

(三)管理的作用

  1.管理是保证组织有效地运行所必不可少的条件

  在现实社会中,人们都是生活在各种不同组织之中的,如工厂、学校、医院、军队、公司等。人们依赖组织,组织是人类存在和活动的基本形式。组织是人类征服自然的力量源泉,是人类获得一切成就的主要因素。然而,仅仅有了组织也还是不够的,因为人类社会中存在组织就必然有人群的活动,有人群的活动就有管理,有了管理,组织才能进行正常有效的活动,简而言之,管理是保证组织有效地运行所必不可少的条件。组织的作用依赖于管理,管理是组织中协调各部分的活动,并使之与环境相适应的主要力量。所有的管理活动都是在组织中进行,有组织就有管理。

  2.管理在组织中协调各部分的活动,并使组织与环境相适应

  管理是一切组织正常发挥作用的前提。任何一个有组织的集体活动,不论其性质如何,都只有在管理者对它加以管理的条件下,才能按照所要求的方向进行。组织是由组织的要素组成的,组织的要素互相作用产生组织的整体功能。然而,仅仅有了组织要素还是不够的,这是因为各自独立的组织要素不会完成组织的目标,只有通过管理,使之有机地结合在一起,组织才能正常地运行与活动。组织要素的作用依赖于管理。管理在组织中协调各部分的活动,并使组织与环境相适应。一个单独的提琴手是自己指挥自己,一个乐队就需要一个乐队指挥,没有指挥,就没有乐队。在乐队里,一个不准确的音调会破坏整个乐队的和谐,影响整个演奏的效果。同样,在一个组织中,没有管理,就无法彼此协作地进行工作,就无法达到既定的目的,甚至连这个组织的存在都是不可能的。集体活动发挥作用的效果大多取决于组织的管理水平。

  3.只有通过管理才能有效地实现组织的目标

  组织是有目标的,组织只有通过管理,才能有效地实现组织的目标。在现实生活中,我们常常可以看到这种情况,有的亏损企业仅仅由于换了一个精明强干、善于管理的厂长,很快扭亏为盈;有些企业尽管拥有较为先进的设备和技术,却没有发挥其应有的作用;而有些企业尽管物质技术条件较差,却能够凭借科学的管理,充分发挥其潜力,反而能更胜一筹,从而在激烈的社会竞争中取得优势。有效的管理,可以放大组织系统的整体功能。因为有效的管理,会使组织系统的整体功能大于组织因素各自功能的简单相加之和,起到放大组织系统的整体功能的作用。在相同的物质条件和技术条件下,由于管理水平的不同而产生的效益、效率或速度的差别,这就是管理所产生的作用。在组织活动中,需要考虑到多种要素,如人员、物资、资金、环境等,它们都是组织活动不可缺少的要素,每一要素能否发挥其潜能,发挥到什么程度,对管理活动产生不同的影响。有效的管理,在于寻求各组织要素、各环节、各项管理措施、各项政策以及各种手段的最佳组合。这种合理组合,就会产生一种新的效能,可以充分发挥这些要素的最大潜能,使之人尽其才,物尽其用,从而有助于实现组织的目标。

三、实训内容、组织方式及步骤

  实训内容Ⅰ:管理的重要性

  实训形式:

  案例分析。

实训步骤：

第一步，实训前准备。要求参加实训的同学，课前查阅相关书籍，初步了解本次实训的理论基础知识。

第二步，以5—6人的小组为单位进行资料的讨论和分析，个人充分发表个人观点，并对小组成员的各种观点进行记录。

▷【案例分析 1-1】

英、美、日的管理水平比较

从宏观角度来看，一个国家的管理水平在相当程度上决定着这个国家的经济发展速度与水平。就拿英国来说，如果没有成功的管理作基础，它是不可能完成18世纪的产业革命的，但是到了20世纪40年代，英国的工业却落后于美国，其原因在哪儿呢？英国向美国派出了一个考察团，考察的结果是什么呢？上交报告书的作者是这样感叹的：产业革命发生在英国，世界上第一个工厂出现在英国，世界上第一本论述管理的书籍是英国人写出来的，然而事过70年，英国人竟要跑到美国那里向美国学习管理，并大声疾呼管理对社会生产力的发展起着重要的作用，这表明当时美国的管理水平已经超过了英国。而到了20世纪70年代，美国经济却受到日本的威胁，美国广播公司1979年在日本拍了一部电视纪录片，题为《日本人能做到的，难道美国人做不到吗？》一时轰动了日、美两国，其主要内容就是介绍日本的管理经验，尽管当时从技术革命或技术进步的角度看，美国超过了日本，然而管理水平却落后于日本。日本人把管理和科学技术视为经济发展的两个轮子，并且认为经济的发展"三分靠技术，七分靠管理"，他们把管理看得比科学技术更为重要。

从微观角度来看，对于企业而言，没有管理就没有现代生产力，管理水平的高低会产生不同的生产力，生产力的不同体现在生产效率的高低上，而生产效率也就决定了企业产品的社会必要劳动时间，也就决定了产品的成本，进而也就决定了企业的利润。例如：美国佐治亚州阿特兰大市某机械电子厂，在日本东京设立了一个半导体配电盘装配车间，该车间同在美国的车间在人数、装配线、技术条件等恰好完全相同，并按同一标准进行装配，唯一不同的是各自用各自的管理方式，美国的车间让美国人用美国的管理方式进行管理，日本的车间让日本人用日本的管理方式进行管理，而结果是单位时间产量东京车间比美国车间提高15%，这意味着日本的管理方式优于美国的管理方式，这也是为什么日本在战争的废墟中站起来的原因，日本在管理方面的确有其独到之处。

许多外国专家在考察了中国企业之后认为，就以中国现有的设备，现有的人员，现有的技术，只要改进管理就可以提高产值的50%。这说明中国的管理水平是相当落后的。

据国外研究表明，在1900—1955年的半个世纪中，在一个现代化企业里，在人员合理配置的情况下：每增加一名合格的体力劳动者，可以取得1：1.5的经济效果；每增加一名合格的脑力劳动者，可以取得1：2.5的经济效果；每增加一名有效的管理者,可以取得1:6的经济效果。我国的研究资料表明:我国的工业固定资产每增加1%,生产只增加0.2%;工业劳动力每增加1%,生产增加0.75%;而每增加1%的训练有素、懂管理、会经营的管理人员,企业生产可增加1.8%。这就是说,管理所带来的经济效益相当于固定资产的9倍,相当于一般劳动力的2.4倍。

第三步,各小组选出一名代表发言,对小组讨论分析结果进行总结。

第四步,对小组成员的各种观点进行分析、归纳和要点提炼,完成资料分析发言提纲。

实训要求:各小组成员都应学会分析记录,并积极进行讨论,发表个人观点,认真完成实训内容;发言提纲要求语言流畅,文字简练,条理清晰。

实训内容Ⅱ:下企业参观与企业家对话——企业管理者对管理的看法

实训形式:

管理沙龙。

实训步骤:

第一步,实训前准备。学生围绕管理,准备需要与企业人士交流的问题提交给指导教师,由指导教师对要交流的问题进行筛选。

第二步,由指导教师联系企业,并与企业家进行沟通组织学生下企业参观,了解真实的企业,企业的组成部分,企业中的管理岗位。

第三步,学生按指导教师筛选的问题与企业家对话,并记录交流过程中问题的答案。

第四步,学生返回课堂完成与企业家对话记录的整理及参观报告。

实训要求:请学生围绕管理,准备与企业家对话的问题,并在进行对话的过程中寻找问题的答案,以巩固对于管理的含义、职能及其作用的理解;下企业参观使学生了解真实的企业,企业的组成部分,企业中管理岗位;学生与企业对话交流,对管理的含义和重要性有大概的了解。

实训内容Ⅲ:管理职能模拟实践

实训形式:

模拟实践。

实训步骤:

第一步,实训前准备。指导教师让每位学生写下他在班级生活中的一个愿望。

第二步,每位学生根据自己的愿望进行班级活动的组织设想。

第三步,根据自己的设想,完成活动组织策划书。

第四步,请每位学生将活动组织策划反馈给全班同学,了解班级同学对活动的支持情况,如支持情况欠佳则对活动组织策划进行修改。

实训要求:请学生以班级活动组织者的身份,完成一份活动组织策划书;组织策划书的内容应包括活动的目的、活动的内容、活动经费预算、活动实施过程的组织工作、领导工作的安排,以及活动过程可能出现问题的预测及控制措施;要求语言流畅,文字简练,条理清晰。

四、实训时间及成绩评定

(一)实训时间

实训内容Ⅰ:资料分析讨论时间以20分钟为宜,各小组代表发言时间控制在3分钟。

　　实训内容Ⅱ:学生准备交流问题、企业联系利用课余时间,实际企业参观时间 40 分钟,与企业家对话时间控制在 40 分钟以内。

　　实训内容Ⅲ:学生活动组织策划书的撰写时间 40 分钟,策划信息反馈每位学生控制在2 分钟。

(二)实训成绩评定

　　1.实训成绩按优秀、良好、中等、及格、不及格 5 个等级评定。

　　2.实训成绩评定准则:

　　①是否理解管理的含义、职能和作用,是否认识到管理的重要性。

　　②是否能积极主动与企业家交流,能否简练、清楚地整理对话记录。

　　③是否学会了在组织活动过程中实施管理的各项职能。

实训项目二　管理者的层次、角色、具体任务及技能

一、实训目的

　　通过案例分析实训,学生能够基本掌握不同层次的管理者在实际管理过程中的所承担的角色、具体任务及关注的目标是各不相同的,所必须拥有的管理技能也有很大差异。

　　通过企业实际访谈,学生提高与人沟通的能力,并通过访谈了解实际管理过程中各层次管理者的角色、具体任务及技能的差异。

二、基本知识要点

(一)管理者在企业所承担的角色

　　美国管理学家明茨伯格在 20 世纪 60 年代末期对 5 位总经理的工作进行了仔细的研究,发现对长期以来形成的对管理者工作所持的看法提出了挑战。他得出结论:管理者扮演者 10 种不同却高度相关的角色。这 10 种角色可以进一步合成三个方面:

　　1.人际关系方面

　　(1)挂名首脑

　　作为组织的首脑,每位管理者有责任主持一些仪式,比如接待重要的访客、参加某些职员的婚礼、与重要客户共进午餐,等等。涉及人际关系角色的职责有时可能是日常事务,几乎不包括严肃的交流或重要的决策制定,然而,它们对组织能否顺利运转非常重要,不能被管理者忽视。

　　(2)领导者

　　由于管理者管理着组织,他就对该组织成员的工作负责,在这一点上就构成了领导者的角色。这些行动有一些直接涉及领导关系。比如,在大多数组织中,管理者通常负责雇佣和培训职员。另外,也有一些行动是间接地行使领导者角色。比如,每位管理者必须激励员工,以某种方式使他们的个人需求与组织目的达到和谐。

　　(3)联络者

　　管理者在他的垂直指挥链之外与人接触承担着联络者的角色。通过对每种管理工作的研究发现,管理者花在同事和单位之外的其他人身上的时间与花在自己下属身上的时间

一样多。管理者结交这些联系人在很大程度上是为了发现信息。实际上,联络角色是专门用于建立管理者自己的外部信息系统的——它是非正式的、私人的、口头的,然而却是有效的。

2.信息传递方面

在很大程度上,沟通即是管理者的工作。监控者、传播者和发言人这三种角色从情报方面描述了管理工作。

(1)监控者

作为监控者,管理者为了得到信息而不断审视自己所处的环境。他们询问联系人和下属,接收主动提供的信息(这些信息大多来自他的个人关系网)。担任监控角色的管理者所搜集的信息很多都是口头形式的,通常是传闻和流言。这些联系使管理者在为组织搜集软信息上具有天然的优势。

(2)传播者

管理者必须分享并分配信息。组织内部可能会需要这些通过管理者的外部个人联系搜集到的信息。在传播者的角色中,管理者需要直接传递给下属一些他们独享的信息,因为下属没有途径接触到它们。当下属彼此之间缺乏便利联系时,管理者有时会分别向他们传递信息。

(3)发言人

管理者把一些信息发送给组织之外的人,比如总裁发表演讲或者工头建议供应商改进某个产品。另外,作为发言人角色的一部分,每位管理者必须随时告知并满足控制其组织命运的人或部门的要求。首席执行官可能要花大量时间与有影响力的人周旋,要就财务状况向董事会和股东报告,还要履行组织的社会责任,等等。

3.决策制定方面

信息是决策制定的基本投入。管理者在组织的决策制定系统中起着主要作用。作为具有正式权力的人,只有管理者能够使组织专注于重要的行动计划;作为组织的神经中枢,只有管理者拥有及时全面的信息来制定战略。以下四种角色描述了作为决策者的管理者的工作。

(1)企业家

管理者必须努力组织资源去适应周围环境的变化。在监控者角色里,总裁不断寻找新思想,而作为创业者,当出现一个好主意时,总裁要么决定一个开发项目,直接监督项目的进展,要么就把它委派给一个雇员。

(2)混乱驾驭者

创业者角色把管理者描述为变革的发起人,而危机处理者角色则显示管理者非自愿地回应压力。在这里,管理者不再能够控制迫在眉睫的罢工、某个主要客户的破产或某个供应商违背了合同等变化。实际上,每位管理者必须花大量时间对付高压或骚乱。没有组织能够事先考虑到每个偶发事件。骚乱发生的原因不仅是因为拙劣的管理者忽略形势直到它们达到了危机程度,还因为好的管理者不可能预测自己采取的所有行动的结果。

(3)资源分配者

管理者负责在组织内分配责任,他分配的最重要的资源也许就是他的时间。接近管理者就等于接近了组织的神经中枢和决策者。管理者还负责设计组织的结构,即决定分工和协调工作的正式关系的模式。在作为资源分配者的角色里,重要决策在被执行之前,首先要获得管理者的批准。通过保留这种权力,管理者能确保决策是互相关联的。分裂这种权力就等于鼓励不连续的决策和脱节的战略。

（4）谈判者

对在各个层次进行的管理工作研究显示,管理者花了相当多的时间用于谈判,比如足球俱乐部老板被叫来解决与坚持不让步的超级球星的合同纠纷、公司总裁率领代表团去处理一次新的罢工事件,等等。正如伦纳德·塞尔斯所言,谈判对于富有经验的管理者来说是一种"生活方式"。谈判是管理者不可推卸的工作职责,而且是工作的主要部分,因为只有管理者有权把组织资源用于"真正重要的时刻",并且只有他拥有重要谈判所要求的神经中枢信息。

上面所描述的 10 种角色不能轻易分开,它们形成了一个完全形态,是一个整体。没有哪种角色能在不触动其他角色的情况下脱离这个框架。比如,如果一位没有联络交往的管理者缺乏外部信息,那么他就既不能传播下属需要的信息,也不能做出充分反映外部条件的决定。

（二）管理者的具体任务

要使组织运作既有效率又有效益,一般需要三种层级的管理者:基层管理者、中层管理者和高层管理者。一般而言,基层管理者向中层管理者报告,中层管理者向高层管理者报告。不同层次管理者的具体任务是不同的。

1. 高层管理者

高层管理者是那些对组织的所有部门负责,附有跨部门职责管理的人员。高层管理者负责确定组织目标,决定不同部门间如何联系协作等。高层管理人员对组织的成败负有最终的责任,他们的工作绩效受到组织内外员工、投资者的监督和考核。其具体任务是:

（1）建立雄伟目标,达成群体共识;

（2）制定战略计划,调整组织分工;

（3）汇集各项资源,进行合理配置;

（4）提出核心理念,塑造企业文化。

2. 中层管理者

中层管理者是那些监督基层管理者的工作,找出运用组织的人力和其他资源以事项组织目标的最佳方法与途径的管理人员。为提高组织效率,中层管理者需要想办法找出能够帮助基层管理者和非管理层员工更好地实现利用资源、降低成本的方法;要分析判断组织的目标是否正确适当,并向高层管理者提出如何加以改进的建议。他们工作的一个主要部分就是发展和改进工作中某种工作的技术,如生产技术、营销技术,以更加有效率地利用组织资源。其具体任务是:

（1）建立工作团队,明确人员分工;

（2）规范工作程序,建立管理标准;

（3）加强计划管理,实施日常考核;

（4）激发下属动力,培育下属能力。

3. 基层管理者

基层管理者是那些对从事生产或服务等特定活动的非管理层员工进行日常监督管理

的人员。基层管理者遍布组织的各个部门。其具体任务是：

(1)建立工作关系,明确下属任务;

(2)制定作业方法,岗位工作标准;

(3)进行工作指导,加强巡视培训;

(4)实施工作改善,不断创新发展。

4.操作者

操作者是指在组织中直接从事具体业务,且对他人的工作不承担监督职责的人。其具体任务是：

(1)接收上级指示,明确任务与要求;

(2)完成自身任务,履行岗位职责;

(3)实现自我超越,不断晋升发展。

(三)管理者的管理技能

管理者需要三种基本的技能,即技术技能、人际技能和概念技能。

1.技术技能

技术技能(technical skills)是指熟悉和精通某种特定专业领域的知识,是对特定任务的业绩及其效能的理解,它包括方法,掌握技巧和拥有与工程、制造或财务等有关的设备。同时,技术技能也包括专业化的知识,分析能力和对用来解决某一特定科学领域中的问题的工具和技巧的熟练运用。对于基层管理者来说,这些技能是重要的,因为他们直接处理雇员所从事的工作。

(1)技术技能的能力构成:诊断技术、决策技术、计划技术、组织设计技术、评价技术、书写技术等。

(2)技术技能的能力实施:履行决策、计划、组织、控制等管理职能。

2.人际技能

人际技能(human skills)是管理者与他人一起工作和作为一名小组成员而有效工作的能力。具体表现为管理者与他人的关系,其中包括激励、帮助、协调、领导、沟通和解决冲突的能力。具有良好人际技能的管理者能够使员工的热情和信心倍增,这些技能对于各个层次的管理者都是必备的。

(1)人际技能的能力构成:表达能力、协调能力、激励能力、领导能力、公关能力等。

(2)人际技能的能力实施:获取信息、履行领导职能、组织落实和创造良好的组织环境。

3.概念技能

概念技能(conceptual skills)是指管理者将自己的观点提出来并且经过加工处理将关系抽象化、概念化的能力。具有概念技能的管理者往往把自己的组织看成一个统一的整体,并且能够熟悉各个小组之间的关系,能够正确的运用自己的各种技能来处理组织中出现的问题,能正确的行使管理职能,将自己的组织问题细分化,各个击破,实现企业的目标,具有很强概念技能的管理者能够认识到组织中存在的问题,能够正确地分析组织出现的问题,并且拟订正确的解决方案加以实施。管理者的概念技能对于高级管理者最重要,中级的管理者次之。

(1)概念技能的能力构成:分析能力、综合能力、决断能力等。

(2)概念技能的能力实施:履行决策和指挥责任。

三、实训内容、组织方式及步骤

实训内容Ⅰ：不同层次管理者的具体任务及技能

实训形式：

案例分析。

实训步骤：

第一步，实训前准备。要求参加实训的同学，课前查阅相关书籍，初步了解本次实训的理论基础知识。

第二步，以5—6人的小组为单位进行以下案例资料的阅读。

▷【案例分析 1-2】

升任公司总裁后的思考

郭宁最近被所在的生产机电产品的公司聘为总裁。在准备接任此职位的前一天晚上，他浮想联翩，回忆起他在该公司工作20多年的情况。

他在大学时学的是工业管理，大学毕业后就到该公司工作，最初担任液压装配单位的助理监督。他当时感到真不知道如何工作，因为他对液压装配所知甚少，在管理工作上也没有实际经验，他感到几乎每天都手忙脚乱。可是他非常认真好学，一方面仔细参阅该单位所订的工作手册，并努力学习有关的技术知识；另一方面监督长也对他主动指点，他渐渐摆脱了困境，胜任了工作。经过半年多时间的努力，他已有能力独立担当液压装配的监督长工作。可是，当时公司没有提升他为监督长，而是直接提升他为装配部经理，负责包括液压装配在内的四个装配单位的领导工作。

在他当助理监督时，他主要关心的是每日的作业管理，技术性很强。而当他担任装配部经理时，他发现自己不能只关心当天的装配工作状况。他还得做出此后数周乃至数月的规划，还要完成许多报告和参加许多会议，他没有多少时间去从事他过去喜欢的技术工作。当上装配部经理不久，他就发现原有的装配工作手册已基本过时，因为公司已安装了许多新的设备，引入了一些新的技术，这令他花了整整1年时间去修订工作手册，使之切合实际。在修订手册过程中，他发现要让装配工作与整个公司的生产作业协调起来是有很多讲究的。他还主动到几个工厂去访问，学到了许多新的工作方法，并把这些吸收到修订的工作手册中去。由于该公司的生产工艺频繁发生变化，工作手册也不得不经常修订，郭宁对此都完成得很出色。他工作了几年后，不但自己学会了这些工作，而且还学会如何把这些工作交给助手去做，教他们如何做好，这样，他可以腾出更多时间用于规划工作和帮助他的下属工作得更好，以及花更多的时间去参加会议、批阅报告和完成自己向上级的工作汇报。

当他担任装配部经理6年之后，正好该公司负责规划工作的副总裁辞职应聘其他公司，郭宁便主动申请担任此一职务。在同另外5名竞争者较量之后，郭宁被正式提升为规划工作副总裁。他自信拥有担任此一新职位的能力，但由于此高级职务工作的复杂性,仍使他在刚接任时碰到了不少麻烦。例如,他感到很难预测1年之后的产品需求情况。可是一个新工厂的开工,乃至一个新产品的投入生产,一般都需要在数年前做出准备。而且,在新的岗位上他还要不断处理市场营销、财务、人事、生产等部门之间的协调,这些他过去都不熟悉。他在新岗位上越来越感到:越是职位上升,越难于仅仅按标准的工作程序去进行工作。但是,他还是渐渐适应了,做出了成绩,以后又被提升为负责生产工作的副总裁,而这一职位通常是由该公司资历最深、辈分最高的副总裁担任的。到了现在,郭宁又被提升为总裁。他知道,一个人当上公司最高主管职位之时,他应该自信自己有处理可能出现的任何情况的才能,但他也明白自己尚未达到这样的水平。因此,他不禁想到自己明天就要上任了,今后数月的情况会是怎么样? 他不免为此而担忧!

第三步,根据案例,针对以下问题进行讨论分析,并对小组成员的各种观点进行记录。

①郭宁担任助理监督、装配部经理、规划工作副总裁和总裁这四个职务,其管理职责各有何不同? 能概括其变化的趋势吗? 请结合基层、中层、高层管理者的具体任务进行分析。

②你认为郭宁要成功地胜任公司总裁的工作,哪些管理技能是最重要的? 你觉得他具有这些技能吗? 试加以分析。

③如果你是郭宁,你认为当上公司总裁后自己应该补上哪些欠缺才能使公司取得更好的绩效?

第四步,各小组选出一名代表发言,对小组讨论分析结果进行总结。

第五步,对各种观点进行分析、归纳和要点提炼,并完成案例分析发言提纲。

实训要求:各小组成员都应学会分析记录,并积极进行案例讨论,发表个人观点,认真完成实训内容;发言提纲要求语言流畅,文字简练,条理清晰。

实训内容Ⅱ:管理者的角色及技能

实训形式:

案例分析。

实训步骤:

第一步,实训前准备。要求参加实训的同学,课前查阅相关书籍,初步了解本次实训的理论基础知识。

第二步,以5—6人的小组为单位进行以下案例资料的阅读。

▷【案例分析 1-3】

工厂经理比尔的工作

比尔是一家小型器械装备厂的经理。每天,比尔到达岗位时都随身带着一份列示他当天要处理的各种事务的清单。清单上的有些项目是总部的上级电话通知他亟须处理的,另外一些是他自己在现场巡视中发现的或者他的下属报告的不正常的情况。

这一天,比尔与往常一样带着他的清单来到办公室,他做的第一件事是审查工厂各班次监督人员呈送上来的作业报告。他的工厂每天24小时连续工作,每班次的监督人员被要求在当班结束时提交一份报告,说明这个班次开展了什么工作,发生了什么问题。看完前一天的报告后,比尔通常要同他的几位主要下属人员开一个早会,会上他们要决定对于报告中所反映的各种问题应采取些什么解决措施。

比尔在白天也参加一些会议,会见来厂的各方面访问者。他们中有些是供应商或潜在供应商销售代表,有些则是工厂的客户。此外,总部的职能管理人员和来自地方、州和联邦政府机构的人员也会来厂考察。当陪伴这些来访者以及他自己的下属人员参观的时候,比尔常常会发现一些问题,他会将这些问题列入处理事项的清单中。

比尔的待处理事项的清单好像永远没有完结。比尔发现,自己根本无暇顾及长期计划工作,而这些工作是他改进工厂的长期生产效率所必须要做的。他似乎总是在处理某种危机,却不知道哪里出了问题。为什么他就不能以一种使自己不这么紧张的方式工作呢?

第三步,根据案例,针对以下问题进行讨论分析,并对小组成员的各种观点进行记录。

①根据亨利·明茨伯格(Herry Mintzberg)的管理者角色理论,比尔在工作中分别扮演什么管理角色? 并解释你的选择。

②比尔在进行工作的过程中,你认为他必须拥有哪些管理技能才能把工作做得更好?

第四步,各小组选出一名代表发言,对小组讨论分析结果进行总结。

第五步,对各种观点进行分析、归纳和要点提炼,并完成案例分析发言提纲。

实训要求:各小组成员都应学会讨论分析记录,并积极进行案例讨论,发表各人观点,认真完成实训内容。发言提纲要求语言流畅,文字简练,条理清晰。

实训内容Ⅲ:企业实际不同层次管理者所承担的角色、具体任务及技能

实训形式:

企业访谈。

实训步骤:

第一步,实训前准备。由小组自行联系企业,制订并上交实训指导老师访谈计划书。

第二步,小组内进行具体访谈对象分工,一人负责对企业高层管理者进行访谈,一人负责对企业中层管理者进行访谈,一人负责对基层管理者进行访谈,一人负责对一线操作人员进行访谈。

第三步,以小组为单位围绕以下几个问题进入企业进行实际访谈,完成"企业访谈实训报告"。

①您在企业(公司)所处的职位。

②您在企业(公司)工作的具体任务。

③您觉得在工作过程中自己要扮演什么样的角色?

④您觉得胜任现在的工作需要哪些技能?

第四步,各小组选出一名代表发言,对小组实际企业访谈进行总结。

实训要求:以小组为单位,选择当地一家企业进行实际访谈,完成访谈记录及实训报告;要求语言流畅,文字简练,条理清晰。

四、实训时间及成绩评定

(一)实训时间

实训内容Ⅰ:案例讨论时间以 30 分钟为宜,各小组代表发言时间控制在 3 分钟。

实训内容Ⅱ:访谈企业联系利用课余时间,实际访谈时间控制在 30 分钟,不宜太长,各小组代表发言时间控制在 5 分钟。

(二)实训成绩评定

1.实训成绩按优秀、良好、中等、及格、不及格 5 个等级评定。

2.实训成绩评定准则。

①是否理解管理技能的概念,能否正确分析企业不同层次管理者的具体任务及所必须拥有的管理技能。

②是否掌握管理者的角色、具体任务及技能的大致内容,能否进行讨论内容的总结和概括。

③是否对本次实训活动进行了很好的计划和实施过程。

④能否结合实际情况,简练、清楚地列出访谈的结果。

实训项目三　管理者的素质及培养

一、实训目的

通过案例分析实训,学生能够基本掌握管理者在实际管理过程中所必须具备的各项素质。以案例为鉴,分析自身素质提高的方面的途径。

通过企业实际访谈,学生提高与人沟通的能力,并通过访谈了解实际管理过程中,企业对各层次管理者的素质要求。同时通过访谈了解社会对人才素质的要求,确定自身的努力目标。

二、基本知识要点

(一)管理者的素质

一个组织管理的好坏,很大程度上取决于管理者的管理水平,然而管理者的水平又是由管理者的素质决定的。因此,管理者的素质直接影响到组织的管理水平,影响到一个群体的利益。管理者的素质是指管理者的与管理相关的内在基本属性与质量。管理者的素质主要表现为品德、知识、能力与身体条件等方面。

1.品德

品德是推动个人行为的主观力量,体现了一个人的世界观、人生观、价值观、道德观和法制观念,持续有力地指导着他对现实的态度和他的行为方式。作为一名管理者,从其所应履行的职责出发,应具有强烈的管理意愿和良好的精神素质。

(1)有强烈的管理意愿和责任感

如果一个人缺乏为他人工作承担责任、缺乏激励他人取得更大成绩的愿望,那么即使他已经走上了管理者岗位或者具有从事管理工作的潜能,他也不可能成为一名合格的管理者。管理愿望是决定一个人学会并运用管理基本技能的主要因素。只有树立一定的理想,有强烈的事业心和责任感,一个人才会有干劲,勇挑重担,渴望在管理岗位上有所作为,有所贡献。所以,管理者首先要有强烈的管理意愿。

（2）良好的精神素质

由于管理工作的特殊性,作为一名管理者,除了要有强烈的管理意愿外,还要有良好的精神素质,即要具有创新精神、实干精神、合作精神和奉献精神。面对复杂多变的管理环境,管理人员要有创新精神,勇于开发新产品、开拓新市场、引进新技术、起用新人、采用新的管理方式,以适应时代发展的要求;要敢于冒险,没有一定的承受风险的心理素质,也不适合从事管理工作;在组织发展过程中,往往会遭受挫折和失败,这就要求管理者具有百折不挠的拼搏精神和吃苦耐劳的实干精神;管理者的工作依赖于他人的努力程度,管理者要有与人合作共事的精神,善于团结群众、依靠群众;同时,管理者要有一种服务于社会、造福于人民的奉献精神,对事业执着追求,愿意为此牺牲个人利益。

（3）自信、诚实、谦虚、心胸开阔

管理者要相信自己,不断增强信心,坚信自己有能力把组织搞好;能够正确对待在管理过程中出现的一些暂时的困难和挫折,做到百折不挠,敢于应对各种困难和挑战。管理者对管理对象必须以诚相待,实事求是,坦诚交换意见与分歧。由于管理者所面对的管理对象的性格千差万别,受教育的程度有高有低,因此,管理者必须以谦虚为本,虚心向管理对象学习,加强思想沟通;为人要谦虚,应做到虚怀若谷,养成宽广的胸怀,能容人、容事,不斤斤计较个人得失;尤其是在经营管理企业的过程中,更要把握好诚信原则,要与人为善。

2.知识

知识是提高管理水平和管理艺术的基础和源泉。管理工作不仅要求管理者掌握专业知识,而且由于管理是一门综合性的科学,涉及的知识面很广。一般来说,管理者也应掌握以下几方面的知识。

（1）政治法律方面的知识

管理者要掌握所在国家执政党的路线、方针、政策,国家的有关法令、条例和规定,以便正确把握组织的发展方向。

（2）经济学和管理学知识

懂得按经济规律办事,了解当今管理理论的发展情况,掌握基本的管理理论与方法。

（3）人文社科方面的知识

如心理学、社会学方面的知识。管理的主要对象是人,而人既是生理的、心理的人,又是社会的、历史的人。学习一些人文社科方面的知识,有助于管理者了解管理对象,从而有效地协调人与人之间的关系和调动员工的积极性。

（4）科学技术方面的知识

如计算机及其应用,本行业科研及技术发展情况等。无论管理什么行业,都要有一定的本专业的科技基础知识,否则就难以根据该行业的技术特性进行有效的管理。

3.能力

能力是人类认识世界和改造世界的方法,或者说是获得知识后运用、驾驭知识的能力,即人的创造力。管理者的能力是指管理者把各种管理理论与业务知识应用于实践,进行具体管理、解决实际问题的本领。能力与知识是相互联系、互相依赖的,基本理论和专业知识的不断积累与丰富,有助于潜能的开发与实际才能的提高;而实际能力的增长与发展,又能促进管理者对基本理论知识的学习消化和具体运用。

从人才类型来看，一般地说，管理者特别是高级管理者是"通才型"的人才。这也意味着管理者要具有多方面的能力，归纳起来主有两大类：创新能力与综合能力。

（1）创新能力

管理者的创新能力有多种形式和具体表现，主要的有如下几个方面。

①洞察力和观察力

在生活和工作中，人们有各种心理活动，这些心理活动直接影响着他们的行为方式和行为结果。而这些心理活动又常常是隐蔽的，甚至是被伪装起来的。如果管理者的观察力不强，对暴露事物本质的现象反应不敏锐，就难于发现问题。管理者如果善于把握信息、发现苗头，并采取有针对性的措施，就能收到意想不到的结果。

②应变力和决断力

在激烈的市场竞争中把握稍纵即逝的机会，并及时决策，有时对组织可起到驱祸避害或起死回生的作用。这就要求管理者必须具备处变不惊、临危不惧、随机应变的能力。管理者的应变能力能使之在顺利时居安思危，不断捕捉新的信息，在困境时稳住阵脚，转危为安。果断决策是成功的重要因素。时间是现代管理的一大资源。任何决策都要求在一定的时间内完成，否则将会失去决策的意义。特别是在当今信息和知识经济时代，管理者必须不失时机，把握住机遇做出决策。拖延本身不仅常常坐失良机，而且还会带来新的风险。所以患得患失、瞻前顾后、举棋不定、当断不断等，都必须避免。

③情感、意志和性格的调节能力

决策是意志活动的重要心理成分，也是意志活动的一个阶段。在任何时候，管理者都不要感情用事，以感情代替政策。坚忍的意志在决策中具有重要意义，管理者要培养自己意志的独立性、果断性、坚定性和自制力，以适应现代决策的需求。有毅力、意志坚强的人，不论在任何复杂困难的情况下都能保持自己目标的坚定性和行动的果敢性，既不轻举妄动又不优柔寡断。性格是个性心理特征，是一个人的心理面貌与本质属性的独特结合。从性格上看，人有外向型和内向型之分，这两种性格的人都有自己的优缺点，问题是在决策中管理者应明确自己的性格特征，尽量发挥自己的长处，避免短处。同时，在长期的自我修养中努力控制与限制其消极面，更好地适应决策的要求。

（2）综合能力

管理是人类的高级智力活动，从其活动看，是多要素的统一；从其过程看，是多环节的统一；从其决策看，是一个追求科学化的过程。因此，现代管理是一个多要素相互作用、多环节相互连接的复杂的系统工程。所以管理需要逻辑思维，更需要非逻辑思维；需要演泽、归纳，更需要直觉、想象、灵感；需要抽象思维，更需要形象思维、顿悟思维。管理活动之所以是人类高级智力活动，不仅在于所运用的思维类型、思维方式的复杂性，还在于它调动了人的全部主观因素——知识、情感、意识。具体地说，包括了人的全部经验、知识、理论、智慧，以及立场、世界观、价值观念和一切心理特征、个性品格。从这个意义上看，综合能力是管理者的又一个最基本的能力要求，可以具体划分为以下几点。

①把握全局的能力

顾全大局是管理者的一条重要原则。全局代表了大多数成员的利益，决定了事物的发展性质、发展方向，代表长远、代表未来，是团结和协调各个局部的力量。要把握全局，必须要有战略眼光,要面向世界、面向未来。

②获取、分析信息的能力

信息是现代社会的重要资源和财富。管理活动实际上是获取、分析、开发、利用信息的过程。凭借信息,可以做全局的决策。但只承认信息是决策的科学依据对现代管理者来说,是远远不够的,信息的可靠性才是保证管理者进行科学决策的重要条件。所以要对信息进行分析、判断,使之能成为正确决策的依据。这就要求管理者对信息运用科学的方法进行去伪存真、去粗取精、由表及里、由此及彼地分析、比较,找到信息中有决定意义的关键性信息,做出正确的判断、科学的决策。

③知识的综合能力

21世纪的管理科学是各学科高度交叉、高度融合的科学。在当今知识和信息激增且瞬息万变的时代,新知识的出现、新技术的产生、新产品的开发几乎令人目不暇接,这就要求管理者善于博采众长、从善如流。管理者不仅从书本上学习、提高,还靠平时在实践中勤于向他人学习,善于倾听众人的意见,将大家的智慧集中起来,变成自己的知识和能力。只有这样,管理才能朝着科学化方向发展。

④团队合作能力

良好的团队合作,管理者既要制定决策,还要善于组织、有效地实施决策,不仅要对决策执行的结果进行评价监督,而且要善于协调和控制。这样的"全能"管理者很难做得很好,这就要求有善于履行这些不同职能的管理者以互补形式来实现,要求管理者坦诚相待,齐心协力向同一个目标努力工作,发挥整体的力量,相互沟通,协调发展。

4.身体条件

现代管理工作繁重、节奏极快,不仅需要管理者具有强健的体魄,而且要求具有丰富的经验。一般来讲,年龄小的身体好、精力充沛,但经验欠缺;年龄大的经验丰富,但精力欠缺。现代企业管理者最适合的年龄是30—50岁。这个年龄段是身体条件、经验条件俱佳的阶段,正所谓"如日当空"。现代生物学和心理学的研究也表明,30岁以后有效领导特质为优,25—55岁为一般的领导工作年龄,45岁左右为最佳年龄峰值,50岁以后者,体力即行衰减,但经验丰富,其中少数体力很足又锐意改革者,最为难得。当然,这一切也不是绝对的,正如欧洲管理论坛主席施瓦布所说:"企业家起决定作用的是他有没有本领去学习,任何人失去了学习的本领,就不再年轻,而应该退休,不管他到底是多大岁数。"

(二)管理者素质的培养

管理者具有良好的素质,才能在社会的不同角色中调适自己的心理。每一个人的素质培养以至具备良好的素质,努力学习和勇于实践是两条基本方法。管理者的素质修养是多方面的综合过程,没有绝对标准的程式和正确方法的清单,正像在实际工作中,没有指定哪一个岗位能够成为未来成功的管理者一样,但是可以以他人为榜样并从他人的经验中找到借鉴,以获得启发,从而去探索和实践。

三、实训内容、组织方式及步骤

实训内容Ⅰ:管理者应具备的素质

实训形式:

案例分析。

实训步骤：

第一步，实训前准备。要求参加实训的同学，课前查阅相关书籍，初步了解本次实训的理论基础知识。

第二步，进行一个小测试：假如你是一个管理者，你在一个大型组织中从事管理工作，针对下列每一个问题，在最能反映你的动机强烈程度的数字（由弱至强，1—7分）上划圈，然后加总你的分数。

①我希望与我的上级建立积极的关系。

②我希望与我同等地位的人在游戏中和体育中比赛。

③我希望与我同等地位的人在工作有关的活动中竞争。

④我希望以主动和果断的方式行事。

⑤我希望吩咐别人做什么和用法令对别人施加影响。

⑥我希望在群体中以独特的和引人注目的方式出人头地。

⑦我希望完成通常与工作有关的例行职责。

你的得分将落在7—49分，评分标准为：7—21分，较低的管理动机；22—34分，中等；35—49分，较高的管理动机。

第三步，以5—6人的小组为单位进行以下案例资料的阅读。

⇨【案例分析1-4】

华为创始人——任正非

任正非，是华为技术有限公司主要创始人、总裁。1944年10月25日出生于贵州省镇宁县一个贫困山区的小村庄，靠近黄果树瀑布，祖籍浙江省浦江县黄宅镇。任正非的父亲任摩逊是乡村中学教师，家中还有兄妹6人，小学就读于贵州边远山区的少数民族县城，高中就读于贵州省黔南州都匀市都匀一中。知识分子的家庭背景是任正非一生第一个决定性因素。因为父母对知识的重视和追求，即使在三年困难时期，任的父母仍然坚持让孩子读书。

1963年，任正非就读于重庆建筑工程学院（已并入重庆大学），还差一年毕业的时候，"文化大革命"开始了。父亲被关进了牛棚，因挂念挨批斗的父亲，任正非扒火车回家看望父亲。父亲嘱咐他要不断学习。任正非回到重庆后把电子计算机、数字技术、自动控制等专业技术自学完，他还把樊映川的高等数学习题集从头到尾做了两遍，接着学习了许多逻辑学、哲学。他自学了三门外语，当时已到可以阅读大学课本的程度。

大学毕业后任正非当兵了，当的是建筑兵。任正非当兵的第一个工程就是法国公司的工程。那时法国德布尼斯·斯贝西姆公司向中国出售了一个化纤成套设备，在中国的东北辽阳市。任正非在那里从这个工程开始一直到建完生产，历任技术员、工程师、副所长（技术副团级），无军衔。任正非也因工程建设中的贡献出席了1978年的全国科学大会和1982年的中共第十二次全国代表大会。

1983年随着国家整建制撤销基建工程兵，任正非复员转业至深圳南海石油后勤服务基地。1987年，因工作不顺利，任正非转而集资2.1万元人民币创立华为公司,1988年任华为公司总裁。创立初期,华为靠代理香港某公司的程控交换机获得了第一桶金。1991年9月,任正非孤注一掷投入C&C08机的研发,华为租下了深圳宝安县蚝业村工业大厦三楼作为研制程控交换机的场所,50多名年轻员工跟随任正非来到这栋破旧的厂房中,开始了他们充满艰险和未知的创业之路,他们把整层楼分隔为单板、电源、总测、准备四个工段,外加库房和厨房。人们在机器的高温下挥汗如雨夜以继日地作业,设计制作电路板、话务台、焊接的电路板,编写软件,调试、修改、再调试。在这样的情况下,任正非几乎每天都到现场检查生产及开发进度,开会研究面临的困难,分工协调解决各式各样的问题。遇到吃饭时间,任正非和公司领导就在大排档同大家聚餐,由其中职位最高的人自掏腰包请大家吃饭。1993年年末,C&C08交换机终于研发成功。其价格比国外同类产品低2/3,为华为占领了市场。后来,华为公司总部搬到了深圳龙岗坂田华为工业园。华为熬过了创业的艰苦岁月。

1996年3月,为了和南斯拉夫洽谈合资项目,任正非率领一个10多人的团队入住贝尔格莱德的香格里拉。他们订了一间总统套房,每天房费约2000美元。不过,房间并非任正非独享,而是大家一起打地铺休息。

2001年之后,任正非任命洪天峰为公司的COO,由其具体负责公司的日常业务,以便自己能够抽身出来,更多地去思考华为的未来。2003年华为开始尝试集体决策的机制,由EMT(执行管理团队)来负责公司的运营管理决策。

2003年1月23日,思科正式起诉华为及华为美国分公司,理由是后者对公司的产品进行了仿制,侵犯其知识产权。面对思科的打压,任正非一边在美国聘请律师应诉,一边着手结盟思科在美国的死对头3COM公司。2003年3月,华为和当时已进入衰退期的3COM公司宣布成立合资公司"华为三康",3COM公司的CEO专程作证华为没有侵犯思科的知识产权。最终,双方达成和解。2007年年初,任正非致信IBM公司CEO彭明盛,希望IBM公司派出财务人员,帮助华为实现财务管理模式的转型。

2011年12月,任正非在华为内部论坛发布了《一江春水向东流》这篇文章,透露了华为的人人股份制。任正非透露,设计这个制度受了父母不自私、节俭、忍耐与慈爱的影响。任正非还创立了华为的CEO轮值制度,每人轮值半年。此举为避免公司成败系于一人,亦避免一朝天子一朝臣的状况。

2013年1月14日,华为公司在深圳坂田基地召开了"董事会自律宣言宣誓"大会,华为总裁任正非与华为其他10余位高管一起,面向华为全球的几百位中高级管理者做出了自律宣言。

2003年,任正非荣膺网民评选的"2003年中国IT十大上升人物";2005年入选美国《时代》杂志全球100位最具影响力人物;2011年以11亿美元首次进入福布斯富豪榜,排名全球第1153名,中国第92名,2015福布斯华人富豪榜排名350,全球富豪榜排名1741,2016胡润IT富豪榜以105亿元排名第35位。

第四步,根据案例,针对以下问题进行分析讨论,并对小组成员的各种观点进行记录。

①你认为任正非作为华为的创始人,其成功的原因是什么?他作为一个成功的管理者具备了哪些素质?

②你认为作为一个管理者应该具备哪些素质？其中哪些素质是最为重要的？试加以分析。

第五步,各小组选出一名代表发言,对小组讨论分析结果进行总结。

第六步,对各种观点进行分析、归纳和要点提炼,并完成案例分析发言提纲。

实训要求:各小组成员都应学会分析记录,并积极进行案例讨论,发表各人观点,认真完成实训内容;发言提纲要求语言流畅,文字简练,条理清晰。

实训内容Ⅱ:企业人力资源招聘过程中对管理者素质的要求

实训形式:

企业访谈。

实训步骤:

第一步,实训前准备。由小组自行联系企业,并与该企业人力资源管理负责人确定访谈对象。制订并上交实训指导老师访谈计划书。

第二步,以小组为单位针对以下问题进入企业进行实际访谈,完成"企业访谈实训报告"。

①贵企业(公司)在招聘一线员工时的招聘条件及要求是什么？最看重的是哪种素质？

②贵企业(公司)在招聘基层管理人时的招聘条件及要求是什么？最看重的是哪种素质？

③贵企业(公司)在招聘和晋升中层管理人时的条件及要求是什么？最看重的是哪种素质？

④贵企业(公司)在对晋升或引进高层管理人时的条件及要求是什么？最看重的是哪种素质？

第三步,各小组选出一名代表发言,对小组实际企业访谈进行总结。

实训要求:以小组为单位,选择当地一家企业的人力资源部进行实际访谈,完成访谈记录及实训报告;要求语言流畅,文字简练,条理清晰。

四、实训时间及成绩评定

(一)实训时间

实训内容Ⅰ:案例讨论时间以30分钟为宜,各小组代表发言时间控制在3分钟。

实训内容Ⅱ:访谈企业联系利用课余时间,实际访谈时间控制在60分钟以内,各小组代表发言时间控制在5分钟。

(二)实训成绩评定

1.实训成绩按优秀、良好、中等、及格、不及格5个等级评定。

2.实训成绩评定准则:

①是否理解管理者素质的概念,能否正确分析管理者的品德、知识、能力等素质。

②是否掌握了管理者素质的大致内容,能否进行讨论内容的总结和概括。

③是否对本次实训活动进行了很好的计划和实施过程。

④能否结合实际情况,简练、清楚地列出访谈的结果。

模块二

管理理论的演变

≫ ≫ ≫　　≫

实训目标

1. 掌握古典管理理论的基本内容及应用；
2. 掌握行为科学理论的基本内容及应用；
3. 培养初步应用现代理念和理论分析与处理实际管理问题的能力；
4. 能够从管理思想的高度认识与分析我国的经济改革。

实训手段

辩论赛；案例分析；企业访谈与调研；管理沙龙；网上冲浪

实训项目一　近代管理理论

一、实训目的

通过资料查阅和分析讨论，学生能够充分理解管理理论形成的历史过程。

通过案例分析、参观调查，学生了解和掌握近代管理理论的主要思想和现实意义。

二、基本知识要点

（一）早期的管理思想家和管理思想

西方文化起源于希腊、罗马、埃及、巴比伦等文明古国，它们在公元前6世纪左右即建立了高度发达的奴隶制国家，在文化、艺术、哲学、数学、物理学、天文学、建筑等方面对人类做出了辉煌的贡献。埃及金字塔、罗马水道、巴比伦"空中花园"等伟大的古代建筑工程堪与中国的长城并列为世界奇观。这些古国在国家管理、生产管理、军事、法律等方面也都曾有过许多光辉的实践。公元3世纪后，随着奴隶制的衰落和基督教的兴起，这些古文化逐渐被基督教文化取代。在基督教圣经中所包含的伦理观念和管理思想，对以后西方封建社会的管理实践起着指导性的作用。

18世纪下半叶从英国开始的工业革命导致了工厂制度的产生。专业化协作的发展和生产基本组织的变革带来了一系列新的管理问题，如工人的组织和相互间的配合问题，在机器生产条件下人与机、机与机的协调问题，劳动力的招募、训练与激励问题，纪律的维持问题等等。

但是由于没有现成的管理经验可以借鉴,人们凭借自己的能力和对问题的理解进行管理实践。管理工作的特点有以下几个:第一,管理的重点是解决分工和协作问题;第二,管理的方法是凭个人的经验;第三,管理的主体即企业管理者由资本家直接担任。

随着资本主义工厂制度的进一步发展,从事资本主义经商和管理日益得到社会的重视,有愈来愈多的人开始热心研究社会实践中的经济与管理问题。其中,对后期的管理思想有重大影响的代表人物有亚当·斯密(Adam Smith,1723—1790)和查尔斯·巴贝奇(Charles Babbage,1792—1871)、罗伯特·欧文(Robert Owen,1771—1858)。

最早对经济管理思想进行系统论述的学者首推英国经济学家亚当·斯密,他的代表作是1776年发表《国民财富的性质和原因研究》一文。他提出的分工理论和"经济人"观点对管理理论有重大影响。他认为劳动分工是提高劳动生产率的因素之一,并通过实例充分论证了劳动分工的优越性。另外,他认为人们在经济活动中追求的是个人利益,社会利益是由于个人利益之间的相互牵制而产生的。

在斯密之后,另一位英国人查尔斯·巴贝奇进一步发展了斯密的论点,提出了劳动分工、用科学方法有效地使用设备和原料等观点。巴贝奇曾用几年时间到英、法等国的工厂了解和研究管理问题。他的主要贡献体现在对工作方法的研究和对报酬制度的研究上,主张通过科学研究来提高动力、材料和工人的工作效率,采用利润分配制以谋求劳资之间的调和。

这一时期的著名管理学者除了斯密和巴贝奇之外,还有英国的空想社会主义者罗伯特·欧文。他经过一系列试验,首先提出在工厂生产中要重视人的因素、要缩短工人的工作时间、提高工人工资、改善工人住宅等建议。他的改革试验证实,重视人的作用和尊重人的地位也可以使工厂获得更多的利润。所以,也有人认为欧文是人事管理的创始人。

这些管理思想虽然不系统、不全面,没有形成专门的管理理论和学派,但对于促进生产及以后科学管理理论的产生和发展都有积极的影响。

(二)古典管理理论

早期管理思想实际上是管理理论的萌芽,管理理论比较系统的建立是在19世纪末20世纪初。这一时期的管理理论主要有两大流派:一是以泰勒为代表的科学管理理论,以现场管理为重点,以提高劳动生产率为中心;二是以法约尔为代表的一般管理理论,以企业的整个活动为研究重点,以组织管理为中心。此外,还有韦伯的行政组织理论等。

1. 泰勒的科学管理理论

美国的弗雷德里克·温斯洛·泰勒(Frederick Winslow Taylor,1856—1915)是最先突破传统经验管理格局的先锋人物,被称为"科学管理之父"。泰勒出生于美国费城一个富裕的律师家庭,从小醉心于科学研究和试验。他18岁进入钢铁厂当工人,任过技工、工头、车间主任、总工程师等职,长期的亲身对生产现场活动的观察,使泰勒认识到:落后的管理是造成生产率低下、工人"磨洋工"和劳资冲突不断的主要原因。他对工人的低效率感到震惊,确信工人的生产效率只达到了应有水平的1/3。于是,他开始在车间里用科学方法来纠正这种状况。他花了20年时间以极大的热情寻找从事每一项工作的"最佳方法"。

最著名的科学管理实例是泰勒的生铁装运试验。当时,工人们要把41.7千克重的生铁块装到铁路货车上,他们每天的平均生产量是12.5吨,泰勒认为,通过科学的分析装运生铁工作以确定最佳的方法,应该能够提高到每天 47—48 吨。试验开始了,泰勒首先要寻找一位体格强壮的受试者,他找到的是一个大个头、强壮的名叫施米特的工人。施米特和其他装卸工一样,每天挣1.15美元,这在当时只够维持生存。泰勒用金钱来激励施米特,让他每天挣到1.85美元,但要求施米特按规定的方法装生铁。泰勒试着转换各种工作因素,以便观察它们对施米特的日生产率的影响。例如,在一些天里施米特可能弯下膝盖搬生铁块,而在另一些天里,他可能伸直膝盖而弯腰去搬生铁;在随后的日子里,泰勒还试验了行走的速度、持握的位置和其他变量。经过长时间的科学试验,各种程序、方法和工具的组合,泰勒成功地达到了他认为可能的生产率水平。通过按工作要求选择合适的工人并试用正确的工具,通过让工人严格遵循他的作业指示,以及通过大幅度提高日工资这种经济刺激手段来激励工人,泰勒达到了他每天装运48吨的目标。

科学管理理论的主要观点。

(1)工作定额

泰勒提出要用科学的观测分析方法对工人的劳动过程进行分析和研究,从中归纳出标准的操作方法,并在此基础上制定出工人的"合理日工作量"。

(2)差别计件工资制

泰勒认为,工人磨洋工的一个重要原因是报酬制度不合理,因而设计了一种新的报酬制度,即按照工人是否完成其定额而采取不同的工资率。完成或超额完成定额就按高工资率付酬,未完成定额的则按低工资率付酬,从而激励工人的劳动积极性。

(3)职能工长制

泰勒认为,为了提高劳动生产率,必须为工作挑选"第一流的工人",并使工人的能力同工作相匹配。主张对工人进行培训,教会他们科学的工作方法,激发他们的劳动热情。

(4)计划职能与执行职能相分离

泰罗主张设立专门的管理部门,其职责是研究、计划、调查、训练、控制和指导操作者的工作。同时,管理人员也要进行专业分工,每个管理者只承担一两种管理职能。

(5)例外原则

所谓例外原则,就是指高级管理人员为了减轻处理纷乱烦琐事务的负担,把处理各项文书、报告等一般日常事务的权力下放给下级管理人员,高级管理人员只保留对例外事项的决策权和监督权。

2.法约尔的一般管理理论

当泰勒正在美国研究和倡导生产作业现场的科学管理原理和方法时,在大西洋彼岸的法国诞生了关于整个组织的科学管理的理论,被后人称为"一般管理理论",或者"组织管理理论"。与泰勒等人主要侧重研究基层的作业管理不同,"一般管理理论"是站在高层管理者角度研究整个组织的管理问题,该理论的创始人是亨利·法约尔,他是法国一家大矿业公司的总经理,于1916年出版了《工业管理与一般管理》一书,他以自己在工业领域的管理经验为基础,提出了适用于各类组织的管理五大职能和有效管理的十四条原则。

法约尔将工业企业中的各种活动划分成六类:技术活动、商业活动、财务活动、安全活动、金融活动和管理活动。管理活动是企业运营中的一项主要活动。法约尔认为,管理活动本身又包括计划、组织、指挥、协调、控制五个要素。管理不仅是工业企业有效运营所不可缺少的,而且也存在于一切有组织的人类活动之中,是一种具有普遍性的活动。法约尔认为,管理的成功不完全取决于个人的管理能力,更重要的是管理者要能灵活地贯彻管理的一系列原则。这些原则包括以下几部分。

(1)劳动分工

法约尔认为,实行劳动的专业化分工可提高雇员的工作效率,从而增加产出。

(2)权责对等

即管理者必须拥有命令下级的权力,但这种权力又必须与责任相匹配,不能责大于权或者权大于责。

(3)纪律严明

领导者以身作则,雇员必须服从和尊重组织的规定,使管理者和员工都对组织规章有明确的理解并实行公平的奖惩,这些对保证纪律的有效性非常重要。

(4)统一指挥

组织中的每一个人都应该只接收一个上级的指挥,并向这个上级汇报自己的工作。

(5)统一领导

每一项具有共同目标的活动,都应当在一位管理者和一个计划的指导下进行。

(6)个人利益服从整体利益

任何雇员个人或雇员群体的利益不能够超越组织整体的利益。

(7)报酬

对雇员的劳动必须付以公平合理的报酬。

(8)集权

集权反映下级参与决策的程度。决策制定权是集中于管理当局还是分散给下属,这只是一个适度的问题,管理当局的任务是找到在每一种情况下最合适的集权程度。

(9)等级链

从组织的基层到高层,应建立一个关系明确的等级链系统,使信息的传递按等级链进行。不过,如果顺着这条等级链沟通会造成信息的延误,则应允许越级报告和横向沟通,以保证重要信息畅通无阻。

(10)秩序

无论是物品还是人员,都应该在恰当的时候处在恰当的位置上。

(11)公平

管理者应当友善和公正地对待下属。

(12)人员稳定

每个人适应自己的工作都需要一定的时间,高级雇员不要轻易流动,以免影响工作的连续性和稳定性,管理者应制订出规范的人事计划,以保证组织所需人员的供应。

(13)首创性

应鼓励员工发表意见和主动地开展工作。

(14)团结精神

强调团结精神将会促进组织内部的和谐与统一。

法约尔提出的一般管理的要素和原则,实际上奠定了以后在 20 世纪 50 年代兴盛起来的管理过程研究的基本理论基础。

3.韦伯的行政组织理论

马克思·韦伯(Max Weber)与泰勒、法约尔是同一时代人,是德国的古典管理理论代表人物之一。他在管理思想方面的贡献是在《社会组织与经济组织理论》一书中提出了理想行政组织体系理论,由此被人们称为"行政组织理论之父"。韦伯管理思想的主要内容如下:

(1)明确分工

对每个职位上的组织成员的权力和责任都有明确的规定,并作为正式职责使之合法化。

(2)权力体系

官员们按职务等级系列和权力等级进行安排,形成一个自上而下的等级严密的指挥体系,每一职务均有明确的职权范围。

(3)规范录用

人员的任用完全根据职务的要求,通过正式的考评和教育、训练来实现。每个职位上的人员必须称职,同时,不能随意免职。

(4)管理职业化

管理人员有固定的薪金和明文规定的晋升制度,是一种职业管理人员,而不是组织的所有者。

(5)公私有别

管理人员在组织中的职务活动应当与私人事务区别开来,公私事务之间应有明确的界限。管理人员没有组织财产的所有权,并且不能滥用职权。

(6)遵守规则和纪律

组织中包括管理人员在内所有成员必须严格遵守组织的规则和纪律,以确保统一性。

韦伯认为,理想的行政组织体系最符合理性原则,效率最高。能适用于所有的各种管理工作和各种大型组织,如教会、国家机构、军队和各种团体。

以上介绍的三种管理理论,虽然研究各有不同的侧重,但它们有两个共同的特点:一是都把组织中的人当作"机器"来看待,忽视"人"的因素及人的需要和行为,所以有人称此种管理思想下的组织实际上是"无人的组织";二是没有看到组织与外部的联系,关注的只是组织内部的问题,因此是处于一种"封闭系统"的管理时代中。

(三)人际关系理论

1.梅奥和霍桑试验

埃尔顿·梅奥(Elton·Mayo,1880—1949),原籍澳大利亚,后移居美国。1926年被哈佛大学聘为教授,是人际关系理论及行为科学的代表人物,从事心理学和行为科学研究,他的代表作为《工业文明中人的问题》,该书总结了他参与和指导的霍桑试验及其他几个试验的研究成果,详细地论述了人际关系理论的主要思想。梅奥是继泰罗和法约尔之后,对近代管理思想和理论的发展做出重大贡献的学者之一。

霍桑试验是从1924年到1932年在美国芝加哥郊外的西方电器公司的霍桑工厂中进行的。霍桑工厂具有完善的娱乐设施、医疗制度和养老金制度,但工人仍然有很强的不满情绪,生产效率很低。为了探究原因,美国国家研究委员会组织了一个包括多方面专家的研究小组进驻霍桑工厂,开始进行试验。试验分为四个阶段,进行了四个典型的试验:照明试验、继电器装配工人小组试验、大规模访问交谈和对接线板接线工作室的研究。

在照明试验中,专家们选择了两个工作小组,一个试验组,一个控制组。试验组照明度不断变化,控制组照明度始终不变。结果发现,照明度的改变不是效率变化的决定性因素。于是,他们继续进行继电器装配工人小组的实验。实验过程中,研究小组分期改善工人小组的工作条件。比如,增加工间休息、公司负责供应午餐和茶点、缩短工作时间、实行每周工作五天制、实行团体计件工资等,他们还允许装配小组的女工在工作时间自由交谈,观察时对她们的态度也非常和蔼。经过研究,研究小组发现促使工人提高生产效率的原因可能是督导和指导方式以及工人工作态度的改善。为了研究工人的工作态度及可能影响工人工作态度的其他因素,研究小组决定进行大规模访问交谈。他们共花了两年时间对 2 万名职工进行访问交谈。结果他们发现,影响生产力量最重要的因素是工作中发展起来的人际关系,而不是待遇及工作环境。研究小组还了解到,每个工人工作效率的高低,不仅取决于他们的自身情况,而且还与他所在小组中的其他同事有关,任何一个人的效率都要受到他的同事的影响。在试验的第四阶段,研究小组花了 6 个月的时间观察接线板接线工作室的工人的生产效率和行为,结果又有许多发现,包括大部分成员故意自行限制产量,工人对待他们不同层次的上级持不同态度,成员中存在一些小派系等。

霍桑试验历时 8 年,获得了大量的一手资料,为人际关系理论的形成以及后来行为科学的发展打下了基础。梅奥是这一发展过程中的关键人物。

2.人际关系理论的主要观点

通过霍桑试验,梅奥等人提出了人际关系学说,其主要论点如下所述。

(1)职工是"社会人"

古典管理理论把人看作"经济人",他们只是为了追求高工资和良好的物质条件而工作。梅奥认为企业中的人首先是"社会人"。工人们不仅渴望得到金钱,还有社会和心理方面的要求,如追求友情、归属感、受人尊重等。金钱和物质刺激并非刺激工人积极性的唯一因素,它们对促进生产率只起第二作用,处于第一位的是员工社会、心理需求的满足。

(2)正式组织中存在着"非正式组织"

梅奥认为,企业中不仅存在"正式组织"(指为了实现企业目标所规定的企业成员之间职责范围的一种结构),而且,还存在着人们在共同劳动中形成的非正式团体(共同的感情而构成一个体系),他们有着自己的规范、感情和倾向,并且左右着团体内每个成员的行为。

(3)生产效率主要取决于职工的工作态度和人们的相互关系

工人的"士气"是调动人积极性的关键因素。要通过提高职工的士气,最后达到提高生产率的目的。因此,要转变管理方式,应该重视"人的因素",采用以"人"为中心的管理方式,改变古典管理理论以"物"为中心的管理方式。

三、实训内容、组织方式及步骤

实训内容Ⅰ:管理思想和管理理论起源于管理实践

实训形式:

课堂辩论。

实训步骤:

第一步,辩论赛前准备。选出 15 名学生,分为甲、乙、丙三组(每组 5 人)。

第二步,要求在教师的指导下,学生查阅相关书籍和资料,分别站在管理思想、管理理论、管理实践三个不同立场各抒己见,论述自己的立场观点对现代管理理论的发展和演变过程的重大影响作用;试述它们对学习管理学的指导意义和作用。

第三步,要求各小组分别形成书面辩论资料,要求坚持理论与案例相结合,举例要鲜明生动,说服力要强,辩论赛前呈报老师。

课堂辩论:

①论述管理理论是如何产生的;

②论述管理思想的发展与应用;

③探讨管理实践的作用与技能。

第四步,辩论赛由教师或聘请相关专家组成评委组评判辩论结果。

第五步,以小组为单位上交书面辩论资料。每位学生上交一份辩论赛体会。

实训要求:查阅相关资料,理清管理思想、管理理论和管理实践的关系;培养学生提高学习管理理论与实践的兴趣,了解掌握管理实践和管理思想与理论的来源及演变过程;书写体会要求语言流畅,文字简练,条理清晰。

实训内容Ⅱ:科学管理理论

实训形式:

案例分析。

实训步骤:

第一步,实训前准备。要求参加实训的同学,课前认真阅读教材,查阅相关书籍,掌握科学管理理论的内容。

第二步,以5—6人为一个小组,以小组为单位进行以下案例资料的阅读。

⇨【案例分析 2-1】

联合邮包服务公司的科学管理

联合邮包服务公司(United Parcel Service,UPS)雇用了 15 万名员工,平均每天将 900 万个包裹发送到美国各地和 180 个国家。为了实现他们的宗旨:"在邮运业中办理最快捷的运送",UPS 的管理当局系统地培训他们的员工,使他们以尽可能高的效率从事工作。我们以送货司机的工作为例,介绍一下他们的管理风格。

UPS 的工程师们对每一位司机的行驶路线都进行了时间研究,并对每种送货、暂停和取货活动都设立了标准。这些工程师们记录了红灯、通行、按门铃、穿过院子、上楼梯、中间休息喝咖啡的时间,甚至上厕所的时间,将这些数据输入计算机中,从而给出每一位司机每天中工作的详细时间标准。

为了完成每天取送 130 件包裹的目标,司机们必须严格遵循工程师设定的程序。当他们接近发送站时,松开安全带,按喇叭,关发动机,拉起紧急制动,把变速器推到 1 档上,为送货完毕的启动离开做好准备,这一系列动作严丝合缝。然后,司机从驾驶室出溜到地面上,右臂夹着文件夹,左手拿着包裹,右手拿着车钥匙。他们看一眼包裹上的地址把它记在脑子里,然后以每秒 3 英尺的速度快步走到顾客的门前,先敲一下门以免浪费时间找门铃。送货完毕后,他们在回到卡车上的路途中完成登录工作。

这种刻板的时间表是不是看起来有点烦琐？也许是，它真能带来高效率吗？毫无疑问：生产率专家公认，UPS 是世界上效率最高的公司之一。举例来说，联邦捷运公司（Federal Express）每人每天不过取送 80 件包裹，而 UPS 却是 130 件。在提高效率方面的不懈努力，看来对 UPS 的净利润产生了积极的影响。虽然这是一家未上市的公司，但人们普遍认为它是一家获利丰厚的公司。

【案例分析 2-2】

富士康员工的跳楼事件

富士康科技集团创立于 1974 年，是专业从事电脑、通信、消费电子、数位内容、汽车零组件、通路等 6C 产业的高新科技企业。从生产电视机塑料旋钮的小厂起家，经过 30 多年的发展，郭台铭领导下的富士康已经成为全球 IT、消费电子产品制造领域毋庸置疑的霸主。从 20 世纪 90 年代以来，富士康先后进入了连接器、电脑机壳和零部件、电脑整机、网络设备、手机、数码相机等众多领域，连年保持 30% 以上的增长率，并从 2004 年开始连续多年稳居全球最大 EMS 企业的宝座。

然而自 2010 年 1 月 23 日富士康员工第一起跳楼事件起至今，该企业已发生 10 余起跳楼事件，引起社会各界乃至全球的关注。那么，就让我们来看一看富士康企业的调查与访谈。

为了对付"磨洋工"，泰勒制中把实行定额管理作为企业科学管理的首要举措。而富士康则将其进一步发展。作为代工型企业，富士康的生产属于接单生产，订单一旦接下，生产任务就会分摊到相应生产部门，而生产部门主管只需将生产指标简单除以部门一线员工人数就可以了。在正常生产的 8 小时之内，员工的工作额以日计算，称作日工作量；而在 8 小时之外的加班时间则是以小时计算，两者皆有其底线。按照国家现行劳动法规定，员工拥有选择在 8 小时之外工作或不工作的权利。但在富士康，很多员工是"被"加班的。截至 2010 年 5 月，富士康一线员工基本工资为 760 元，按照现在消费水平，760 元在满足一青少年每月日常生活所需之外，所剩无几。富士康员工绝大部分来自农村，经济人假设在此是成立的，据调查结果显示一线员工的收入在 1800 元及其以上者达 66.7%，随机访谈的几十名员工都承认在企业内除工资与加班费少有其他创收途径，由此可以推算加班费要占到这部分员工日常收入的 47% 以上；而约有 6.1% 的一线员工月收入在 2500 元以上，加班费在其总收入中所占比重高达 66%。8 小时以外的加班时间的工作定额以小时计算，在一定程度上防止了由于长时间劳作所带来的工作效率的降低，较单一定额生产更能提高劳动生产率。此外在订单量较大，时间较为紧迫时，劳动定额会有所上浮，加班时间会延长，但除了伙食补助会稍有提高外，工资及加班费用不会变化；而在订单较少时，公司则强制员工休假，期间保留其基本工资，撤销所有补助。

富士康采用流水线生产之后，每名员工只负责某一特定工序，甚至只负责某一动作，例如硅晶片的检验，工作期间唯一的动作就是盯住流水线上的硅晶片以检验其是否符合生产标准。在机器大规模生产中，一线工人不可避免地要成为机器的附属品。工作的标准动作已被固定，工人只是从事执行职能，按规定的标准从事实际操作。工人之所以没有被机器替代只是因为他们在此环节效率要比机器高或成本比机器低而已。

在与富士康员工交谈的过程中发现：公司在一线生产环节不存在领导，仅仅存在一些所谓的"管理者"。这些管理人员都是从一线工人提拔而来，提拔后又缺少相关管理方法与技巧的培训，这一举措无疑降低了富士康一线的管理成本。其管理人员管理方式可概括为四个字"简单粗暴"，仅仅注重最终结果，而不考虑其过程以及为员工提供支持性环境。作为一线管理者的工长所负责的只有最终的结果，只寻求最终绩效，且将自我利益置于他人利益之上：一线员工及时完成工作任务时，奖赏往往被工长一人独占，而一旦任务未能及时完成，则工长往往会找各种理由推脱到一线生产工人身上。虽然企业没有明文规定的末位淘汰制度，但工长打压那些未能及时完成指标者，逼迫其自离，从而将其剔除出厂。这一举动无疑大大打击了员工的士气。由于工长的逼迫而自离出厂也构成了约30%的员工流出率。工长与一线员工之间一向缺乏交流，许多受访者透漏："领导与我们交流最多的一句话就是'干不完？你给我滚！'。"当然这里面可能加入了很多主观因素，据发放问卷统计结果显示，在问题"当你工作失误时"只有18.1%的员工选择了领导会"严厉粗暴的批评"。而且，一些老员工在谈及此问题时，总会以一种调侃的语气："他骂就骂吧，左耳进，右耳出就得了。反正骂你的人也是每天被挨骂的。"富士康现有的管理层次被分为12级，级与级之间都有着较为明显的界限，下级挨上级的骂是经常的事。也是就是说"骂人文化"不仅仅是在生产一线才有的，整个企业的各个阶层都存在。

富士康过于严苛的军事化管理导致员工生活压抑。受访员工介绍，富士康的工作是典型的罚多赏少：厂牌忘带，罚；厂牌未戴正，罚；擅离人行道，罚；甚至吃饭时高声喧哗，也要罚。曾经在深圳龙华工业园工作4年，现已在烟台工业园区工作3年的员工王先生说："每次吃饭时，食堂里都有监察在来回巡逻，厂区内的每一个路口都设有亭岗，出入都必须进行打卡。而且打卡是态度一定要好，不然很容易招致呵责，辩解只会遭来更严厉的呵责、辱骂，甚至打击报复。"

生产车间之外的安全、秩序管理要依靠厂区的保安来维护。然而也正是这些保安导致了厂区的不安定因素。只要是生产型的企业，员工与保安的冲突就必然存在，而这一冲突在富士康尤为明显。富士康保安的行为准则中有这么一条，绝对不准离开厂区，无论是在工作还是在业余时间，据说是出于保安生命安全的考虑。员工与保安之间的冲突可见一斑。

在员工工作态度调查中，约有33.3%员工认为自己的工作单调无味，而且工龄越长，越倾向于认为自己的工作单调枯燥。在富士康工作员工，能坚持两年以上的仅占10.1%，而在半年内和一年内离职的分别占到了21.2%和60.6%。当问及遇到不顺心的事如何处理时，竟有42.4%的人选择了自己默默忍受。在所做调查中，工作之余参加过公司所举办活动的员工数仅占5.1%，40.4%的员工选择了睡觉，而有54.5%的员工选择了玩游戏或上网聊天以寻求慰藉。

访谈过程中,即使是富士康人力资源处工作人员也承认:"现在富士康的流动率很高,平均每天进出厂的人口都在 2000 左右,但净流量基本为 0""工人做的工作都很简单,只要有小学学历就够了,很多在厂员工的中专、高中毕业证都是假的,大家都心知肚明"。被访员工透漏:"他们所谓的岗前培训也只不过是讲讲厂规,介绍一下安全知识罢了。"

就目前富士康的工作安排来看,由于其员工的高流动率,即使是同处一个寝室的员工,因不同批次入厂,所分配部门往往不同,彼此也就只能在交接班时打个照面,有时因为工作太累,连招呼都不打便直接睡了。一方面每天生活在一个被监视的环境下,一方面情感得不到寄托与发泄,员工的压力不仅仅来源于工作,还有很大一部分便源于这种生活模式。

第三步,根据以上两个案例,针对以下问题进行分析和讨论,并对小组成员的各种观点进行记录。

①结合以上资料,谈谈你对科学管理理论的认识,以及科学管理理论的现实意义。

②联合邮包服务公司的科学管理模式为什么能够有比较好的效果? 这种管理模式是否具有普遍性? 试加以分析。

③根据富士康员工的跳楼事件的具体调查与访谈内容,分析实施科学管理的利弊?

④思考在你身边的组织中,有哪些做法是符合科学管理理论的?

第四步,各小组选出一名代表发言,对小组讨论分析结果进行总结。

第五步,对小组成员的各种观点进行分析、归纳和要点提炼,并完成案例分析发言提纲。

实训要求:查阅相关资料,通过对以下资料进行讨论分析,完成个人资料分析与发言提纲,并思考在你身边的组织中,有哪些做法是符合科学管理理论的;各小组成员都应学会分析记录,并积极进行讨论,发表个人观点,认真完成实训内容;发言提纲要求语言流畅,文字简练,条理清晰。

实训内容Ⅲ:人际关系理论

实训形式:

案例分析。

实训步骤:

第一步,实训前准备。要求参加实训的同学,课前认真阅读教材,查阅相关书籍,掌握人际关系理论的内容。

第二步,以 5—6 人为一个小组,以小组为单位进行以下案例资料的阅读。

⟥⟶【案例分析 2-3】

惠普公司的人本管理

1992 年美国《幸福》杂志 500 名最大工业企业排名中,美国惠普公司排名第四十二位,资产 137 亿美元,销售额 164.3 亿美元,利润为 5.5 亿美元。惠普公司是世界最大的电子检测和测量仪器公司,微型计算机产量位居美国第二。

惠普公司取得的成功,在惠普公司自己的许多经理看来,靠的是它重视人的宗旨。惠普公司的这种重视人的宗旨不但源远流长，而且还不断地进行自我更新。

惠普公司"人为本管理"宗旨的具体体现是关心人、重视人、尊重人。惠普公司的关心人体现在领导者深入工作现场，进行现场管理，巡视管理，与员工进行面对面的非正式的口头形式的思想交流。创始人休利特和当了40年的研制开发部主任巴尼·奥利弗一样，经常到惠普公司的设计现场去。后来，虽然二人不再任职了，但公司的职员们却都有一种感觉，好像休利特和奥利弗随时都会走到他们的工作台前，对他们手上干的活提出问题。

而关心人就需要真心实意地把员工当作人来关怀。在惠普公司里，领导者总是同自己的下属打成一片，他们关心员工，鼓励员工，使员工们感到自己的工作成绩得到了承认，自己受到了重视。与此同时惠普公司也注重教育员工，该公司要求人们不要一门心思往上爬，而是鼓励他们把心思放在对生产、销售和产品服务上。公司还教育员工要有高度的信心和责任感。对于个人的职位升迁问题，公司总是教育员工要在做好自己的本职工作上求发展。

曾有一位惠普公司最老的制造部的中层经理，他以前管理着一个有50人的部门，在一年以后他开始考虑个人的前途问题了，因为他的许多在别的公司里工作的同学都已官高于他了。于是，他便把自己的心思告诉了自己的上级，并且问他自己怎样才能升上去。他的上级思索片刻，笑着说："你干吗着急？在这儿想往上升，最好的办法就是干好你的本职工作。我知道需要一定时间才能习惯于我们这儿的做法，可是请信任我们，从现在起就注意好好干，高兴点儿！这样就能提升！"这位中层经理感到在惠普公司工作很满意，因为他意识到他的上级总是不失时机地给人们伸出帮助之手，而且他觉得似乎人人都知道自己在干什么，自己做出了什么贡献。

惠普公司信任人。惠普公司相信员工们都想有所创造，都是有事业心的人。这一点在该公司的一项政策里即"开放实验室备品库"表现得最为突出。实验室备品库是该公司存放电气和机械零件的地方。工程师们可以随意地取用实验室备品库里的物品，不但这样，公司还鼓励他们拿回自己家里去供个人使用！这样做是因为惠普公司有一种信念，即不管工程师们拿这些设备所做的事是不是跟他们手头从事的工作有关，反正他们无论是在工作岗位上还是在自己的家里摆弄这些玩意，都总是能学到一些有用的东西。曾经有一次，惠普公司的创始人休利特在周末到一家分厂里去视察，他发现该分厂的实验室备品库门上上了锁。他很生气，马上就跑到维修组去，拿来一柄螺栓切割剪，把备品库门上的锁一下子给剪断了，然后扔得远远的。

在星期一早上，人们上班的时候，就看到门上有一张条子，上面写着："请勿再锁此门。谢谢。威廉。"惠普公司并不是像别的公司那样对这些设备器材严加控制，而是让它敞开大门，随你拿用，充分表明公司对员工们的信任程度。

惠普公司还有其不同于欧美企业的雇用政策，那就是员工一经聘任，决不轻易地辞退。那还是在第二次世界大战中，该公司有一次很可能要得到一项利润丰厚的军事订货合同。但是，要接受这项合同，当时的员工数还不够，需要新增加雇佣 12 名员工。休利特就问公司的人事处长说："这项合同完成以后,新雇的这些人能安排别的什么合适的工作吗?"该人事处长回答说："已经没有什么可安排的合适工作了,只能辞退他们。"于是休利特就说："那么咱们就不要这项订货合同了吧!"后来,考虑到新雇员工的利益,惠普公司最终没有签订这项赚钱的合同。惠普公司不愿涉足于消费品市场的其中一个重要原因是这类消费品市场波动性太大,生意多了人手不够要新雇人,而生意少了又要裁判多余的人员,这有损于职工们的就业安定性。

既然终身聘用,那么对被聘用者就必须严格审核,这是自然之事。惠普也更是如此,惠普公司的员工多是工程技术人员,因而也是由工程技术人员来管理,这是由其公司业务技术性强造成的。公司的各级领导干部基本上是从内部员工中选拔录用,一般不外聘。从外部招的员工,通常多是直接从应届优秀的毕业生中挑选。

公司每年都要派出既是技术内行又具领导经验的干部,到各名牌大学物色"尖子"毕业生,与他们面谈,了解其经历、能力、愿望理想和要求。回到公司后再斟酌筛选,选中者还要由公司出资,再次请到公司里去面谈,然后再决定是否正式聘用,以此来保证被聘任者的质量。

惠普公司重视员工培训。该公司重视员工培训可谓是不惜工本。仅在 1980 年,公司内部就举办过学制、内容、形式不同的各种训练班 1700 多个,其中 4.7 万多员工中有 2.7 万名参加了这类培训。训练班有长有短,有业余有脱产,有工程性的也有管理性的。受训对象从工人到总经理,各种人员都有。训练方式有讲课、讨论、电影、录像、计算机模拟、案例分析、技巧实习、自学考核,直至师徒传授。公司要求各级领导亲自为下级讲课。除本身训练计划外,工程师还被派送到有关大学进行带薪脱产进修,公司给其报销路费,还发给住宿津贴;公司还鼓励优秀的年青人员到邻近有关大学进行脱产选修有关课程,允许他们利用部分的工作时间,也给报销路费。受训人员虽然由公司资助受训,但却不对公司承担义务,学完后留去自便,公司并不干预。

惠普公司重视员工福利。公司的福利除基本生活福利、医疗保险、残废保险、退休金、两天一次的免费午间茶点、生日送礼以及新员工搬迁补贴。另外,还有两项特殊福利:一项是现金分红制度,即凡在公司任职达半年以上员工,每年夏初及圣诞节,可得到一份额外收入,1983 年左右此额约为年薪的 8.35%;另一项特殊福利是股票购买制,即员工任职满 10 年后,公司还另赠 10 股。据一次全美调查,惠普是全美的最佳福利企业之一。

惠普公司提倡员工创新。惠普公司相信人人都有要搞好自己本职工作的愿望,因而,该公司总是力图给广大员工创造一个任人发展创新的工作环境。惠普公司有一种关注创新的气氛,即每一个工程师都有放下手中设计项目做"候补队员"的时候。在惠普公司里,搞生产的可以停下手中的生产线,而让工程师们取走某些部件去进行创新测试。这在别的公司看来似乎是不可理解的,而在惠普公司,人们已非常习惯,认为这是一种很自然的事情,惠普公司里没有人会去阻挡工程师搞创新。

惠普公司在管理上也考虑到员工的自主创新。惠普公司很少用"指令性管理法",而是多用"目标管理法"。实行目标管理法虽然在目标的确定上是由上下级共同讨论进行的,但下级 在实现目标所采用的具体方法有很大的灵活性。

惠普公司以人为本的管理给人的感觉是:"员工进了公司后,就像进了温暖的家。"

第三步,根据案例,针对以下问题进行分析和讨论,并对小组成员的各种观点进行记录。

①结合以上资料,分析惠普公司人本管理的特点。

②惠普公司以人为本的管理理念和管理实践的意义。

第四步,各小组选出一名代表发言,对小组讨论分析结果进行总结。

第五步,对小组成员的各种观点进行分析、归纳和要点提炼,并完成案例分析发言提纲。

实训要求:查阅相关资料,阅读以下案例,完成个人资料分析与发言提纲,并思考人性管理理论的依据和现实意义;各小组成员都应学会分析记录,并积极进行讨论,发表个人观点,认真完成实训内容;发言提纲要求语言流畅,文字简练,条理清晰。

实训内容Ⅳ:近代管理理论在现实中的运用

实训形式:

企业参观和调研。

实训步骤:

第一步,实训前准备。学生围绕科学管理理论,准备调研提纲;由指导教师联系企业,并与企业负责人进行沟通。

第二步,组织学生下企业参观,了解企业管理的内部制度和实际操作情况。

第三步,学生按指导教师认可的调研提纲,并做好访谈记录和材料搜集工作。

第四步,学生返回课堂完成访谈记录的整理及参观体会。

实训要求:通过下企业参观和调研,学生了解企业管理的内部制度和实际操作情况;进一步理解科学管理理论的现实意义;请学生根据科学管理理论的主要观点,明确调研的主要内容和访谈的主要对象,了解目前大部分中小企业管理状况和可能存在的问题,并试着提出相应的改革措施。

四、实训时间及成绩评定

(一)实训时间

实训内容Ⅰ:课堂辩论控制在一节课内完成。

实训内容Ⅱ:案例分析讨论时间以 20 分钟为宜,各小组代表发言时间控制在 3 分钟。

实训内容Ⅲ:案例分析讨论时间以 20 分钟为宜,各小组代表发言时间控制在 3 分钟。

实训内容Ⅳ:利用课余时间完成访谈问题设计、企业联系等准备工作,企业参观、访谈时间 2 小时。

(二)实训成绩评定

1.实训成绩按优秀、良好、中等、及格、不及格 5 个等级评定。

2.实训成绩评定准则。

①是否理解近代管理理论的内容和实质。

②是否理解管理思想、管理理论和管理实践的关系。

③通过参观和访谈是否了解了目前大部分中小企业管理状况并能对存在的问题进行初步的分析。

实训项目二　现代管理理论

一、实训目的

通过资料搜集和分析讨论，学生能够初步掌握案头调查技巧。

学生掌握现代管理思想演进的过程，增强对现代管理思想的感性认识，培养对组织的管理思想的分析能力。

二、基本知识要点

(一)现代管理理论概述

现代管理理论产生与发展的时期。现代管理理论产生与发展时期为 20 世纪 40 年代末到 70 年代。这是管理思想最活跃、管理理论发展最快的时期，也是管理理论步入成熟的时期。这一时期创立了大量科学而实用的管理理论，在目前用以指导各类社会组织管理实践的管理理论，大都在这一时期诞生与发展起来。

现代管理理论产生的背景。这一时期管理理论的发展始于第二次世界大战之后。(1)随着生产力的发展，导致企业生产过程的自动化、连续化以及生产社会化程度的空前提高；企业规模急剧扩大，出现一些大的跨国公司，市场竞争激烈，市场环境变化多端，这些都对企业管理提出了更高的要求，管理日趋复杂。(2)科学技术以前所未有的速度迅猛发展，既对管理提出新的要求，又为管理提供了全新的技术支持，科技成果被广泛应用于管理之中。(3)随着社会的进步，人在生产经营中的作用越来越重要，发挥人的积极性与创造性已成为现代管理的核心问题。正是在这样的背景下，一大批全新的管理思想与理论被应用于管理实践中，并得到迅速发展。

现代管理理论发展的脉络。现代管理理论产生和发展的脉络。(1)管理理论的分散化。进入 20 世纪 50 年代后，管理理论出现了一种分散化的趋势，形成了诸多的学派，被称为管理理论的"热带丛林"。(2)管理理论的集中化趋势，学者们先提出系统化理论，力求建立统一的管理理论，后来又提出更加灵活地适应环境变化的权变管理理论。(3)20 世纪 50 年代后，随着社会、经济、文化的迅速发展，面对信息化、全球化、经济一体化等新的形势，管理出现了深刻的变化与全新的发展趋势。

(二)现代管理理论的主要学派

在西方国家比较有影响的现代管理理论流派众多，著名的有管理程序学派、社会系统学派、行为科学学派、决策理论学派、管理科学学派、系统管理学派，等等。

1.管理程序学派

管理程序学派又称管理职能学派，它是在法约尔一般管理思想的基础上发展起来的。该学派推崇法约尔的管理职能理论。该学派的代表人物是美国的管理学家哈罗德·孔茨

（Harold Koontz）和西里尔·奥唐奈尔（Cyril O'Donnell），代表作是他们合著的《管理学》。

管理程序学派在西方很有影响力，其原因有以下两点：一、这个学派为管理理论和实践的发展提供了一个广阔的空间；二、该学派认为各个企业和组织所面临的内部条件及管理环境都是不同的，但管理的职能却是相同的。

2. 行为科学学派

行为科学学派是在梅奥的人际关系理论的基础上发展起来的，这一学派研究的内容可分为两个方面：第一，对组织中人与人之间关系的研究，即人际关系学派的观点；第二，对群体中人的行为的研究，即组织行为学派的观点。这一学派的代表人物有美国的亚伯拉罕马斯洛（Abraham H. Maslow），他的理论被称为需要层次理论，其代表作为1954年出版的《激励与个人》一书；还有美国的赫兹伯格，他的理论被称为双因素理论，其代表作为1959年出版的《激励因素》；还有美国的道格拉斯·麦格雷戈（Douglas McGregor），他提出了对人进行研究的X理论和Y理论。该学派认为，管理是经由他人达到组织的目标，管理中最重要的因素是对人的管理，所以要研究人、尊重人、关心人，满足人的需要，以调动人的积极性，并创造一种能使下级充分发挥力量的工作环境。它的主要特点是：（1）从早期的行为科学单纯强调重视情感的因素、建立良好的人与人之间的关系转向探索人类行为的规律性，在管理中要科学择人、用人、培养人，进行人力资源的开发；（2）强调个人目标和组织目标的一致性；（3）主张在企业中恢复人的尊严，实行民主参与管理，改变上下级之间的关系。

3. 社会系统学派

社会系统学派是从社会学的观点来研究各种组织和组织理论的。这一学派把企业及组织视为一个人们可以有意识加以协调和影响的社会协作系统，其代表人物是美国的管理学家切斯特·巴纳德（Chester I. Barnard），其代表作是《经理的职能》。

巴纳德认为，组织是一种人的行为和活动相互作用的社会协作系统，只有依靠管理人员的协调，才能维持一个"努力合作"的系统。他认为管理人员有三个主要职能：（1）制定并维持一套信息传递系统；（2）促使组织中每个人都能做出重要的贡献，包括职工的选聘和合理的激励方式等；（3）阐明并确定本组织的目标。

巴纳德对组织的存在和发展的基本条件也进行了精辟的阐述，认为一个组织要存在和发展必须具有明确的目标；组织成员要有协作的意愿；组织要有良好的沟通。这些思想构成了社会系统学派的理论基础。

4. 决策理论学派

决策理论学派是在社会系统学派的基础上发展起来的。该学派的代表人物是美国的卡内基梅隆大学教授赫伯特·西蒙（Herbert A. Simon）。该学派认为管理的本质就是决策，因此，管理理论主要应研究决策的问题。

决策理论学派的主要观点有以下几点。（1）管理就是决策。该学派认为管理就是决策。管理最关键、最重要的是那些大大小小的决策问题，而这些决策问题贯穿于管理的整个过程。（2）决策是一个复杂的过程。决策应该被分为四个阶段，即提出决策的理由，找出所有可能的行动方案，选出满意方案，对该方案进行评价。这四个阶段中都含有丰富的内容，各个阶段可能相互交错，因此决策是一个复杂的过程。

5. 管理科学学派

管理科学学派又称数理学派或运筹学派。这一学派是第二次世界大战之后在泰勒科学管理理论的基础上发展起来的,其代表人物是美国的学者埃尔伍德·伯法(Elwood Buffa),其代表作为《现代生产管理》。

管理科学学派的特点主要是运用各种数学方法对管理进行定量分析。该学派认为管理可以通过制定和运用数学模型与程序来实现。管理的计划、组织、控制和决策等几个方面都可以用数学符号和公式进行合乎逻辑的计算和分析,求出最优的解决方案。因此,在管理中正确地运用定量分析方法,将定量分析与定性分析相结合才是最有效的。该学派提出的方法和观点大大增强了决策的客观性和科学性,在某些领域避免了定性决策的含糊性和随意性,意义十分重大。

6.系统管理学派

系统管理学派是用系统科学的思想和方法来研究组织管理活动及管理职能。孔茨认为,系统的观点和系统理论的应用的确提高了管理人员对企业管理实践的全面认识和分析洞察力。系统学派的代表人物有美国的弗雷蒙特·卡斯特(Fremont Kast)等人,其代表作是《系统理论和管理》。

系统管理学派认为,组织是一个由相互联系的若干要素所组成的开放系统,它具有系统的集合性、相关性、目的性和动态环境适应性,这些要素可以被称为子系统。系统的运行效果是通过各个子系统相互作用的效果决定的。组织不仅本身是一个系统,同时它又是社会系统的一个子系统,组织在与社会环境的相互作用中取得动态的平衡。

7.权变理论学派

权变理论学派是20世纪70年代在西方形成的一种较新的管理思想学派。权变理论学派认为,在企业管理中没有一成不变、普遍适用的管理理论和方法,因为环境是复杂而多变的,管理方式或方法应该随着情况的不同而改变。其代表人物是美国管理学家弗雷德·卢桑斯(Fred Luthans)以及英国女学者琼·伍德沃德(Joan Woodward)等人。卢桑斯1973年发表了《权变管理理论:走出丛林的道路》的文章,1976年他又出版了《管理导论:一种权变学说》,系统地介绍了权变管理理论,提出了用权变理论可以统一各种管理理论的观点。伍德沃德的代表作为《工业组织:理论和实践》。

权变理论学派目前的影响很大,许多管理学派及实际管理人员不仅接收了权变理论学派的思想,而且在管理理论与管理实践中积极地采用权变的管理思想及方法,如领导的权变理论、组织理论中的弹性组织原则等。

8.组织文化学派

20世纪80年代初,美国的管理学者创立了一种新的管理学派,即组织文化学派。其主要著作有:《Z理论》《企业文化》《日本的管理艺术》《追求卓越》《基业常青》等。这些理论贯穿了一种"非理性倾向",对过去一切管理理论中的"理性主意"提出了挑战。他们认为,长期以来,许多管理学者都过分依赖解析的、定量的方法,只相信复杂的结构、周密的计划、严格的规章、明确的分工、自上而下的控制、大规模生产的经济性等"理性的"手段,把人引上了歧途。他们认为,管理不仅涉及物,也涉及人,非理性的、情感的因素不能忽视。

(三)管理理论的新发展

进入20世纪80年代后,随着社会、经济、文化的迅速发展,面对信息化、全球化、经济一体化等新的形势,管理出现了深刻的变化与全新的发展趋势。这里主要介绍战略管理理论、企业再造理论、"学习型组织"理论。

1.战略管理思想

战略管理萌芽于第二次世界大战后,成熟于20世纪70年代末,当进入了以国际竞争为主题的20世纪80年代后,战略管理被世界各主要跨国集团首先采用。

企业实践的不断发展,使战略管理的理论体系不断有新的思想升华。在众多的战略管理研究学者中,安索夫、霍福尔、舒恩德尔、波特以及明茨伯格和奎因等人的贡献甚大,他们从不同的角度丰富并发展了战略管理理论。在大师们的推动和带领下,战略管理研究领域呈现出一派纷繁景象。

波特与《竞争战略》。迈克尔·波特(Michael Porter)是美国哈佛大学商学院的教授,兼任许多大公司的咨询顾问。1980年,他的著作《竞争战略》把战略管理的理论推向了顶峰。该书被美国《幸福》杂志标列的全美500家最大企业的经理、咨询顾问及证券分析家们奉为必读的"圣经"。该书提出许多关于战略管理的重要理论、分析方法与决策技术,成为战略管理理论的经典之作。该书的重要贡献是提出了分析技术的综合结构。它有助于一个公司对产业进行总体分析、预测产业未来的变化、认识竞争对手及自身地位,并根据具体业务类型将这种分析转化为一种竞争的战略。波特教授的贡献是:(1)提出对产业结构和竞争对手进行分析的一般模型,即五种竞争力(新进入者的威胁、替代品威胁、买方砍价能力、供方砍价能力和现有竞争对手的竞争)分析模型;(2)提出企业构建竞争优势的三种基本战略,即寻求降低成本的成本领先战略、使产品区别竞争对手的差异化战略和集中优势占领少量市场的集中化战略;(3)价值链的分析,波特认为企业的生产是一个创造价值的过程,企业的价值链就是企业所从事的各种活动——设计、生产、销售以及支持性活动——的集合体,价值链为顾客生产价值,同时能为企业创造利润。

2.企业再造理论

1993年,企业再造理论的创始人原美国麻省理工学院教授迈克尔·哈默(Michael Harmmer)博士与詹姆斯·钱皮(James Champy)合著了《再造企业——管理革命的宣言书》一书,正式提出了企业再造理论。1995年,钱皮又出版了《再造管理》。哈默与钱皮提出应在新的企业运行空间条件下,改造原来的工作流程,以使企业更适应未来的生存发展空间。这一全新的思想震动了管理学界,企业再造的思潮迅速在美国兴起,并快速传到日本、欧洲,乃至全世界。

企业再造的基本含义。企业再造,按照哈默和钱皮所下的定义,是指"为了飞越地改善成本、质量、服务、速度等重大的现代企业的运营基准,对工作流程(business process)做根本的重新思考与彻底翻新"。这也就是为适应新的世界竞争环境,企业必须抛弃已成惯例的运营模式和工作方法,以工作流程为中心,重新设计企业的经营、管理及运营方式。

企业再造流程的过程。企业再造流程的过程大致分为四个阶段。(1)诊断原有流程。企业再造的核心是企业流程的再造。传统的流程被划分为一系列简单的、标准化和专门化的动作或环节,可能造成巨大的资源浪费。企业可以通过画流程图等手段找出原有程序存在的问题。(2)选择需要再造的流程。查清原有流程存在的问题之后,就要选择需要再造的流程。由于资源的限制,企业只能选择一部分流程作为改造的对象。一般应按照紧迫性、重要性、可行性的原则进行选择。(3)了解准备再造的流程。了解流程的目的不是改进流程,而是对流程进行彻底的再设计。要了解流程,最好是首先了解顾客,因为流程是为了满足顾客需要而存在的。(4)重新设计企业流程。要抛弃现有流程的一切框框,利用头脑风暴法、逆向思维等方法，充分发挥想象力，将科学的思维和艺术创造相结合，以创造出更加合理、科学的全新流程。

世界最新的管理理论普遍认为，企业再造适用于三类企业：第一类是问题丛生，已经面临危机的企业；第二类是业绩不错，但潜伏着危机的企业；第三类是正处于发展高峰，再造是为了构建新的竞争优势，大幅度超越竞争对手，抢占下一轮竞争的制高点。

3. "学习型组织"理论

20世纪90年代以来，知识经济的到来，使信息与知识成为重要的战略资源，相应诞生了学习型组织理论。"学习型组织"理论是美国麻省理工学院教授彼得·圣吉（Peter M. Senge）在其著作《第五项修炼》中提出来的。彼得·圣吉认为，有两个加速的趋势在加速管理的变革：第一，全球一体化的竞争加快了变化的速度；第二，组织技术的根本变化促进了管理的变化。传统的组织设计是用来管理以机器为基础的技术；而新的组织却是以知识为基础的，即组织设计的目的是用来处理思想和信息的。因此，传统的组织类型已经越来越不适应现代环境发展的要求，现代企业是一个系统，这个系统可以通过不断学习来提高生存和发展的能力。这一理论的提出，受到了全世界管理学界的高度重视，许多现代化大企业，乃至其他组织，包括城市，纷纷采用这一理论，努力建成"学习型企业""学习型城市"等。

"学习型组织"的基本思想。彼得·圣吉在《第五项修炼》中明确指出："20世纪90年代最成功的企业将会是'学习型组织'，因为未来唯一持久的优势，是有能力比你的竞争对手学习得更快。"他认为"未来真正出色的企业，将是能够设法使各阶层人员全心投入，并有能力不断学习的组织。"学习型组织正是人们从工作中获得生命意义、实现共同愿望和获取竞争优势的组织蓝图。学习型组织，是更适合人性的组织模式。这种组织由一些学习团队组成，有崇高而正确的核心价值、信心和使命，具有强韧的生命力与实现共同目标的动力，不断创新，持续蜕变，从而保持长久的竞争优势。

彼得·圣吉提出的组织成员的五项修炼。（1）追求自我超越。强调组织成员应能不断认识自己，认识外界的变化，不断给予自己新的奋斗目标，全心投入，不断创造，超越自我，成为一种真正的终身学习。（2）改善心智模式。这是指人们深植心中，对周围世界如何看法和行为的认识方式。要求组织成员要善于改变传统的认识问题的方式和方法，要用新的眼光看世界。（3）建立共同愿景目标。共同愿景是指一个组织所形成的共有目标、共同价值观和使命感。进行这一项修炼的目的是强调把组织建成一个生命共同体，使全体成员为之共同奋斗。（4）开展团队学习。其目的是使组织成员学会集体思考，以激发群体的智慧，发挥出综合效率。他倡导其成员要经常运用"深度汇谈"和"讨论"两种不同的团体交流方式。（5）锻炼系统思考能力。这是整个五项修炼的基石。他提出系统思考是"看见整体"的一项修炼。强调要把组织看成一个系统，促进组织发展必须学会系统思考，要培养人与组织进行系统观察、系统思考的能力。

三、实训内容、组织方式及步骤

实训内容Ⅰ：现代管理思想在现实中的应用

实训形式：

管理沙龙。

实训步骤：

第一步,实训前准备。通过多种渠道,搜集有关管理思想的案例与资料。资料一定要体现现代管理理论或思想,也可以是从反面说明不符合或违背现代管理思想从而招致失败。资料的具体形式,可以是新闻消息、事迹报道,可以是工作简报、工作总结,可以是书籍与报纸上登载的管理案例等。

第二步,以小组为单位进行资料的讨论和分析。在应用所学理论分析其管理思想时,要引用与资料和案例内容对应的理论与思想来加以说明。分析材料的具体结构:要先介绍案例或资料;然后指出月以分析的理论的主要观点及所属的流派;重点分析与评价其管理思想。

第三步,举办班级关于管理理论与管理思想的沙龙。每个成员都可以作介绍,谈体会,放开思路,自由畅想。

第四步,在讨论的基础上,按照以下思路,每位学生完成"现代管理理论分析简要报告"。

①所搜集的有关管理思想事例的简要介绍。

②所涉及的主要管理理论观点的简要介绍。

③该事例所反映的现代管理思想分析(也包括有悖于现代管理思想的分析)。

④本人受到的启示或建议。

实训要求:选择实际企业,或通过网络、报纸杂志,搜集一个或几个我国改革开放后的有关管理的案例或资料(最好是一事一议性的简短事例);应用所学理论,分析其管理思想。思路要清晰,分析要细致。

实训内容Ⅱ:学习型组织

实训形式:

案例分析。

实训步骤:

第一步,实训前准备。要求学生课前查阅相关资料,了解"学习型组织"的基本思想和主要内容。

第二步,以 5—6 人的小组为单位进行以下案例资料的阅读。

⇨【案例分析 2-4】

联想——中国第一个学习型组织

联想集团创建于 1984 年,由中科院计算所投资 20 万元人民币、11 名科技人员创办,到今天已经发展成为一家在信息产业内多元化发展的大型企业集团。联想在 2005 年 5 月完成对 IBM 个人电脑事业部的收购,标志着新联想的诞生! 联想集团是以技术密集型为主的高技术产业集团,它集中了中科院数百名科技专家和青年知识分子,在联想员工中大专以上学历占有 82%,其中工程师占 40%,高级工程师占 15%。学习型组织建设成了联想发展的动力和企业文化的精髓。

联想学习型组织的方式。

1. 从合作中学习。联想与多家国际大公司建立或保持良好的合作关系,如

HP、Intel、Microsoft、东芝等。并把向这些合作伙伴学习作为实现自己战略目标的重要步骤。学习他人之长,培养本土人才,提高企业综合竞争力一直是联想的学习脉络。套用柳传志的一句话:"不长本事的事不做"。

2.向竞争对手、同行或不同行的优秀企业学习。联想对硅谷公司有深入的分析,认真探索 IBM、COMPAQ 等竞争对手的长处与短处。甚至向不同行的优秀企业如海尔的服务方式学习。

3.向用户学习。联想 1997 年首次开出对方付费电话热线咨询服务。联想的免费热线不仅用于回答用户的问题,而且通过主动电话回访,从用户那了解市场需求,以作为联想了解市场、获取市场信息的重要手段。

4.从联想自身的过去学习。柳传志"要想着打,而不是蒙着打"。联想是一个非常善于从自己过去的经验中学习的公司,不仅总结过去的成功与失败,而且寻本究源,总结出很多规律性的管理经验,如"鸵鸟理论":当两只鸟一样大的时候,人家肯定觉得你比他小;当你是只火鸡,人家是只小鸡时,你觉得自己大得不得了,而人家才会认为一样;只有你是只鸵鸟时,小鸡才会承认你比他大。这说明要有自知之明,不要把自己的力量估计过高,"贸工技三级跳"、"管理三要素"、"一个目标、三步走、五条战略路线、六大事业"等。

联想学习型组织的机制。

1.开会。联想会多,大会小会如誓师会、总结会、研讨会、协调会、工作会等。通过会议达到沟通、交流与磨合。联想的会不是流于形式的,而是讲究实效的。

2.教育与培训。联想有较完善的教育培训体系,从新员工的"入模子"培训到高级管理人员研讨或管理培训、从专业技能培训到理论务虚研讨,无论老总还是工人都有充分的培训机会,除培训外,联想还注意引导员工走向自觉学习。

3.领导班子议事制度。如每周一次总经理晨会,每月一次总经理例会,每季一次总经理沙龙,每种会有不同的层次议题,形成"把问题放在桌面上谈"、"自己看不透的事听别人的,自己想透了别人没明白时得设法让别人明白"、"问题谈开谈透再行动"等朴素而有效的议事方法,"记大账而不计小账"。

4.委员会和工作小组。由不同部门领导和专家学者组成的投资委员会和技术委员会,在客观上促进了学习型组织的发展和完善。

第三步,根据案例,针对以下问题进行分析讨论,并对小组成员的各种观点进行记录。
①学习型组织建设是否适用于所有类型的企业?
②建设学习型组织需要哪些基本条件?
③从本案例中你得到了什么启示?
第四步,各小组选出一名代表发言,对小组讨论分析结果进行总结,教师点评。
第五步,在讨论基础上,完成案例分析发言提纲。
第六步,要求课后阅读彼得·圣吉《第五项修炼》一书。
实训要求:查阅相关资料,通过对案例进行讨论分析,完成现代管理理论分析简要报告,要求语言流畅,文字简练,条理清晰。

四、实训时间及成绩评定

(一)实训时间

实训内容Ⅰ:利用课余时间搜集相关的案例和资料,时间为一周。班级讨论控制在两节课(包括老师讲评)。

实训内容Ⅱ:课堂分析和讨论15分钟,教师点评5分钟。

(二)实训成绩评定

1. 实训成绩按优秀、良好、中等、及格、不及格5个等级评定。

2. 管理沙龙"现代管理思想在现实中的应用",可根据个人分析报告与在研讨会上的表现,由师生共同评定成绩。

3. 实训成绩评定准则。

①是否理解现代管理理论的内容和实质。

②是否具有现代管理思想应用于现实的意识和基本能力。

实训项目三 中国古代管理思想

一、实训目的

通过现实企业管理实例,学生挖掘中国古代管理思想。通过本次实训项目,学生了解中国古代悠久的文明历史背景下的传统管理思想对现今企业经营管理的影响。

二、基本知识要点

(一)中国传统管理的社会文化背景

中国作为四大文明古国之一,在管理思想的发展史上也占有重要地位。《论语》《老子》《管子》《墨子》《韩非子》《孙子兵法》《贞观政要》《资治通鉴》《三国演义》等古代典籍都包含了极其丰富的管理思想。事实上,许多西方管理理论都可在中国古代管理思想中找到类似的论述。许多企业包括西方企业都在主动应用中国古代管理思想指导企业管理,日本、新加坡、韩国等亚洲国家和我国台湾地区的发展,与他们对中国古代管理思想的借鉴有着密切的关系。

早在公元前200多年,秦朝就形成了与现代中国国土相近的统一国家。在以后2000多年漫长的历史中,历代统治者都能对如此辽阔的疆土和众多的人口进行着有效的控制和管理。历代统治者的功过是非应当由历史学家去研究和评述,但从管理学的角度来看,他们给我们留下了有关管理国家、巩固政权、统帅军队、组织战争、治理经济、发展生产、安定社会等方面极为丰富的经验和理论,其中也包含着许多至今仍闪耀着光辉的管理思想。

中国有许多世界历史上的伟大工程。长城、都江堰、京杭大运河就是其中令人赞叹的例子。要完成这些浩大的工程,在科学技术尚不发达的当时,其计划、组织、领导、控制等管理活动的复杂程度是现代人难以想象的。

中国在其漫长的历史中,所经历战争之多,规模之大,也是世界各国所少有的。早在春秋战国时期,就经常发生投入几十万军队的大战役。战争给人带来了死亡和灾难。但战争也推动了如何治理军队、如何带兵作战的军事思想的发展,产生了诸如《孙子兵法》这样不朽的军事著作。

任何管理思想都是植根于一定的社会文化土壤,而一定的社会文化又都割不断与历史传统的联系,并且总是在继承中发展,在发展中继承。只有这样,才能形成适合本国国情的特色,才能具有强大的生命力。所以,我们在研究现代管理思想的时候,不能不研究中国传统的管理思想。

(二)中国古代管理思想的主要表现

1. 中国古代儒家的管理思想

中国古代儒家的代表人物孔子提出了许多管理思想,其核心是"内圣外王,仁者爱人"。

(1)以民为本——群体本位的管理着眼点

管理的着眼点在何处? 西方古典理论认为是制度,是技术,如泰勒的科学管理就是"物本"管理的延续与典型。孔子却认为是"民",是"人",是组织中的"群体"。孔子的管理思想,是围绕"人"这个中心展开的,民本是其核心,贯穿《论语》的始终。

(2)追求稳定——孔子的管理目标

孔子心目中的管理最高境界是"仁"。所谓仁,"克己复礼为仁",即符合君君、臣臣、父父、子子的伦理规范,符合社会尊卑贵贱秩序。治理国家就是要使国家符合这个伦理规范,以严格的等级制度,稳定统治秩序,维护统治者的地位。

(3)中庸之道——通权变达的管理艺术

中庸是孔子学说中的一个重要观点。从孔子的思想行为来看,中庸是追求卓越的法则。孔子说:"中庸之为德也,其至矣乎! 民鲜久矣。"孔子的中庸思想反映出他对世界认识的"三分法",即矛盾发展有三种可能性:过,中,不及。

孔子认为,个人修养包括学习、获得真理、坚持真理、通权变达四个阶段,通权变达是最高层次,是成熟的标志。

(4)德治——言传身教的管理路线

①为政以德

怎样才能使被管理者达到组织的目标期望,一直是悬而未定的重大命题。答案多种多样,但归根结底不外乎德治和法制两条基本的管理路线。孔子,便是独亲德治、排斥法制的。孔子在《为政》中说:"为政以德,譬似北辰,居其所而众星共之。"德治的主要手段是伦理道德规范,即人们共同生活及行为的准则和规范,用以指导个人的行为以及人际关系。

②正己

"政者,正也。子帅以正,孰敢不正?""其身正,不令而行;其身不正,虽令不从",这些都是孔子对德治的进一步论述。正己的途径是修己,修己是正己的前提。孔子认为修己有三个层次:做个有道德的人,使周围的人都能受到教化,使百姓都能安居乐业。修己是以组织的稳定发展为最终目标的,在实践过程中要注意两个问题。正己涉及一系列内容:严于律己,宽以待人,清廉自守,群而不党。

③仁爱

"仁爱"是孔子处理管理者与被管理者关系的主要原则。"仁"是(论语)中出现次数最多的概念,由于侧重点不同,"仁"有多种解释。从孔子思想体系来看,"仁"的基本含义是"爱人"。"仁"的最高境界是"利己利人,达己达人",这也是行仁的本质问题。行仁要贯彻两个原则:忠和恕。恕就是"己所不欲,勿施于人",自己不喜欢的事,也不要强加给别人。

④信

"信"是孔子管理思想的一个重要概念。春秋时期,诸侯兼并,人心唯乱,背信弃义、食言而肥的事时有发生,社会出现了"信用危机",所以孔子提倡以"信"来缓解矛盾。信也成了中国理想人格的一个重要方面。孔子认为,没有信,社会或组织契约就难以维系,社会或组织就难以稳定。日本著名企业家土光敏夫曾经说:"真正有活力的组织,是内部相互依赖的组织。"孔子认为,首先,管理者只有自身做到诚信,才能使民众诚信;其次,管理者必须真正具备诚信的品德,随时随地注意践诺,把诚信作为座右铭时刻不忘。

"信"的观念发展到今天,已经是经营管理的一个核心概念。

(5)举贤育才——孔子的人才管理思想

①举贤

举贤的第一步是要识才。知人知面难知心,识人最难。在这个问题上,孔子提出了人才标准、考察人才的方法以及考察中应遵循的原则。德才兼备的人才标准,孔子说君子是"志于道,据于德,依于仁,游于艺"。

②育才

孔子认为育才的首要任务是帮助组织成员建立学习习惯,认识到学习的重要性。不断的学习,仁、知、信、直、刚等各种美德才不会变形走样。

(6)正名——孔子的组织管理思想

正名,语出《论语·子路》,子路问孔子,如果去治理卫,应该先做什么事情?孔子回答说:"必也正名乎!"名即名分,是人的身份、地位、权力、财富的标志,表现着社会尊卑贵贱以及不同的价值观念和行为方式。孔子把"正名"看作管理社会的头等大事,其目的在于维护等级制度。"名"也是中国人日常生活中熟悉的概念,如名不正言不顺,如曹操挟天子以令诸侯。

①正名与组织权力结构

"名"即管理的层次、分工。任何人类组织都有等级。企业有董事长、总经理、经理、车间主任、工段长、工人等。"名"是有普遍意义的概念。

"名"反映了组织中存在着一定的权力结构,"正名"首先要使权力结构与组织结构相吻合。组织内的权力资源是按一定规则分配的,没有单纯的集权,也没有单纯的分权。影响集分权程度的因素有:企业规模、企业经营领域、企业外部环境、企业工作性质、管理者与职工的素质、企业经营状况等。

组织一般可划分为三个层次,高层(战略层)、中层(协调层)和低层(作业层)。根据不同层次规模、权力的差异,组织分为金字塔形、哑铃形、漏斗形。

②正名与责、权、利统一

正名就是要使名实相副。从人员方面来说,名实相副就是岗位人员的知识、能力、水平和行为,必须与岗位要求相一致。这既包括在选拔、任用人才时的选择,又包括岗位人员要加强学习,自觉地提高自己的水平。

2.中国古代道家的管理思想

中国古代道家的代表人物是老子,其核心管理思想是"无为而治",即组织对个人少干预或不干预,强调人的行动及其指导思想必须顺应自然,符合自然规律,不能凭主观意志行事,管理者要善于管理大事,将具体工作交于组织成员自主完成,政策要稳定,不可朝令夕改。

(1)何为"道":管理原则的不懈追求

"道法自然"。管理也是一个自然过程,要按照事物的自然法则进行管理。《老子》开篇提出"道可道,非常'道';名可名,非常'名'。"

(2)以人为本的管理

老子和孔子一样,认为管理归根结底是管理人的问题,必须以人为本。老子说:"故道大,天大,地大,人亦大。域中有四大,而人居其一焉。"

老子在人性假设问题上,同孔子一样不依主观判断去抽象地认识人性。他认为人的本性是"见素抱朴"的,外表单纯而内在朴实,人的不良习气是后天形成的。老子的人性观也决定他反对以法制路线来管理,倾向于软性管理、德治路线。老子说:"重积德,则无不克。"重视德治,没有什么事办不到。一切工作最终都是由人来完成,把职工看作朋友与上帝,还是看作敌人与魔鬼,值得每位管理者深思。

(3)无为而治——老子管理思想的核心

无为而治是老子管理的最高境界,就是不要去干扰事物的自然发展,而是要顺其自然。

(4)软性管理——无为的管理模式

老子说,最好的统治者,人们不知道有他存在;其次的统治者,人们亲近他、赞扬他;更次的统治者,人们畏惧他;最差的统治者,人们轻视他。老子认为,在管理领域,狡诈不如法制,法制不如德治,德治不如无为而治。

(5)负阴而抱阳——老子的辩证管理思维

"万物负阴而抱阳",即阴阳是统一于事物内的两个方面,由于其无休止的变化,它们之间的和谐是有条件的、暂时的、过渡的,因而是相对的。不和谐是绝对的,但是不和谐的程度,可以表明事物恶化的程度。组织的管理,无论大小,阴阳平衡则安,处于较稳定的良性渐变过程;阴阳失衡则乱,容易产生突变,打破旧的平衡建立新的平衡关系。

(6)柔弱胜刚强——老子的领导艺术和竞争谋略

老子所说的"柔"是能够克刚的"柔",所说的"弱"是能够胜强的"弱",而不是为"刚"所屈服、为"强"所吓倒。"柔弱"是柔中带刚,弱中有强。老子推崇"柔弱",是要我们以"柔弱"为手段,达到战胜"刚强"的目的。组织中的管理者要具备"柔弱胜刚强"的智慧和领导艺术。现代管理学中的柔性管理也是老子"柔弱胜刚强"智慧的现代化。

3.中国古代法家的管理思想

中国古代法家的先驱都是身居要职的政治家,有长期政治管理的实践经验,其思想就是从政管理的设想,是已经或计划在国政中实施的东西。与老子、孔子不同,他们的思想是典型的管理思想。冯友兰先生在《中国哲学简史》中说:"用现代的术语说,法家所讲的是组织和领导的理论和方法。"在2000多年封建王朝的治国实践中,法家思想举足轻重。所以,古代中国管理又被称作"外儒内法"。

(1)韩非的管理思想

①法治天下,乱世重典——韩非的管理思想

韩非说:"为治者,不务德而务法",这是他分析当时社会状况而得的结论。韩非主张极端专制的中央集权,所以他非常重视制度的作用,而不重视人的因素;重视法理而不重视人情。他只相信制度与法。

②事异备变——韩非的变革管理思想

韩非管理思想的根本点是事异备变,实事求是。韩非说:"古今异俗,新故异备。"古今的习俗风气不一样,管理措施也就不一样。当然,韩非也提出"变与不变,圣人不听,正治而已。"要不要革新,归根结底要看旧有的管理是不是还可行,切不切合现在的实际。而韩非就是根据这个原则,对他当时所处的社会与尧禹治天下的社会作了对比,进而发现他所处的社会,百姓之间起了争夺,剩余产品的出现促使了人群的分化,仁义的管理已经不适用了,只有以法治国才能使国家稳定、富强。

③治吏不治民——韩非的分级管理体制

韩非主张建立分级管理、逐级监督、形名参同的管理体制。韩非倾向于建立中央集权,国君是国家的最高负责人,这是相对于战国时代诸侯割据的现象提出的,是历史的进步。治吏不治民是高层管理的重点。

(2)《孙子兵法》的管理思想

《孙子兵法》是中国也是世界上最古老的军事理论著作,被国外誉为"东方兵学鼻祖""世界第一兵书"。其作者孙武,字长卿,也称孙武子,后人尊称他为"兵圣"。

①未战庙算,以道为首——战略计划思想

"夫未战而庙算胜者,得算多也;未战而庙算不胜者,得算少也。多算胜,少算不胜,而况于无算乎!吾以此观之,胜负见矣。"语出《孙子·计篇》。他强调计划的重要性,强调事前的周密分析和谋划,制订缜密的实施计划,从而做到知己知彼,百战不殆。

②知己知彼,百战不殆——信息管理思想

"知彼知己,百战不殆;不知彼而知己,一胜一负;不知彼,不知己,每战必殆。"语出《孙子·谋攻》。

(3)因敌制胜,践墨随敌——灵活管理思想

"水因地而制流,兵因敌而制胜。"语出《孙子·虚实篇》。《孙子》说:"兵无常势,水无常形,能因敌变化而取胜者,谓之神。"军事管理无常势,企业管理无常形。"动态管理""灵活管理"是必然要求。所谓践墨随敌,就是说选择作战方向,制定作战方针,直至实施作战计划都应随改变化,随敌行止。

(4)上兵伐谋,出奇制胜——市场竞争谋略

"兵者,诡道也。"语出《孙子·计篇》。《孙子·谋攻》说"上兵伐谋,其次伐交,其次伐兵,其下攻城。"

(5)治众如治寡——组织管理思想

"凡治众如治寡,分数是也;斗众如斗寡,形名是也。"语出《孙子·势篇》。孙子论述治理组织,管理人数不论多与少,道理只有一个,就是靠"分数",即按一定的管理层级和幅度建立组织机构。首先,他极其重视组织的日常训练,强调组织的纪律,"令之以文,齐之以武"。"文"指以仁义之心去教化,相当于现在的企业文化;"武"指公司的规章、制度等比较硬性的东西。文武兼具也就是德治和法治兼具。其次,他强调组织、指挥和协调,即要达到目标必须有合理的组织结构并正确地运用组织力量,同时组织的运行离不开严明的纪律和法制保证,而这些又都要求管理者有效的指挥和协调。

(6)赏罚有度——激励管理思想

孙武还指出,领导者要"静以幽,正以治",在谋虑上,镇静而深透;在作风上,公正严明

而有法度。要"修道而保法",即"软管理"和"硬管理",两手都要硬;要"知兵""爱兵"但不能"骄兵"。强调对人的激励,主张用"赏"满足组织成员的欲望,激励成员的士气,但要把握赏罚的度,即"数赏者,窘也;数罚者,困也"。

三、实训内容、组织方式及步骤

实训内容:中国古代管理思想

实训形式:

案例分析。

实训步骤:

第一步,实训前准备。要求参加实训的同学,课前查阅相关书籍,初步了解本次实训的理论基础知识。

第二步,以5—6人的小组为单位进行以下案例资料的阅读。

▷【案例分析2-5】

无为而治的塞氏企业

有这样一家企业:它是一家制造上千种产品的大型跨国企业;它实现了年均27.5%的增长;它是 IBM、通用汽车、福特、西门子的榜样;它是人们最愿意加入的组织。

在这个企业里:你的工资自己定;你想什么时候上班什么时候去;你可以在会议室举办生日聚会;你可以为了思考和创新给自己放个假;你可以自由地查看公司的账簿;你可以利用公司的资助自立门户。

这就是塞姆勒和他的塞式企业。

从来没有一家企业,展现了对员工如此高度的诚信。从没有一个企业家,如此自由地让员工自己管理自己的企业,从来没有一本企业传记书籍,呈现了如此开阔的胸襟,这是一家让参观者颤抖的另类公司。巴西的塞氏公司太另类了! 参观了这家企业后,连 IBM、通用汽车这样全球最牛公司的人也一阵颤抖。

人们首先发现,这家公司没有前台,高层经理自己接待客人,自己复印东西,自己发传真。这里的一些员工很随意,竟然穿着短裤来上班,把脚放在桌子上。有的员工没完没了地看报纸,从来不装出忙碌的样子。老板不待在公司里,很长时间都没往公司打电话。这一串景象彻底粉碎了人们对一个优秀公司的想象,参观者看到一半就吼起来:这个公司竟是未来的成功样板?

是,正是这些"把戏"把一个濒临灭亡的公司变得繁荣。虽然巴西通货膨胀严重,经济政策混乱,塞氏企业却逆流而上,生产率提高了近7倍,利润翻了5番。根据调查,这家公司是巴西年轻人最想去的公司。

这家公司的老板名叫里卡多·塞姆勒,30岁,从父亲手里接下企业后便致力于打造乐土,让平等替代"金字塔统治"。

第三步,根据案例,阅读书籍《塞氏企业设计未来组织新模式》,了解卡多·塞姆勒对企业进行变革的原因,针对以下问题进行分析讨论,并对小组成员的各种观点进行记录。

（1）你认为卡多·塞姆勒的这种管理方式可行吗？结合中国古代管理思想，谈谈你的认识。

（2）把你所了解到的沿用中国古代管理思想进行企业管理的实例进行简要的表述。你身边的企业有采用这种管理方式的吗？如果没有采用，那么他们采用的是哪种管理方式？你觉得可行吗？为什么？

第四步，各小组选出一名代表发言，对小组讨论分析结果进行总结。

第五步，对小组成员的各种观点进行分析、归纳和要点提炼，完成资料分析发言提纲。

实训要求：各小组成员都应学会分析记录，并积极进行讨论，发表个人观点，认真完成实训内容；发言提纲要求语言流畅，文字简练，条理清晰。

四、实训时间及成绩评定

（一）实训时间

实训内容：案例讨论时间以 30 分钟为宜，各小组代表发言时间控制在 3 分钟。

（二）实训成绩评定

1.实训成绩按优秀、良好、中等、及格、不及格 5 个等级评定。

2.实训成绩评定准则。

①是否理解中国古代管理思想中各学派的主要思想。

②是否理解中国古代管理思想在现实管理中的运用。

③能否结合所学知识进行相关信息资料的查阅，简练、清楚地进行信息的描述。

模块三

管理与管理环境 ≫ ≫ ≫ ≫

实训目标

1. 提高学生对管理环境的重要性认识，理解管理方式方法与管理环境的关系；
2. 学会分析与评估某个企业内外部环境。

实训手段

案例分析；企业访谈与调研，企业调研分析

实训项目一　管理外部环境

一、实训目的

通过案例分析，学生提高对企业外部环境及重要性的认识。

通过对某一特定企业环境调研分析，学生理解企业的管理者需要关注的外部环境和内部环境，并且掌握分析企业外部环境的途径。

二、基本知识要点

(一)管理环境的含义

管理环境是指存在于一个组织内部和外部的影响组织业绩的各种力量和条件因素的总和，包括组织外部环境和组织内部环境。对于管理者而言，为了企业的发展，提高管理的效率，达成其管理的目的，不仅要了解政治、经济、文化和需求、竞争等组织外部环境因素，而且要掌握员工的价值观、组织所拥有的资源等内部环境情况，据此才可能做出正确的决策。

(二)管理外部环境的含义

组织的外部环境包括一般环境因素和一般任务环境因素。一般环境（宏观环境）因素是指可能对这个组织的活动产生影响、但其影响的相关性却不清楚的各种因素，包含经济、政治法律、文化和科学技术等。任务环境（微观环境）是指对某一具体组织目标实现有直接影响的那些外部环境因素，包括企业的资源供应者、竞争者、服务对象（顾客）、政府管理部门以及社会上各种利益代表组织。

对于一个组织而言,外部环境因素哪些属于一般环境因素,哪些属于任务环境因素,取决于组织的目标定位。即使看起来是同一类型组织,但是由于组织的目标不一致,其环境因素也不相同。例如两个饮料生产企业,一家专业生产儿童饮料,一家生产保健饮料,对于这两家企业而言,人口结构、饮食习惯、政府对食品卫生的有关规定、饮料生产技术的发展等是他们在经营中必须加以考虑的因素。对于前一家企业而言,还要考虑国家的计划生育政策、儿童在社会的地位等一般环境因素和儿童口味变化、儿童的数量以及年龄结构、所需的原材料供应情况、儿童饮料市场竞争情况等任务环境;而对后一家企业,则关心保健技术发展、保健品市场需求及竞争情况、国家对保健品生产销售的特殊规定等任务环境因素。

(三)常见的外部环境

1.一般环境因素

(1)政治环境,包括组织所在地区的政治制度、政治形势,执政党的路线、方针、政策和国家法令、政治力量对比等因素,对于一般组织的影响主要表现在地区政局稳定性以及政府对各类组织或活动的态度上。政局的稳定性是一个组织在制定长期发展战略时要考虑的因素,会影响到组织目标实现的可能性;而政府对各类组织或者活动的态度则决定了各个组织可以做什么、不可以做什么。

(2)经济环境,包括组织所在国家的经济制度、经济结构、物质资源状况、经济发展水平、国民消费水平等方面,利率、通货膨胀率、可支配收入变化、股市指数和经济周期是可以用来反映各经济环境因素指标。

(3)社会环境,主要是由组织所在国家或者地区的人口、家庭文化教育水平、传统风俗习惯及人们的道德和价值观念、法律等因素构成,主要通过行为规范(风俗、道德、法律)、人口结构(人口数、年龄结构、人口分布)和生活方式(家庭结构、教育水平、价值观念)改变影响群体行为规范、劳动力数量和质量、所需商品与服务的类型和数量,进而影响组织的经营管理。

(4)技术环境,通常是由组织所在的国家或地区的技术水平、技术政策、科研潜力和技术发展动向等方面的因素构成。

2.任务环境因素

(1)资源供应者,是指向该组织提供其所需资源的人或单位,不仅包括设备、人力、原材料、资金,也包括信息、技术、服务和关系等。由于组织在运行过程中依赖于供应者的资源供应,一旦主要的资源供应者发生问题,就会导致整个组织运转的减缓或中止。

(2)服务对象(顾客),是指一个组织为其提供产品或劳务的人或单位,如企业的客户、商店的购物者、学校中的学生和毕业用人单位、医院的病人、图书馆的读者等,都可称其为相应组织的服务对象。

(3)竞争者,是指与该组织争夺资源、服务对象的人或组织。没有一个组织可以忽视竞争对手,否则就会付出沉重的代价。

(4)政府管理部门及其政策法规。政府管理部门拥有特殊的权力,可制定相关的政策法规、规定价格幅度、征税、对违反法律组织采取必要的行动等,而这些对一个组织可以做什么和不可以做什么以及取得多大的收益,都会产生直接的影响。

(5)社会特殊利益代表组织,是指代表社会某一部分人的特殊利益的群众组织,如工会、消费者协会、环境保护组织等。

三、实训内容、组织方式及步骤

实训内容Ⅰ:管理环境的重要性

实训形式:

案例分析。

实训步骤:

第一步,实训前准备。要求参加实训的同学,课前查阅相关书籍,初步了解本次实训的理论基础知识。

第二步,以5—6人的小组为单位进行以下案例资料的阅读。

▷【案例分析3-1】

康洁利公司的"洋"经理

康洁利公司是一家中外合资的高科技专业涂料生产企业,总投资594万美元,其中固定资产324万美元,中方占有60%的股份,外方占有40%的股份,生产玛博伦多彩花纹涂料等11大系列高档涂料产品。这些高档产品不含苯、铅和硝基等有害物质,无毒无味,在中国有广阔的潜在市场。

开业在即,谁出任公司总经理呢?外方认为,康洁利公司引进的20世纪90年代先进的技术、设备和原材料均来自美国,中国人没有能力进行管理,要使公司迅速发展壮大,必须由美国人来管理这个高新技术企业。中方也认为,由美国人来管理,可以学习借鉴国外企业管理方法和经验,有利于消化吸收引进技术和提高工作效率。因此,董事会形成决议:从美国聘请米勒先生任总经理,中方推荐两名副总经理参与管理。

米勒先生年近花甲,但身心爽健,充满自信。有18年管理涂料生产企业的经验,自称"血管里流淌的都是涂料",对振兴康洁利公司胸有成竹。公司员工也都为有这样一位洋经理而庆幸,想憋足劲大干一场,好好地大赚其钱。

谁料事与愿违。公司开业9个月不但没有赚到一分钱,反而亏损70多万美元。当一年的签证到期时,米勒先生被总公司的董事会正式辞退了。1994年3月26日,米勒先生失望地返美。来自太平洋彼岸的洋经理被"炒鱿鱼"的消息在康洁利公司内外引起了强烈的反响,这位曾经在日本、荷兰主持建立并成功地管理过涂料工厂的洋经理何以在中国败走麦城呢,这自然成了议论的焦点。

多数人认为,米勒先生是个好人,工作认真,技术管理上是内行,对搞好康洁利公司怀有良好的愿望,同时,在吸收和消化先进技术方面做了许多工作。他失败的主要原因是不了解中国的实际情况,完全照搬他过去惯用的企业管理模式,对中国的许多东西不能接受,在经营管理方面缺乏应有的弹性和适应性。中方管理人员曾建议根据中国国情,参照我国有关三资企业现成的成功管理模式,结合国外先进的管理经验,制定一套切实可行的管理制度并严格监督执行。对此,米勒先生不以为然。他的想法是"要让康洁利公司变成一个纯美国式的企业"。对计划不信任,甚至忧虑,以致对正常的工作计划都持抵触态度,害怕别人会用计划经济的一套做法去干预他的管理工作。米勒先生煞费苦心地完全按照美国的模式设立了公司的组织结构并建立了一整套规章制度,但最终还是使一个生产高新技术产品且有相当实力的企业缺乏活力。公司在起跑线上就停滞不前,陷入十分被动的局面。

也有人认为,米勒先生到任后学会的第一个中文词就是"关系",而他最终还是因搞不好关系而离华返美。对于中国的市场,特别是中国"别具一格"的市场情况和推销方式,米勒先生也不甚了解.他将所有有关市场营销的事情都交给一位中方副总经理,但他和那位副总经理的关系并没有"铁"到使副总经理为他玩命去干的程度。

在管理体制上,米勒先生试建立一套分层管理制度:总经理只管两个副总经理,下面再一层管一层。但他不知道,这套制度在中国,如果没有上下级间的心灵沟通与相互间的了解和信任,会出现什么样的状况和局面。最后的结果是,造成管理混乱,人心涣散,员工普遍缺乏主动性,工作效率尤为降低。

米勒先生还强调:"我是总经理,我和你们不一样,你们要听我的。"他甚至要求,工作进入正轨后,除副总经理外的其他员工不得进入总经理的办公室。米勒先生不知道,聪明的中国企业负责人在职工面前总是强调和大家一样,以求得职工的认同。米勒先生临走时扔下一句话:"如果这个企业出现奇迹的话,肯定是上帝帮忙的结果。"然而,上帝并未伸出援助之手,奇迹却出现了。

康洁利公司在米勒先生走后,中方合资厂家选派了一位懂经营管理,富有开拓精神的年轻副厂长刘思才任总经理,并随之组成了平均年龄只有33岁的领导班子。新班子迅速制定了新的规章制度,调整了机构,调动了全体员工的积极性。在销售方面,公司基于这样一个现实:自己的产品虽好但尚未被人认识,因而采取了多种促销手段,并确定在1994年零利润的状态下,主动向消费者让利销售,使企业走上了良性循环。1994年5月,康洁利首先赢利3万美元,宣告扭亏为盈。

第三步,根据案例,针对以下问题进行分析讨论,并对小组成员的各种观点进行记录。

①谈谈康洁利公司的米勒被总公司的董事会辞退的原因是什么?为什么这个很有经验的管理者在中国待不下去?

②谈谈对管理环境的认识。

第四步,各小组选出一名代表发言,对小组讨论分析结果进行总结。

第五步,对小组成员的各种观点进行分析、归纳和要点提炼,完成资料分析发言提纲。

实训要求:各小组成员都应学会分析记录,并积极进行讨论,发表个人观点,认真完成实训内容;发言提纲要求语言流畅,文字简练,条理清晰。

实训内容Ⅱ:管理的外部环境因素

实训形式:

案例分析。

实训步骤:

第一步,实训前准备。要求参加实训的同学,课前查阅相关书籍,初步了解本次实训的理论基础知识。

第二步,以5—6人的小组为单位进行以下案例资料的阅读。

⤷【案例分析 3-2】

TCL 管理与外部管理环境

任何企业都是在一定的环境下开展活动的,其生存环境的变化必然使其生存方式发生变化。

1.实际上,目前国内市场的竞争,尽管表现激烈,但远不能说是充分竞争,与完全市场经济条件下的竞争有根本区别。首先,国内市场并不是充分开放的市场,外国产品进入我国市场的难度大,成本高;其次,不合理的投资限制降低了民营资本和境外资本的参与力度;最后,体制因素介入阻止了市场机制发挥作用,如政府通过税收减免、优惠贷款等各种手段保护本地企业免遭淘汰。所以我们看到的是在国外产品、国外企业没有平等、充分参与情况下的市场竞争。

2.我国将大幅度降低关税、非关税壁垒,电子则是优先开放的领域,其中属于"信息技术协议(ITA)"范围内的多数产品在两三年内进口关税将降为零,进口计划、许可证取消,外贸经营权放开,国外产品竞争力将因此大大增强。而随着全球范围内的产业结构调整,信息电子企业将加速向我国转移,摩托罗拉、索尼、松下、三星、LG、西门子、飞利浦、诺基亚等都有今后几年内在中国进行巨额投资的计划。我国在外商投资政策方面,也会放松甚至取消投资审批、股权比例、产品内销等的限制。入世后,我国法律法规和投资贸易政策的调整,为各类企业提供一种新的制度环境,那就是在市场经济基础上按照国际规则进行充分、平等的竞争,将导致原来制约市场竞争的体制因素弱化以至消失,从而对不同企业的竞争能力产生直接影响。

当环境发生变化后,我国企业的竞争力是否还存在?下面从 TCL 的生产、营销、管理、品牌方面做出分析。

(1)生产规模。TCL 彩电产销量占全球市场的 5%,国内数一数二,但似乎仍不能与索尼、西门子等巨头比规模经济。2000 年 TCL 销售收入 205 亿元(25 亿美元),规模经济水平不算高。国际同类企业飞利浦年销售收入 300 亿美元,松下 600 亿美元,三星 400 多亿美元。由于一般家电制造业的利润越来越微薄,日本、欧盟的生产厂商正进行战略调整,把原来国内生产能力转到中国来,入世将使这种战略转移顺利进行。包括 TCL 在内的国内家电企业面对跨国巨头,其企业的总资本实力和规模经济水平都无法与之相比。

(2)产品系列。TCL 四大产业中,彩电、电话机、手机、电脑、高档开关等产品在国内同行业中名列前茅,但产品的系列化有欠缺,尤其缺乏高端产品。

(3)生产技术。这历来就不是中国家电企业的长项。TCL 拥有 5 个研发中心、700 名研发人员,具有较强研发能力,在适应中国市场需求方面具有独特的优势。

(4)管理体制。TCL 拥有精干高效的管理团队和相对成型的管理体制,但似乎仍不能与在长期市场竞争中陶冶出来的跨国公司的管理体系和管理水平相比肩。

（5）营销网络。TCL用了10多年时间、花了10多亿资金煞费苦心建立起来的国内营销网络，年销售额达130亿元，这是任何一个跨国公司目前没有，今后短时期内也不容易建立的。但国外的营销网点却非常少，只在越南、印度等少数几个国家有布点，在世界主流市场如欧盟、北美等几乎是空白。国外销售额2000年为5.14亿元，仅占21％，市场布局如此失衡，将成为TCL和其他国内家电业与国外公司竞争的重大缺陷。若跨国公司以其全球市场为支撑在中国市场与我们竞争，我们将何以应对？

（6）品牌价值。TCL已是国内名牌，品牌价值106亿元（12.8亿美元），得到了中国消费者的广泛认同。但也得承认，与那些可能形成竞争的跨国公司相比，如IBM（电脑，527.5亿美元）、诺基亚（通信设备，350.4亿美元）、索尼（家电，150.1亿美元）等。TCL还远远不是一个国际著名品牌。

进行这样的对比分析，并非妄自菲薄，更不是不战而屈己之兵，而是要让我们更加清楚地认识到，构成企业的环境及要素多种多样且是动态性的。环境的变化必然给企业的生存带来影响。扬长避短，充分发挥、挖掘现实及潜在的比较优势。TCL应该在重新评估企业竞争要素优势的基础上，对企业资源进行战略性整合。建立自己的核心竞争力，应是包括TCL在内的国内企业的企业环境与生存方式的战略性问题。

第三步，根据案例，针对以下问题进行分析讨论，并对小组的成员的各种观点进行记录。

①在案例资料中有哪几个方面的外部环境？

②上述案例中，电子类企业对环境变化反应如何才能保持企业一定的竞争力？

③通过对TCL的分析，你认为当企业外部环境发生变化后，应该从哪些方面来分析企业外部环境变化给企业带来的影响，然后找到企业生存和发展的对策。

④作为企业的管理者应该关注哪些管理的外部环境？

第四步，各小组选出一名代表发言，对小组讨论分析结果进行总结。

第五步，对各种观点进行分析、归纳和要点提炼，完成案例分析发言提纲。

实训要求：各小组成员都应学会分析记录，并积极进行案例讨论，发表个人观点，认真完成实训内容；发言提纲要求语言流畅，文字简练，条理清晰。

实训内容Ⅲ：企业访谈——了解企业的管理者关心哪些外部环境

实训形式：

企业访谈与调研。

实训步骤：

第一步，实训前准备。对于准备了解的企业的行业背景、企业的外部环境二手资料的搜集。

第二步，分组学生围绕管理外部环境设计访谈方案提交给指导教师，由指导教师联系企业，并与企业管理层进行沟通。

第三步，以下列问题为访谈思路，组织学生与管理层对管理外部环境问题进行沟通，并完成企业访谈实训报告。

①企业的外部环境的资料搜集，明确相应的企业有哪些明确的外部环境因素？

②企业的高层管理者关心企业的外部环境有哪些,主要通过什么途径获得?

③企业的中层、基层管理者关心企业的外部环境有哪些,主要通过什么途径获得?

第四步,各小组选出一名代表发言,对小组实际企业访谈进行总结。

实训要求:学生围绕某企业的管理外部环境设计访谈的大纲以及企业的背景的调研;在访谈过程中,学生要掌握企业管理层应该了解企业的哪些外部环境因素,并了解企业了解外部环境的途径以及方法。

五、实训时间及成绩评定

(一)实训时间

实训内容Ⅰ,Ⅱ:案例资料分析讨论时间以 20 分钟为宜,各小组代表发言时间控制在 3 分钟。

实训内容Ⅲ:学生利用课余时间搜集相关的资料、设计访谈方案;企业管理层访谈时间 40 分钟;总结发言每小组不超过 10 分钟。

(二)实训成绩评定

(1)实训成绩按优秀、良好、中等、及格、不及格 5 个等级评定。

(2)实训成绩评定准则。

①是否理解管理环境,能否明确什么是企业的内部环境、什么是企业的外部环境。

②是否能积极主动与管理层交流,能否简练、清楚地整理对话记录。

实训项目二　管理内部环境

一、实训目的

通过案例分析,学生认识管理内部环境,提高对企业组织文化重要性的认识。

通过对某一特定企业环境调研分析,学生理解企业的管理者需要关注的内部环境,并且掌握分析企业的内部环境的方法和途径。

二、基本知识要点

(一)管理内部环境含义

组织内部环境一般包括组织文化(组织内部气氛)和组织经营条件(组织实力)两大部分。组织文化是处于一定经济社会文化背景下的组织,在长期的发展过程中逐步生成和发展起来的日趋稳定的独特价值观,以及以此为核心而形成的行为规范、道德准则、群体意识、风俗习惯等。组织经营条件是指组织所拥有的各种资源的数量和质量情况,包括人员素质、资金实力、科研力量、企业信誉等。

(二)组织文化

1.组织文化内涵

组织文化是处于一定经济社会文化背景下的组织,在长期的发展过程中逐步生成和发展起来的日趋稳定的独特价值观,以及以此为核心而形成的行为规范、道德准则、群体意识、风俗习惯等。组织文化实际上是指组织的共同观念系统,一种存在于组织成员之中的共同理解,就像部落和民族有的图腾和禁忌以指导每一个成员如何与同伴及外部人员交往一样,组织也有指导其成员应该如何行动的文化。因此,组织中不同背景和地位的人在描述其组织文化时基本上用相同的语言。每个组织中,有各种不断发展着的价值观、仪式、规章、习惯等,这些观念一旦为全体员工所接受,就变成了组织的共同观念,亦即成为组织文化的一部分。而组织文化一旦形成,就会很大程度上对管理者的思维和决策施加影响,并具体体现在组织的各种行为准则和组织外在的形象中。

2.组织文化描述

要找到一种明确的表述组织文化的方法很困难,但我们可以通过以下几个方面所达到的程度来分析描述组织文化。

(1)控制的程度:规章制度的多少,或者用于监督和控制员工行为的指导原则的多少。

(2)导向性:组织建立明确的目标和业绩要求的程度。

(3)管理者与员工之间的关系:管理者给下属以帮助和支持的程度。

(4)对员工的基本看法:信任员工或不信任员工,或予以员工责任、自由和独立的程度。

(5)风险容忍度:鼓励员工开拓、创新和承担风险的程度。

(6)纷争容忍度:允许员工自由发表不同意见和公开批评的程度。

(7)沟通模式:组织信息传递是否受正式权力线的限制。

(8)协作意识:鼓励组织中的团体协调一致工作程度。

(9)整体意识:组织成员把组织作为一个整体而不是把特定工作小群体作为整体的程度。

(10)奖励的指向:奖励基于员工的业绩而不是感觉、好恶的程度。

3.组织文化对管理的影响

组织文化对管理者的行为有重大的影响,当组织文化形成并加强时,会到处蔓延并影响管理者所做的一切,通过左右管理者的知觉、思想和感觉影响管理者的决策。由于组织文化理念不明会导致员工思想的混乱,并因而带来行为的不一致或组织要求的背离。因此,越来越多的企业已经意识到明确组织文化理念的重要性,并系统表述组织的使命、核心价值观、经营理念,通过明晰组织文化理念,使组织成员明确组织内判断是非的准则,从而有效地控制自己的行为,使自己的行为努力符合组织的价值观。

4.组织文化对管理职能的影响

组织文化之所以对管理者产生重大的影响,是因为它蕴含着管理者可以做什么和不可以做什么的规范。

(1)计划:确立什么样的目标;计划可以包含的风险程度;决策的重点是长期还是短期。

(2)组织:授权给下级管理者的程度;设计工作时对员工自由度的考虑;规范化程度的大小。

(3)领导:运用什么激励手段;采用怎么样的领导方式;是否消除一切不一致。

(4)控制:采用何种控制方式;业绩评估时注重什么标准;超过预算时应有怎样的反应。

(三)企业经营条件

1.企业经营的商品属性

企业经营的商品属性是指企业所提供商品或劳务的价值和使用价值。使用价值即商品或服务能够满足人们某种需要的属性。

2.企业经营商品的营销方式

企业经营商品的营销方式既指企业所提供商品或劳务的营销过程中所可以使用的方法,包括:服务营销,体验营销,知识营销,情感营销,教育营销,差异化营销,直销,网络营销等。

3.企业的目标市场

企业的目标市场就是企业期望并有能力占领和开拓,能为企业带来最佳营销机会与最大经济效益的具有大体相近需求、企业决定以相应商品和服务去满足其需求并为其服务的消费者群体。

4.企业所处的地理位置

企业建立的地点,既是企业经营的最基本的条件,也是企业经营的最基本的方针之一。这主要涉及企业建立地的自然条件和社会经济条件。企业建立地的自然条件包括:地理条件,即地形、地质、水文、风向等是否合适;厂区是否有干扰型组织;企业对自然和社会环境的影响等。企业建立地的社会经济条件包括:企业占地面积;企业的原材料供应;销售流通条件;交通运输条件;能源条件;水源条件;信息条件等。

5.企业的人力资源和技术条件

企业的人力资源条件是指企业管理人员和业务人员的素质和能力,包括良好的道德品质和修养,从事管理工作的意愿,专业技术能力,人际协调的能力,管理风格和经营理念,创新能力与素质。企业的技术条件是指企业所拥有的机器设备、设施等条件以及专业技术人才的数量。

6.企业的经营管理能力

企业的经营管理能力包括:反映企业综合效益或收益力的指标;企业产品市场力水平或市场地位的指标;企业生产力和技术水平的指标;企业可比成本升降率;企业的战略目标和计划的完成率;企业经营管理水平升降率;企业的价格水平;人员能力;质量控制能力;企业信誉等。

三、实训内容、组织方式及步骤

实训内容Ⅰ:管理环境因素

实训形式:

案例分析。

实训步骤:

第一步,实训前准备。要求参加实训的同学,课前查阅相关书籍,初步了解本次实训的理论基础知识。

第二步,以5—6人的小组为单位进行以下案例资料的阅读。

⇨【案例分析3-3】

国际商用机器公司

20世纪60年代的大学毕业生把进入国际商用机器公司(IBM)视为最好不过的就业机会,IBM在成长机会和工作保障之间求得了极好的平衡。它领导着计算机产业的发展,并且它从未解雇过一位员工。

今天,IBM 已成为美国的第四大工业企业,它的产品范围从 800 美元的打字机到 1 亿多美元的数据处理系统,每年可创造 640 多亿美元的销售额。但今天,IBM 向雇员提供的不再是 30 年前那种高增长、高职业保障的机会了,因为今天的 IBM 正承受着文化的压力,这种文化更适合于 IBM 几乎垄断计算机工业的时期。

近年来,IBM 面临着严峻的挑战。由于越来越多的企业已转向购买高性能和高灵活性的个人计算机,使得对高利润率的大型计算机的需求减少了。对 IBM 而言,不幸的是,PC 机已成为可互换的大众化的商品,而且在几家主要的制造商之间展开了激烈的价格竞争。PC 机带来的利润流向了像苹果计算机公司那样的公司,它们不断开发创新产品满足日益增长的顾客需求。如今,IBM 只占有约 25% 的 PC 机市场,与 20 年前 50% 的份额形成了鲜明的对比。1991 年,IBM 遭受了 80 年来第一次亏损:令人震惊的 28 亿美元亏损。

看一下曾经有助于公司成功的因素,可以使我们更好地了解 IBM 当前的问题:一种受到规则高度束缚的保守文化,以及对顾客服务的永恒承诺。

IBM 的创始人托马斯·沃森几乎为每一件事情都制定了规则。深色西装,白衬衫,条纹领带是 IBM 的"制服"。喝酒,甚至下班后喝酒也被禁止。雇员们被要求接收频繁的调换。今天,虽然规章制度的严厉性减少了一些,但保守形象还是一如既往。具有讽刺意味的是,这种适用于 IBM 成长及温和竞争时期的保守文化,在现在动态的环境中已成为发展的主要障碍。20 世纪 60—70 年代,由于 IBM 提供了可预见的成长及就业保障而被吸引到公司来的一批人,现在也成为公司的负担,因为他们与当前所需的变革和创新的文化不相适应。

IBM 的人员承诺顾客的服务。公司的销售人员仍然是公司的骄傲,他们经过全面培训并掌握了丰富的知识。大部分雇员在进入公司的头 6 周里都要接受公司的培训;每年,管理者至少花 40 个小时的额外时间参加研修。尽管公司遇到财政困难,IBM 仍坚持每年投入几亿美元资金用于教育和培训。如果顾客购买的 IBM 的设备出现了问题,他们相信公司的销售和服务人员有能力解决。但是强调服务却成了产品创新的代价。尽管 IBM 的许多竞争者几乎每月都推出新产品,而 IBM 仍将"筹码"压在服务上。这并不是说服务不重要,而是当市场不断要求创新并对创新给予很高的酬报时,IBM 的文化仍集中在服务上。

IBM 对其自身问题的反应是进行大规模的重组。1991 年,公司解雇了 2 万人;1992 年又解雇了相同数量的员工,这种剧烈的重组已经司空见惯。在所有这些场合,雇员的职务比先前降低了 2 个到 3 个等级。你可以想象这些变化对 IBM 雇员所产生的影响。公司原来享有工作保障的美誉,在那里从来没有人被解雇,突然这一切已成为过去。如果你是一位年薪 6 万美元的市场研究员,虽然你的薪水没有受到影响,但你发觉自己是在传达室工作时,你的感觉如何呢?这样的事情就发生在 IBM 公司,而且是在 1992 年。

第三步,根据案例,针对以下问题进行分析讨论,并对小组成员的各种观点进行记录。

①以上案例中提到了哪些内部环境因素?在 20 世纪 90 年代,IBM 公司的具体内部环

境发生了哪些变化？

　　②IBM 的历史文化及环境中的改变是如何制约公司的高层管理层的？

　　③你如何来描述 IBM 的前期的成功和近期的困境？当 IBM 的发展不能适应企业的环境，企业会如何？

　　第四步，各小组选出一名代表发言，对小组讨论分析结果进行总结。

　　第五步，对小组成员的各种观点进行分析、归纳和要点提炼。各小组成员填写实训指导教师发放的"国际商用机器公司"案例分析发言提纲。

　　实训要求：各小组成员都应学会分析记录，并积极进行讨论，发表个人观点，认真完成实训内容；发言提纲要求语言流畅，文字简练，条理清晰。

　　实训内容Ⅱ：组织文化

　　实训形式：

　　案例分析。

　　实训步骤：

　　第一步，实训前准备。要求参加实训的同学，课前查阅相关书籍，初步了解本次实训的理论基础知识。

　　第二步，以 5—6 人的小组为单位进行以下案例资料的阅读。

⬆️ 【案例分析 3-4】

沃尔玛公司的组织文化

　　1. 重视企业文化建设的传统是造就辉煌的保证

　　沃尔玛公司虽然仅有 50 多年的历史，但一直非常重视企业文化的作用，充分发挥企业文化对形成企业良好机制的促进和保障作用，增强企业的凝聚力和战斗力。沃尔玛公司创始人萨姆·沃尔顿为公司制定了三条座右铭：顾客是上帝、尊重每一个员工、每天追求卓越。这也可以说是沃尔玛企业文化的精华。

　　为了给消费者提供物美价廉的商品，沃尔玛公司不仅通过连锁经营的组织形式、高新技术的管理手段，努力降低经营费用，让利于消费者，而且从各个方面千方百计节约开支。

　　沃尔玛公司重视对员工的精神鼓励。总部和各个商店的橱窗中，都悬挂着先进员工的照片。各个商店都安排一些退休的老员工，身穿沃尔玛工作服，佩戴沃尔玛标志，站在店门口迎接顾客，不时有好奇的顾客同其合影留念。这不但起到了保安员的作用，而且也是对老员工的一种精神慰藉。公司还对特别优秀的管理人员，授予"萨姆·沃尔顿企业家"的称号。公司以沃尔玛的每个字母打头，编了一套口号，内容是鼓励员工时刻争取第一。公司每次召开股东大会、区域经理会议和其他重要会议时，每个商店每天开门营业前，都要全体高呼这些口号，并配有动作，以振奋精神，鼓舞士气。

　　2. 提出"员工是合伙人"的企业口号

　　萨姆非常重视人的作用。他说："这些高科技的设备离开了我们合适的管理人员，以及为整个系统尽心尽力的员工都是完全没有价值的。"他一直致力于建立与员工的合伙关系,并使沃尔玛的 40 万名员工团结起来,将整体利益置于个人利益之上,共同推动沃尔玛向前发展。

萨姆将"员工是合伙人"这一概念具体化的政策是三个计划:利润分享计划、雇员购股计划、损耗奖励计划。

1971 年,萨姆开始实施第一个计划,保证每个在沃尔玛公司工作了一年以上,以及每年至少工作 1000 个小时的员工都有资格分享公司利润。萨姆运用一个与利润增长相关的公式,把每个够格的员工工资的一定百分比归入这个计划,员工们离开公司时可以取走这个份额,或以现金方式,或以沃尔玛股票方式。雇员购股计划的内容就是让员工通过工资扣除的方式,以低于市值 15% 的价格购买股票。现在,沃尔玛已有 80% 以上的员工借助这两个计划拥有了沃尔玛公司的股票,而其他的 20% 员工基本上都是不够资格参与利润分享。损耗奖励计划的目的就是通过与员工共享公司因减少损耗而获得的盈利来控制偷窃的发生。损耗,或者说偷窃是零售业的大敌,萨姆对有效控制损耗的分店进行奖励,使得沃尔玛的损耗率降至零售业平均水平的一半。

3.充满朝气和活力的沃尔玛文化

"萨姆可以称得上是本世纪最伟大的企业家。他所建立起来的沃尔玛企业文化是一切成功的关键,是无人可以比拟的。"——美国 Kmart 连锁店创始人哈里·康宁汉这样评论他的竞争对手萨姆·沃尔顿。

无论是到世界各地的任何一间沃尔玛连锁店中,你都会感受到一种强烈的震动。这是长期以来形成的企业文化,是沃尔玛精神——勤恳、节俭、活跃、创新。正因为此,每一位公司同仁都热爱着沃尔玛,默默地为顾客服务的事业而奉献。

长期以来,沃尔玛的企业文化使沃尔玛公司的同仁紧紧团结在一起,他们朝气蓬勃,团结友爱。下面是沃尔玛公司特有的欢呼口号,从中可以感受到一种强烈的荣誉感和责任心。

"来一个 W! 来一个 M! 我们就是沃尔玛! 来一个 A! 来一个 A! 顾客第一沃尔玛! 来一个 L! 来一个 R! 天天平价沃尔玛! 我们跺跺脚! 来一个 T! 沃尔玛,沃尔玛! 呼—呼—呼!"

沃尔玛的员工总是设法让生活变得有趣及充满意外,他们经常会做出近似疯狂的行为来吸引同仁的注意,让顾客和同仁觉得趣味横生。萨姆·沃尔顿可称为典型代表,有一次他答应如果公司业绩出现飞跃,他会穿上草裙和夏威夷衫在华尔街上跳草裙舞。当年公司营业额的确超出了他的预料,于是他真的在美国金融之都华尔街上跳起了欢快的草裙舞,当时被报界大肆曝光。公司副董事长曾穿着粉红色裤袜、戴上金色假发,骑着白马在本特维拉闹市区招摇过市。

尽管有些人认为沃尔玛有一群疯疯癫癫的人,但了解沃尔玛文化的人会懂得它的用意旨在鼓励人们打破陈规和单调生活,去努力创新。"为了工作更有趣。"这就是萨姆·沃尔顿的"吹口哨工作"哲学。

这些有趣的游戏,不仅使沃尔玛员工和领导人员之间更加亲切,使他们觉得情趣盎然,而且还是一种最好的宣传公司和促销的手段。沃尔玛的企业文化是在小镇上发展时就逐渐形成的。公司成长之后,沃尔玛仍然不忘鼓励人们在店里制造欢乐气氛,共同为社区增添生活的乐趣。培养团队意识,即使有时与宣传和促销商品没有关系。

4.别开生面的"周六例会"

沃尔玛的"周六例会"最能体现其企业文化。每周六早上七点半钟,公司高级主管、分店经理和各级同仁近千人集合在一起,由公司总裁带领喊口号,然后大家就公司经营理念和管理策略畅所欲言、集思广益。做出优良成绩的员工也会被请到本特维拉总部并当众表扬。这一周一次的晨间例会被视为沃尔玛企业文化的核心。参加会议的人个个喜笑颜开,在轻松的气氛中彼此间的距离被缩短了,沟通再不是一件难事,公司各级同仁也了解到了各分公司和各部门的最新进展。

在星期六的晨间例会上,与会者通常会花上一些时间来讲述一些似乎不可能达成的创新构想,大家不会马上否决这些构想,而是先认真思考如何让不可能的事情变为可能。一位公司的管理人员阿尔·迈尔斯说:"周六晨间会议的真正价值在于它的不可预期性。"

一次,阿尔巴马州奥尼安塔分店的一位助理经理订货时出了问题,多订了四五倍的圆月饼,为了把圆月饼在坏掉之前全部销出,他想出了吃圆月饼比赛的主意。这个主意不仅使助理经理达到了目的,而且将功补过,从此每年十月的第二个星期六,沃尔玛公司都会在奥尼安塔分店的停车场举行这项竞赛,吸引了不少来自其他州的顾客来参加和观看,甚至通过新闻媒体采访报道,沃尔玛的名气更大了。

沃尔玛一年一度的股东大会也同样生动有趣,有点像规模扩大的周六例会。在沃尔玛公开上市股票时,他们曾让华尔街的证券分析家和股东们在溪流上泛舟或在湖畔露营。后来沃尔玛股东大会就成了全球规模最大的股东会议,每年大约有1万多人出席。

独特的企业文化,使每一位员工有一家人的亲切感。为共同目标奋斗,使沃尔玛保持着强劲的竞争能力和旺盛的斗志。这种企业文化的建立充分展示了沃尔顿领导网络的艺术。

5.培训,经常地培训

沃尔玛的经营者在不断的探索中,领悟到人才对于企业成功的重要性。如果想要发展,就必须引进受过教育的人才并给予他们进一步培训的机会。

沃尔玛公司把如何培养人才、引进人才以及对既有人才的培训和安置看成一项首要任务。沃尔顿先生和妻子海伦在阿肯色大学专门成立了沃尔顿学院,使一些早年没有机会受到高等教育的经理有一个进修充电的机会。沃尔玛为员工制订培训与发展计划,让员工们更好地理解他们的工作职责,并鼓励他们勇于迎接工作中的挑战。

公司对合乎条件的员工进行横向培训和实习管理培训。横向培训是一个持久的计划,沃尔玛十分重视在工作态度及办事能力上有特殊表现的员工,他们会被挑选去参加横向培训。例如收银员有机会参加收银主管的培训。为了让有领导潜力的员工有机会加入领导岗位,沃尔玛还设立了管理人员培训课程,符合条件的员工被派往其他部门接收业务及管理上的培训。

此外,沃尔玛还通过培训加强了企业与员工之间的沟通。培训不仅是员工提高的途径,也是他们了解公司的一种方法。沃尔玛公司设立培训图书馆,让员工有机会了解公司资料和其他部门的情况。所有员工进入沃尔玛公司后,经过岗位培训,员工对公司的背景、福利制度以及规章制度等都会有更多的了解和体会。沃尔顿这位出色的领导者始终坚信员工是推动企业发展的原动力,并把这个道理传授给沃尔玛现在和未来的经营者,推广至世界各地的沃尔玛。

第三步,根据案例,针对以下问题进行分析讨论,并对小组成员的各种观点进行记录。

①结合资料,分析沃尔玛的组织文化主要表现的形式是哪些?

②结合资料,分析沃尔玛的组织文化在组织发展中所起到的作用?

③谈谈沃尔玛企业文化对于沃尔玛的重要意义,以及对于一些中国相类似企业的借鉴意义。

第四步,各小组选出一名代表发言,对小组讨论分析结果进行总结。

第五步,对各种观点进行分析、归纳和要点提炼,完成案例分析发言提纲。

实训要求:各小组成员都应学会分析记录,并积极进行案例讨论,发表个人观点,认真完成实训内容;发言提纲要求语言流畅,文字简练,条理清晰。

实训内容Ⅲ:企业访谈——了解企业的组织内部环境

实训形式:

企业访谈与调研。

实训步骤:

第一步,实训前准备。对于准备了解的企业经营条件(组织实力)的调研分析,企业经营条件以及组织文化二手资料的搜集。

第二步,分组学生围绕管理内部环境设计访谈方案提交给指导教师,由指导教师联系企业,并与企业管理层进行沟通。

第三步,以下列问题为思路,组织学生与管理层对管理内部环境问题进行沟通,并完成企业访谈实训报告。

①企业的经营条件(组织实力)资料搜集,明确的企业经营条件(组织实力)?

②组织学生对企业的组织文化做一个详细的了解?

③企业应该如何整合企业的经营条件以及构建企业的组织文化?

第四步,各小组选出一名代表发言,对小组实际企业访谈进行总结。

实训要求:学生围绕某企业的管理内部环境设计访谈的大纲和企业的经营条件以及组织文化调研;在访谈过程中,学生要掌握企业管理层应该如何整合企业经营条件以及构建适合企业的组织文化。

四、实训时间及成绩评定

(一)实训时间

实训内容Ⅰ:案例讨论时间以30分钟为宜,各小组代表发言时间控制在3分钟。

实训内容Ⅱ:案例讨论时间以30分钟为宜,各小组代表发言时间控制在3分钟。

实训内容Ⅲ：利用课余时间设计访谈方案、联系访谈企业；实际访谈时间控制在 60 分钟,不宜太长,各小组代表发言时间控制在 5 分钟。

(二)实训成绩评定

(1)实训成绩按优秀、良好、中等、及格、不及格 5 个等级评定。

(2)实训成绩评定准则。

①是否理解管理环境,能否明确什么是企业的内部环境、什么是企业的外部环境。

②是否能积极主动与管理层交流,能否简练、清楚地整理对话记录。

③是否对本次实训活动进行了很好的计划和实施过程。

④能否结合实际情况,简练、清楚地列出访谈的结果。

实训项目三 管理环境分析

一、实训目的

通过对企业管理环境调研分析,掌握 SWOT 分析法以及五力模型分析法,并学会撰写管理环境报告。

二、基本知识要点

管理者的一项重要工作就是弄清楚管理环境能够给组织提供机会或造成威胁的因素,并分清组织内部环境所带来的优势与隐忧,研究组织外部环境的变化与应对。这是一项重要而艰巨的工作。这里主要介绍 SWOT 分析法和五力模型分析法。

(一)SWOT 分析法

SWOT 分析法又称为态势分析法,是企业经营环境分析的基本构架。SWOT 四个英文字母分别代表:优势(strength)、劣势(weakness)、机会(wpportunity)、威胁(threat)。所谓 SWOT 分析,即态势分析,就是将与研究对象密切相关的各种主要内部优势、劣势、机会和威胁等,通过调查列举出来,并依照矩阵形式排列,然后用系统分析的思想,把各种因素相互匹配起来加以分析,从中得出一系列相应的结论,而结论通常带有一定的决策性。

运用这种方法,可以对研究对象所处的情景进行全面、系统、准确的研究,从而根据研究结果制定相应的发展战略、计划以及对策等。SWOT 分析法常常被用于制定集团发展战略和分析竞争对手情况。在战略分析中,它是最常用的方法之一。

SWOT 分析法的主要步骤。第一步,明确公司的优势与劣势。管理人员所面临的任务就是明确公司在当前环境下所具有的优势与劣势。第二步,对公司所处环境中的当前或将来可能出现的机会或威胁进行全面分析,必须加以考虑的机会和威胁(见表 3-1)。第三步,在初步分析完成,公司所具有或面临的优势和劣势、机会和威胁都已确定后,管理人员就可以开始计划的工作过程,制定实现公司使命和目标的战略。

表 3-1　SWOT 分析

潜在优势	潜在劣势	潜在机会	潜在威胁
设计良好的战略？ 强大的产品线？ 宽的市场覆盖面？ 良好的营销技巧？ 品牌知名度？ 研发能力与领导水平？ 信息处理能力？ ……	不良战略？ 过时、过窄的产品线？ 不良营销计划？ 丧失信誉？ 研发创新下降？ 部门之间争斗？ 公司控制力量薄弱？ ……	核心业务拓展？ 开发新的细分市场？ 扩大产品系列？ 将研发导入新领域？ 打破进入堡垒？ 寻找快速增长的市场？ ……	公司核心业务受到攻击？ 国内外市场竞争加剧？ 设置进入堡垒？ 被兼并的可能？ 新产品或替代产品的出现？ 经济形势的下滑？ ……

(二)五力模型分析法

五力模型是由美国学者迈克尔·波特提出的,它认为行业中存在着决定竞争规模和程度的五种力量,这五种力量综合起来影响着产业的吸引力。它是用来分析企业所在行业竞争特征的一种有效的工具。在该模型中,涉及的五种力量包括:新的竞争对手入侵、替代品的威胁、买方(购买者)议价能力、卖方(供应商)议价能力以及现有竞争者之间的竞争。

1.卖方的讨价还价能力

卖方主要通过其提高投入要素价格与降低单位价值质量的能力,来影响行业中现有企业的盈利能力与产品竞争力。卖方力量的强弱主要取决于他们所提供给买方的是什么投入要素,当卖方所提供的投入要素其价值构成了买方产品总成本的较大比例、对买方产品生产过程非常重要,或者严重影响买方产品的质量时,卖方对于买方的潜在讨价还价力量就大大增强。一般来说,满足如下条件的卖方集团会具有比较强大的讨价还价力量:

——卖方行业为一些具有比较稳固市场地位而不受市场激烈竞争困扰的企业所控制,其产品的买方很多,以至于每一单个买方都不可能成为卖者的重要客户;

——卖方各企业的产品各具有一定特色,以至于买方难以转换或转换成本太高,或者很难找到可与卖者企业产品相竞争的替代品;

——卖方能够方便地实行前向联合或一体化,而买方难以进行后向联合或一体化。

2.买方的讨价还价能力

买方主要通过其压价与要求提供较高的产品或服务质量的能力,来影响行业中现有企业的盈利能力。一般来说,满足如下条件的买方可能具有较强的讨价还价力量:

——买方的总数较少,而每个买方的购买量较大,占了卖方销售量的很大比例;

——卖方行业由大量相对来说规模较小的企业所组成;

——买方所购买的基本上是一种标准化产品,同时向多个卖主购买产品在经济上也完全可行;

——买方有能力实现后向一体化,而卖主不可能前向一体化。

3.新进入者的威胁

新进入者在给行业带来新生产能力、新资源的同时,将希望在已被现有企业瓜分完毕的市场中赢得一席之地,这就有可能会与现有企业发生原材料与市场份额的竞争,最终导致行业中现有企业盈利水平降低,严重的话还有可能危及这些企业的生存。竞争性进入威胁的严重程度取决于两方面的因素:进入新领域的障碍大小;预期现有企业对于进入者的反应情况。

进入障碍主要包括规模经济、产品差异、资本需要、转换成本、销售渠道开拓、政府行为与政策、不受规模支配的成本劣势、自然资源、地理环境等方面,这其中有些障碍是很难借助复制或仿造的方式来突破的。预期现有企业对进入者的反应情况,主要是采取报复行动的可能性大小,这取决于有关厂商的财力情况、报复记录、固定资产规模、行业增长速度等。总之,新企业进入一个行业的可能性大小,取决于进入者主观估计进入所能带来的潜在利益、所需花费的代价与所要承担的风险这三者的相对大小情况。

4. 替代品的威胁

两个处于不同行业中的企业,可能会由于所生产的产品是互为替代品,从而在它们之间产生相互竞争行为,这种源自替代品的竞争会以各种形式影响行业中现有企业的竞争战略。

第一,现有企业产品售价以及获利潜力的提高,将由于存在着能被用户方便接收的替代品而受到限制;

第二,替代品生产者的侵入,使得现有企业必须提高产品质量,或者通过降低成本来降低售价,或者使其产品具有特色,否则其销量与利润增长的目标就有可能受挫;

第三,源自替代品生产者的竞争强度,受产品买方转换成本高低的影响。

总之,替代品价格越低、质量越好、用户转换成本越低,其所能产生的竞争压力越强;而这种来自替代品生产者的竞争压力的强度,可以具体通过考察替代品销售增长率、替代品厂家生产能力与盈利扩张情况来加以描述。

5. 行业内现有竞争者的竞争

大部分行业中的企业,相互之间的利益都是紧密联系在一起的,作为企业整体战略一部分的各企业竞争战略,其目标都在于使得自己的企业获得相对于竞争对手的优势,所以,在实施中就必然会产生冲突与对抗现象,这些冲突与对抗就构成了现有企业之间的竞争。现有企业之间的竞争常常表现在价格、广告、产品介绍、售后服务等方面,其竞争强度与许多因素有关。

一般来说,出现下述情况将意味着行业中现有企业之间竞争的加剧。这就是:行业进入障碍较低,势均力敌竞争对手较多,竞争参与者范围广泛;市场趋于成熟,产品需求增长缓慢;竞争者企图采用降价等手段促销;竞争者提供几乎相同的产品或服务,用户转换成本很低;一个战略行动如果取得成功,其收入相当可观;行业外部实力强大的公司在接收了行业中实力薄弱企业后,发起进攻性行动,结果使得刚被接收的企业成为市场的主要竞争者;退出障碍较高,即退出竞争要比继续参与竞争代价更高。在这里,退出障碍主要受经济、战略、感情以及社会政治关系等方面考虑的影响,具体包括:资产的专用性、退出的固定费用、战略上的相互牵制、情绪上的难以接收、政府和社会的各种限制等。

根据上面对于五种竞争力量的讨论,企业可以采取尽可能地将自身的经营与竞争力量隔绝开来,努力从自身利益需要出发影响行业竞争规则,先占领有利的市场地位再发起进攻性竞争行动等手段来对付这五种竞争力量,以增强自己的市场地位与竞争实力。

三、实训内容、组织方式及步骤

实训内容:管理环境分析

实训形式:企业调研分析。

实训步骤:

第一步,实训前准备。学生加深对五力模型分析法以及 SWOT 分析法的理解。

第二步,学生分成 5—6 人的小组,以小组为实训单位搜集某一特定企业的内外部环境因素,并设计调研分析的表格。

第三步,每个小组运用五力模型分析法对企业的外部环境因素进行分析,形成企业外部环境分析方案。

第四步,每个小组运用 SWOT 分析法对企业内部环境因素进行分析,形成企业内部管理环境分析报告。

四、实训时间及成绩评定

(一)实训时间

课外完成设计调研大纲;一周内完成实际调研及调研分析报告。

(二)实训成绩评定

1.实训成绩按优秀、良好、中等、及格、不及格 5 个等级评定。

2.实训成绩评定准则。

①是否掌握了五力模型分析法以及 SWOT 分析法。

②是否学会写企业的管理环境分析报告。

模块四

决策及其方法

≫ ≫ ≫   ≫

实训目标

1.提高学生对决策的重要性认识,理解决策的含义、特点、过程及影响因素;

2.掌握主观决策的两种方法的实施:头脑风暴法和德尔菲法;

3.掌握定量决策的三种方法:确定型决策、风险型决策和不确定型决策的分析方法;并能够灵活运用;

4.理解个人决策与群体决策的优点和缺点。

实训手段

案例分析;能力测试;资料分析;管理游戏;讨论分析;情景游戏

实训项目一 决策的含义、特点、过程及影响因素

一、实训目的

通过资料讨论和分析,学生能够充分理解决策的含义、特点及重要性,提高学生日常决策能力。

通过小额创业投资决策的选择,学生提高分析问题、解决问题的能力;并通过资料的分析,掌握决策的过程,学生提高信息的搜集和整理能力。

通过案例分析和讨论,学生充分了解影响决策的因素,学会在日常决策过程中加强对相关因素的分析,提高决策的满意度。

二、基本知识要点

(一)决策的含义

科学决策理论认为,决策是为了达到某一特定的目的而从若干个可行方案中选择一个满意方案的分析判断过程。

1.决策的前提:要有明确的目的

决策或是为了解决某个问题,或是为了实现一定的目标。没有目标就无从决策,没有问题则无须决策。因此,在决策前,要解决的问题必须十分明确,要达到的目标必须具体可

衡量可检验。

2.决策的条件:有若干个可行方案可供选择

一个方案无从比较优劣,也无选择的余地,多方案抉择是科学决策的重要原则;决策要以可行方案为依据,决策时不仅要有若干个方案来相互比较,而且各方案必须是可行的。

3.决策的重点:方案的分析比较

每个可行方案既有其可取之处,也有其不利的一面,因此必须对每个备选方案进行综合的分析与评价,确定每一个方案对目标的贡献程度和可能带来的潜在问题,以明确每一个方案的利弊。而通过对各个方案之间的相互比较,可明晰各方案之间的优劣,为方案选择奠定基础。

4.决策的结果:选择一个满意方案

科学决策理论认为,追求最优方案既不经济又不现实。因此,科学决策遵循"满意原则",即追求的是诸多方案中,在现实条件下,能够使主要目标得以实现,其他次要目标也足够好的可行方案。

5.决策的实质:主观判断过程

决策有一定的程序和规则,但它又受诸多价值观念和决策者经验的影响。在分析判断时,参与决策人员的价值准则、经验会影响决策目标的确定、备选方案的提出、方案优劣的判断及满意方案的抉择。因此,决策从本质上而言,是管理者基于客观事实的主观判断过程。

决策是一个主观判断过程,对于同一个问题,不同的人有不同的决策选择结果是正常现象。也正因为如此,在现实生活中,我们不能以己度人,将自己的决策结果强加于人;在管理实践中,则要求管理者能够在听取各方面不同意见的基础上,根据自己的判断做出正确的选择。

(二)决策的特点

决策是一种对组织或个人实现发展目标的策划活动。这种活动具有明显的特点。把握这些特点,是管理者行使决策职能、提高决策水平的前提条件。

1.决策的目标性

决策是以目标为基础的,任何组织的决策都必须首先确定组织的目标。目标是组织在未来特定时限内,完成任务程度的标志。没有目标,也就难以拟订未来的活动方案,对活动方案的评价也就没有标准。所以,目标是决策的核心,是决策方案的制定与执行的方向。

2.决策的可行性

决策的目的是指导组织的未来活动,实现组织的预期目标。这都需要利用一定的资源条件。如果缺乏必要的人力、物力和技术条件,那么,再好的决策方案也只是纸上谈兵。所以,决策方案的拟订和选择,不仅要考察采取某种行动的必要性,而且还要注意考虑决策方案的实施条件。

3.决策的选择性

决策的实质是选择,没有选择就没有决策。在某种意义上说,决策的过程就是不断选择的过程。决策的选择性,对于组织目标的实现,不仅是必要的,而且是可行的。组织的发展就是建立在对决策方向与决策行动的选择基础上。通过比较、分析,选择符合本组织系统的行动方案。而要对决策方案有所选择,就必须提供可以相互代替的多种方案。

4.决策的适宜性

对决策方案的选择原则是适宜,而并非最优原则。因为,最优的决策往往是一种理论上的完美想象,在实践中是难以实现的。管理者在行使决策职能时,一般都是根据目前的认识来确定未来的行动,而这种行动在不同程度上都带有一定的风险。由于决策者不可能了解组织活动的全部信息,不可能正确辨识全部信息的利用价值,更不可能准确地计算每个方案在未来的执行结果,所以人们只能根据已知的全部条件,再加上人们的主观判断,做出相对满意的决策。这就是人们总是难以做出最优方案的根本原因。管理者在决策过程中,只要规定"满意"的标准,不必追求"最佳"的标准。因为,只有适宜的标准才能确保决策的有效性。

5.决策的过程性

决策并不是管理者的瞬间行为,决策是一个过程。决策的过程性特点决定了组织决策的层次性和综合性。实际上,组织决策不是一项决策,而是一系列决策活动和各个决策阶段的综合。所以,管理者要强化决策的过程意识,不能将组织决策简单化,而是要研究与决策过程相关的因素,要努力做好每一项与决策相关的管理工作。

6.决策的动态性

决策的动态性特点与决策的过程性特点有关。决策不仅是一个过程,而且还是一个不断循环的发展过程。作为过程,决策是动态的,没有真正的特点,也没有真正的终点。决策的主要目的是使组织活动的内容和方法能适应环境的要求。然而外部环境总是在不断发生变化的,决策者必须研究这些变化,并把握这些变化,从中找出可以利用的机会,以此调整组织的活动,实现组织与环境的动态平衡。

总之,决策就是从许多个为达到同一目标,而可以更换代替的行动方案中选择适宜方案的活动。作为管理者,则要行使决策职能,选定适宜的方案,并执行决策方案。

(三)决策的过程

决策过程是指从问题提出到方案确定所经历的过程。决策是一项复杂的活动,有其自身的工作规律性,需要遵循一定的科学程序。在现实工作中,导致决策失败的原因之一就是没有严格按照科学的程度进行决策,因此,明确和掌握科学的决策过程,是管理者提高决策正确率的一个重要方面。

1.识别机会或诊断问题

决策是为了某一个问题或达到一定的目标,一切决策都从问题开始。所谓问题,就是认识主体与认识客体之间的矛盾。问题产生的来源很多,发现问题的方法也很多,当组织内的情况发生变化,或环境发生变化,或组织运行与计划目标发生偏差,或组织管理工作受到各种批评时,往往意味着问题产生。

2.明确目标

决策是为了解决问题,在所要解决的问题明确之后,还要进一步指出该问题应当解决到什么程度,这就是决策目标的确定。明确的目标应该是可以计量其结果,以便进行考核的;是可以规定时间,以便在拟订方案时有所参考的;是责任明确,即明确由谁来对这项目标负责的。

3.拟定备选方案

目标确定之后,就可以通过分析研究组织内外条件,拟订可行的方案。拟定可行方案时要注意,任何决策至少要拟出两个以上的可行方案,否则就无从比较,谈不上科学决策;

要明确列出各个方案中的限制性因素;拟订方案要求有创新性。此外,还要求掌握一定的决策方法和决策技术。

4.评估备选方案

对所拟订的每一个行动方案,应从定性和定量两个方面加以分析评估,明确各个方案的利弊,从而为方案选择打下基础。

为此,首先,建立一套有助于指导和检验判断正确性的决策准则。决策准则表明了决策者关心的主要是那几方面,一般包括目标达成度、成本(代价)和可行性等。

其次,根据组织的大政方针和所掌握的资源来衡量每一个方案的可行性,并据此列出方案的限制因素。

其三,确定每一个方案对于解决问题或实现目标所能达到的程度,以及采用这些方案后可能带来的后果。要对各方案是否满足决策所处条件下的各种要求,以及能带来的效益和可能产生的各种后果进行分析。

最后,根据可行性、满意程度和可能产生的后果,比较哪一个方案更有利。可通过罗列出各方案对各个希望目标的满足程度、各个方案的利弊,来比较各方案的优劣。

5.做出决定,选择实施战略

在对各种方案分析评价的基础上,决策者最后要从中选择一个满意方案并付诸实施。在决策时要注意:任何方案均有危险;不要一味追求最佳方案;在最终选择时,应允许不做任何选择。

决策的目的在于行动,否则再好的决策也没有用处,所以方案实施是决策过程的重要步骤。一旦做出决策,就要予以实施。实施决策,应当首先制订一个实施方案,包括宣布决策、解释决策、分配事实决策所涉及的资源和任务等。要特别注意争取他人对决策的理解和支持,这是任何决策得以顺利实施的关键。

6.监督和评估

由于决策的成败在很大程度上还取决于执行情况,因此在实施中,要注意监督,一旦发现失误,及时反馈,加以改变和调节,以保证决策的顺利实施。具体包括三方面的内容:制定规章制度;分析评价方案的执行情况;实施控制,纠正偏差。

进行有效的监督反馈,要求完善监督机制和反馈信息系统,广泛搜集情况并迅速反馈给决策部门,以便及时纠正偏差,保证方案顺利实施。尤其重要的是:一旦发现原有决策方案在实施中已表明脱离实际,甚至危及决策目标的实现时,就必须对原决策方案进行修正或进行再决策。

(四)影响决策的因素

合理决策是管理者提高管理水平所必须行使的重要职能。但是,进行合理决策经常会受到诸多因素的影响。其中主要有以下几个方面的因素,应该引起决策者的注意。

1.环境因素

环境因素对决策的影响作用是十分明显的,具体表现在各种环境条件对决策的制约性。例如,历史环境与现存环境、优势环境与劣势环境、硬件环境与软件环境、内部环境与外部环境等方面不同的特点或起点,都对决策产生一定的制约作用。环境是决策方案产生的载体,也是决策方案得以实现的保障。关键是取决于管理者能否全面有效的把握和利用有关的环境信息,能否根据环境信息的各种不同情况做出相关的反应。所以,管理者在行使决策职能时,首先应该对组织的所有环境条件进行详尽的调查和分析,并合理确定组织在未来活动中的起点和预期目标,使组织决策保持良好的连续性和发展性。

2.决策者

决策者是影响决策过程的关键因素。决策者对决策的影响,主要是通过决策者的知识、心理、观念、能力等各种因素对决策产生作用。这就是说,决策的过程就是对决策者的一种全面的检验。在决策时,无论是确定目的还是选择手段,都要对各种目的和手段进行比较。为了全面决策,还需要全面预测,而全面预测要求搜集全面的情报和掌握全面的知识。在决策时,决策者还需要调动心理因素,克服各种心理障碍。此外,决策者还必须具备承担决策风险的心理承受能力。因为,任何决策都在不同程度上带有一定的风险,组织及其决策者对待风险的不同态度会影响决策方案的选择。愿意承担风险的决策者,通常会在被迫对环境做出反应之前就已采取进攻性的行动,并经常会进行新的探索;而不愿意承担风险的决策者,通常只对环境做出被动的反应,并习惯于过去的限制,按过去的规则策划将来的活动。对于决策者,行使决策职能,经常会受到自身的知识条件,心理条件和其他一些能力条件的选择,所以,管理者在学习决策的过程中,尤其要注意提升自身的知识水平和心理素质。

3.组织文化

决策也会受到组织的影响和制约。因为任何决策,都是对过去在某种程度上的否定;任何决策的实施,都会给组织带来某种程度的变化。组织成员对这种可能产生的变化会怀有抵御或欢迎两种截然不同的态度,这种不同的态度会直接影响组织的决策。组织对决策的影响,主要是通过组织的文化来制约组织及其成员的行为及行为方式,并通过组织文化来影响人们改变态度而发生作用的。如果在偏向保守、怀旧的组织中,人们总是根据过去的标准来判断现在的决策,总是担心在变化中会失去什么,从而对将要发生的变化产生怀疑抵御的心理与行为;而在具有开拓和创新气氛的组织中,人们总是以发展的眼光来分析决策的合理性,总是希望在可能产生的变化中得到什么,因此渴望变化、欢迎变化、支持变化。由此可见,欢迎变化的组织文化有利于新决策的实施,而抵御变化的组织文化则可能给新决策带来种种阻抗。所以,建立一种有利于变化与发展的组织文化是有效实施新决策的重要内容。

4.时间因素

时间本身就是决策的重要组成部分,同时又是限制决策的重要因素。美国学者威廉·R.金(William R. Gold)和戴维·I.克里兰(David I. Clelland)把决策分为时间敏感决策和知识敏感决策。所谓知识敏感决策,着重于未来,而不是现在;着重于机会的运用,而不是避开威胁。所以决策时,在时间上相对宽裕,并不一定要求在某一日期以前完成。而所谓时间敏感决策是指那些必须迅速尽量准确的决策,这种决策对速度的要求超过对质量的要求。相对知识敏感决策,时间敏感决策对时间的要求比较严格,这类决策的执行效果主要取决于速度,所以管理者应该充分认识时间对决策的影响作用,并充分利用有限的时间做出正确的决策。

除此之外,决策还受过去的决策以及伦理等因素的影响。

三、实训内容、组织方式及步骤

实训内容Ⅰ:决策的含义及特点

实训形式:

案例分析。

实训步骤：

第一步，实训前准备。要求参加实训的同学，课前查阅相关书籍，初步了解本次实训的理论基础知识。

第二步，请进行一个小测试，测试决策能力，选择最适合自己的答案。

1. 在遇到紧急情况时，您能泰然处之吗？

A. 能　　　　　　　　B. 完全不能　　　　　　C. 偶尔也不能

2. 您在做一项多次未成功的重要实验。最近有一种新的实验方法，但有一定的危险，您会冒险一试吗？

A. 会　　　　　　　　B. 不敢实验　　　　　　C. 改用其他方法

3. 公司遇到一个重要的问题必须要做出决定，经过多次的会议商讨确定，还是没有结果，如果您是决策者，您将：

A. 认定自己的观点　　B. 不知道怎么办　　　　C. 继续投票商讨

4. 您的同事正在为公司一位重要顾客介绍将要销售给他的产品，在这个过程中，您听到同事的介绍内容有些明显的失误，您会：

A. 指出较重要的失误，并建议他们将来如何补救

B. 除非他要求您做评论，否则不说并让他觉得一切良好

C. 建议他应该参加产品演说的课程训练

5. 对于公司的事，您是如何分析的？

A. 喜欢通盘考虑，并在细节上尽可能周全

B. 认真考虑每件事，尽可能地延迟应答

C. 先做计划，然后根据计划按部就班

6. 因为您的过错而导致的失误，您会：

A. 承担责任，并找出补救的方法

B. 找替死鬼，并说主意是他出的

C. 找借口，说是不小心或其他原因

7. 您错失了久久期望的晋升机会，而大家又一致认为您是最佳人选，您会：

A. 对上司表示失望，并要求解释

B. 这种现状让我失望，决定寻找其他的工作

C. 理性地接收，并期待下次有更好的机会

8. 意识到一位以前感情非常好的同事现在正在提防着您，您会：

A. 找个时间同他聊聊，看能否发现这种情感的变化原因

B. 也许这家伙不愿意同我来往，便开始提防着他

C. 不做什么，希望这只是一时的现象

9. 当公司的老板来到办公室同您聊聊时，您正接到一个怒气冲冲的顾客的投诉电话，您会：

A. 暂停片刻，向老板说明情况，并请求处理完电话后再同他聊聊

B. 告诉顾客您将回电话给他

C. 在老板的面前继续同顾客交谈

10. 如果您的决定遭到公司大部分人的反对，您将：

A. 想尽办法捍卫自己的观点

B. 反对声太大,决定放弃自己的观点,采用大家的意见

C. 将延迟做出决定

11. 当您正要检视某位部属的工作绩效时,他反而先批评您的管理失误之处,您会:

A. 仔细聆听,并鼓励他坦白地说

B. 回绝他的批评,并严厉地迎击

C. 先打断,并许诺在其他的场合再讨论他的批评

12. 在工作中,您是否喜欢独立思考,一旦确定就不轻易动摇。

A. 是　　　　　　　　B. 大家反对时我会改变　　　C. 擅长与大家讨论

13. 假若要把一件难度非常高的任务交给某位下属,而您感觉到他不会喜欢做。您会:

A. 告诉选择他的理由,和这个额外工作的受益,最后鼓励他

B. 就算他不愿意也要交给他

C. 想办法哄哄他,让他接收

14. 假使您最得意的部属之一迟到,您会:

A. 要他说出迟到的理由,并告诫他下次注意

B. 睁只眼闭只眼,避免可能的对立

C. 劝告他要养成准时的习惯

15. 假如您对会议讨论的主题一无所知,您会:

A. 要求主持人再简述一次,好让您跟得上讨论

B. 静等下一个题目

C. 问一两个问题,以展示您的兴趣

以上 15 题 A,B,C 三个答案的分值分别为 2,1,0 分,请做完测试后加总你的分数,对照表 4-1 确定自己的决策能力。

表 4-1　测试结果对照

分　　数	说　　明
26＜X＜30	您的决策能力很强。您不怕说出自己的想法,且通常以富有建设性的态度做事。对于一旦做出的决定,您会迅速而坚决地行动
18＜X＜26	您的决策能力良好。对于原则性的或重要的决策您一般都做得很好。但是,您不愿意在您认为的"小事情"上过多纠缠,在需要执行某些您认为已经决定了的事情的时候,也有可能拖延
8＜X＜18	您的决策能力一般。对于一般性的决策您都做得很好,但是,当遇到有一定难度或者压力的问题时,您的处理决策就不是很理想
X＜8	您的决策能力很差。您需要努力地去训练自己的决策能力

第三步,以 5—6 人的小组为单位进行以下案例资料的阅读。

⬥【案例分析 4-1】

丘吉尔对考文垂市与"炸弹"的抉择

1940 年 11 月 14 日晚上 7 点 05 分,英国考文垂市市区内突然响起刺耳的防空警报声。5 分钟后,德国"海因克尔"飞机在城市上空出现,进行为时 10 小时的轰炸。巨大的爆炸声震得该市地动山摇,城市瞬间变成了一片废墟。

英国首相丘吉尔闻讯后先是呆若木鸡,之后满脸愤怒,却一声不响。人们不会想到,丘吉尔事先已经知道了这次德国准备空袭考文垂市的计划,但他却没有采取任何的防御和转移措施。事后当人们得知这一真相时无不目瞪口呆。原来,在第二次世界大战期间的欧洲战场,德国的实力一直令邻国担忧不已,邻国也都在为能搞到德国的情报而绞尽脑汁。如果做出一点牺牲能获取其军事机密,那么是在所不惜的。考文垂市就是这种现状下的牺牲品。

事情的经过是这样的:早在 20 世纪 30 年代末,纳粹头子希特勒就向全国宣布,要在欧洲建立起一个帝国。这对于他的邻国来说就意味着战争随时都有可能爆发。而一旦战争爆发,对方的实力如何,有多少坦克、多少飞机、多少潜艇,它的石油和钢铁的生产能力怎样⋯⋯这些都是英国人急于想得到的情报。希特勒非常懂得严守秘密的重要性。德国政府早在 1934 年就开始了更换密码系统的工作。在极其保密的条件下,德国研制出了一种被称作"哑谜"的密码机。

"哑谜"问世后,的确给其他国家的情报部门带来了困难。英国人为了破译"哑谜"的密码绞尽了脑汁。英国人学着德国人的样子也制造出了一种与德国的"哑谜"一样的机器。可是,光有机器是没有用的,首先要了解编码系统的程序。但是,想要从德国人手中得到编码系统和编码程序是非常困难的,即使英国人把它们弄到了手里,德国人知道后也会很快并且轻而易举地更换它们。

英国人在研究"哑谜"的密码和系统上所付出的努力终于有了回报。首先,它们从研制能模仿或能解释德国国防军每一个"哑谜"方式的机器入手,从而能推出所有德军主要司令部日日夜夜、成年累月发布命令时经常变换的编码程序。经过艰难的攻关,英国人终于制成了具有上述功能的机器。英国人给它起了个名字叫"炸弹"。1939 年年底,"炸弹"破译出了德国的密码,英国人因此感到欣喜若狂,并把这种破译视为"超级机密",千方百计地防止德国人知道这一"超级机密"。

1940 年 7 月 2 日,希特勒发布了第一组"海狮"作战计划,即开始入侵英国的命令。战役一开始,英国首相丘吉尔和空军参谋部就通过"超级机密"了解到德国空军的大部分——有时甚至是全部的计划。针对德国空军司令戈林要求德国空军要争取控制英国的上空这样一个命令,英国皇家空军制订了集中优势兵力打击敌人的方案。因为英国空军的飞机数量没有德国多,所以只能在适当的地方、适当的时间和适当的高度,集中战斗机中队和主要防御力量,对付敌人的主攻力量。8 月 13 日,英国苏塞克斯和肯特上空浓云密布。由德国 80 架"道尼尔 17"飞机组成的庞大的轰炸机群起飞执行轰炸东彻奇机场和希尔内斯港口的任务,相等数量的"容克 88"飞机飞向奥迪汉和法恩巴勒,一大群"施图卡"飞机则沿着汉普郡海岸线飞行。由于天气的原因,护航的战斗机没有按计划同时起飞,德国轰炸机只好在几乎没有战斗机护航的情况下单独出击。

英国空军司令部在雷达上很快就发现了德国的飞机,按照事先准备好的计划,第八战斗机大队司令派克命令两个"喷火"式战斗机飞行中队和两个"旋风"式飞行中队前去保护泰晤士河口的一支船队以及霍金吉、罗斯汤两地的前进机场。并派出一个机群在坎特伯雷上空巡逻。他把三分之二的"喷火"式飞机和一半的"旋风"式飞机留在手头,以便对敌机实施集中攻击。与此同时,第十战斗机大队司令布兰德也派出了两个中队的"旋风"式飞机到多塞特上空巡逻。

这次交锋,德国空军共损失飞机 47 架,另有 80 多架被击伤,而英国空军仅损失飞机 13 架。戈林夸下的海口被击碎了。因为他曾经向希特勒夸下海口说,英国南部的空中防御将在 4 天内土崩瓦解,而英国空军则将在 4 周内被逐出英国上空。他的嚣张气焰受到了沉重打击。尽管德国在后来的几次轰炸中取得了一些成果,但戈林却始终没有取得英国的制空权,这是导致希特勒不得不暂时放弃入侵英国计划的重要原因之一。

对于"海狮计划"的失利,德国并没有发现这是因为"哑谜"已经被英国人掌握,而他们仍然继续使用着这个系统。

1940 年 11 月 12 日,德国空军司令部向驻扎在西欧的德国空军机群的司令部发出一批指示。英国的"炸弹"很快就破译了这些指示。这就是被德国人称为"月光奏鸣曲"的作战计划,即 1940 年 11 月 14 日至 15 日德国空军将对英国的考文垂大教堂和工业区进行大规模猛烈轰炸。

根据"炸弹"截获的信号,英国人详细地掌握了德国空军空袭考文垂的战术。这一情况马上报到首相丘吉尔这里。丘吉尔接到这一情报后,立即召开会议讨论对策。在会上许多人建议采取措施保卫考文垂。因为考文垂位于英格兰的内陆中心,距离伦敦仅有 90 英里。这里有古老的教堂,最美丽的哥特式建筑,又是英国的主要军火库之一。当时英国有 410 门机动高炮可供使用,当然可以把这些高炮火速调来加强考文垂的对空防御。但是,丘吉尔却做了个大胆的行动,就是任德国人来炸。他认为,如果英国加强了考文垂的防御,德国人就会怀疑英国人已经得到了空袭的警告,这样,就会危及"超级机密"的安全。

德国的"月光奏鸣曲"奏效了,考文垂市成了一片废墟。德国人看到这一计划的实现得意忘形了。他们怎能想到这是丘吉尔为了保护"超级机密"而主动付出的代价呢?

自从法国败降以来,英国处境危急,它赖以生存的大西洋海上运输线极为脆弱。被德国击沉的英国商船无数,每月以 50 万吨左右的速度直线上升。像英国这样的岛国一旦失去外部的物资供给,等待它的唯有毁灭!

丘吉尔十分清楚希特勒是想在他的脖子上勒上绞索,然后再勒紧一扣,直到扼死英国。对付大西洋上那些神出鬼没的德国潜艇,已经使英国人焦头烂额。英国的造船速度,尚不足以弥补每月的海上损失,如果被德军誉为"不沉的海上堡垒"的"俾斯麦"号再出现在大西洋,英国的海上生命线无疑将面临被切断的危险。大西洋这条英国海上生命线绝不能让德国人切断! 一定要不惜代价在"俾斯麦"

号到达大西洋前将其击毁。

　　"炸弹"不断地收到德国方面发给"俾斯麦"号的信息。终于,英国人等到了这一天。在明确了"俾斯麦"号的行动计划后,英国海军本土舰队快速舰只组成了突击编队,立即从英国北部的斯卡帕湾基地出发,取捷径直插丹麦海峡南端,截击"俾斯麦"号。"俾斯麦"号的这一次航行,是在十分秘密的情况下进行的,其目的是秘密进入大西洋,给英国运输队狠狠打击,以彻底切断英国的海上生命线。由于德国没有航空母舰,因此,"俾斯麦"号战列舰还是很忌讳在途中撞上英国的海军舰队,特别是航空母舰。行进途中,尽管"俾斯麦"号战列舰实行了灯火管制,但却始终没有逃出英国舰队的追踪。德国人并不知道,从"俾斯麦"号上发出的任何"保密"的电文,英国人都已经知晓。所以,"俾斯麦"号在沉入大西洋的最后一刹那,德国人也没有搞清楚为什么英国会有那么多的战舰迅速地集结到它的周围,给了它致命的打击。

　　后来,英国又摧毁了德军"埃塔普"舰队。虽然德国在英国摧毁"埃塔普"舰队后一度怀疑是否海军的密码被破获,但是一个负责调查此事的委员会,几次调查的结果,都排除了"哑谜"已经被泄露的事实。

　　第四步,根据以上资料,小组成员分别谈谈个人对决策的认识,并对小组成员的各种观点进行记录。

　　第五步,各小组选出一名代表发言,对小组讨论分析结果进行总结。

　　第六步,对小组成员的各种观点进行分析、归纳和要点提炼。完成资料分析发言提纲。

　　实训要求:各小组成员都应学会分析记录,并积极进行讨论,发表个人观点,认真完成实训内容;发言提纲要求语言流畅,文字简练,条理清晰。

　　实训内容Ⅱ:决策的过程

　　实训形式:

　　案例分析。

　　实训步骤:

　　第一步,实训前准备。学生提出自己的创业梦想,估计需要的资金。

　　第二步,给出虚拟的10万元人民币的投资,将学生创业投资大于10万元的项目排除。

　　第三步,针对其余资金投入低于10万元人民币的项目选出可行性、成功率比较高的,并根据预期收益高低顺序进行排列,由学生投票选择最满意的项目。

　　第四步,根据提示资料的三个方案进行讨论分析,选择最满意方案,并由各小组陈述其选择的理由。

🡒【案例分析4-2】

10万元人民币的创业梦想决策

　　个人梦想1:开卤煮店

　　开卤煮店的首要原因是,我喜欢吃! 有了兴趣才能干下去对不对? 况且小吃行业还是放哪哪活的,所以,我决定花3万块钱在大的居民区包一家门脸很小的铺面房,雇两个伙计,就是"卤煮火烧"的字号,保证火!

优势：吃是永久不衰的话题，据市场调查，"十一"国庆期间，单 10 月 2 日一天，北京市餐饮市场销售额为 600 多万元，比去年同期上涨 8％，因此选择方向是正确的。同样是做面条，人家可以做出红火的"面酷"，一碗馄饨能卖 4 元也能卖 100 元。创业不在做什么，而是怎么做。卤煮制作方法简单，省去了高薪聘请厨师的麻烦，小铺面积不求大，所需雇员少，成本较小，收益见效快。

劣势：民间特色小吃店，生存或许不难，但做大也不容易。首先最好能开在闹市或者旅游地周边，以吸引流动客源，居民区隐蔽不说，而且上不了档次，要想能够打出名声，则需要长久的努力了。而且现代人嘴挑剔，民间小吃已经是穷途末路，加之人们对自己的身体更是百般呵护、关怀备至，因此对小店的卫生要求极高。

结论：属于凭兴趣爱好的小本投资，成功概率 70％。

个人梦想 2：购买分红型保险

我个性比较保守，虽然手里有 10 万块钱的创业资金，但依然不敢做有太大风险的买卖。所以我是这样选择的：10 万元中的 40％，购买分红型保险，剩余的 6 万元购买二级市场的国债。虽然钱花出去了，短期之内也不会有太明显的增值，但是也不会赔本，形同储蓄，却比单纯的储蓄值得多。

优势：资金分配比较合理。购买分红型保险是一个比较稳妥的投资方式，短期投资保险的预期年收益率为 3％～6％，中长期为 5％～10％，无事分红，有事保障，并附加健康疾病保障。到二级市场购买国债，既可以免税，每年也有一个保底的投资收益率，一般年收益率在 3％～4％。

劣势：每年的投资回报不是很高，估计在 3％～10％。

结论：风险相对较小，10 万元经过若干年的投资，积少成多也是非常可观的，属于稳妥保底型的投资方案，可行性 99％。

个人梦想 3：加盟服装店

我和好朋友准备合开一家服装店，每个人出资 10 万元，所有的货源均从香港进，卖仅此一件的衣服和饰品。我们挑选的店面地处闹市，所以租金比较贵，每个月 8000 元，员工 1 人，每个月工资 800 元，加上水电费，每个月的开销超过万元。朋友几乎每个月都会到香港出差，所以进货的路费省下不少，只是服装的进价比较高，所以每件服装的售价势必要提高，打算定价在 300 元左右。

优势：当今服装消费崇尚个性，穿着趋向休闲化、多样化、个性化，"香港"来的"仅此一件"的服装，恰好抓住了人们的"不与他人同"的虚荣心理。况且因为可以公费出差，进货的路费被省下，所以成本降低了许多，是个不错的创业选择。

劣势：很明显的一点，就是服装成本高，使得定价不得不更高，而喜欢在私人小店里购买服装的人，大多是抱着贪图便宜"淘"货的心理，加之商场之间由于竞争而疯狂降价的行为，使得人们看到相同高价位的服装，就会产生"花这么多钱还不如到商场里买牌子货"的心理。

结论：机会与风险共存，做好的话投资回报相当可观，成功概率 50％—60％。

第五步，对小组成员的各种观点进行记录。

第六步，各小组选出一名代表发言，对小组讨论分析结果进行总结。

第七步,对小组成员的各种观点进行分析、归纳和要点提炼。完成资料分析发言提纲。

实训要求:各小组成员都应学会分析记录,并积极进行讨论,发表个人观点,认真完成实训内容;发言提纲要求语言流畅,文字简练,条理清晰。

实训内容Ⅲ:影响决策的因素

实训形式:

案例分析。

实训步骤:

第一步,实训前准备。要求参加实训的同学,课前查阅相关书籍,初步了解本次实训的理论基础知识。

第二步,以5—6人的小组为单位进行以下案例资料的阅读。

【案例分析4-3】

王厂长的会议

王厂长是佳迪饮料厂的厂长,回顾8年的创业历程真可谓是艰苦创业、勇于探索的过程。全厂上下齐心合力,同心同德,共献计策为饮料厂的发展立下了不可磨灭的汗马功劳。但最令全厂上下佩服的还数4年前王厂长决定购买二手设备(国外淘汰生产设备)的举措。饮料厂也因此挤入国内同行业强手之林,令同类企业刮目相看。

今天王厂长又通知各部门主管及负责人晚上8点在厂部会议室开会。部门领导们都清楚地记得4年前在同一时间、同一地点召开会议王厂长做出了购买进口二手设备这一关键性的决定。在他们看来,又有一项新举措即将出台。

晚上8点会议准时召开,王厂长庄重地讲道:"我有一个新的想法,我将大家召集到这里是想听听大家的意见或看法。我们厂比起4年前已经发展了很多,可是,比起国外同类行业的生产技术、生产设备来,还差得很远。我想,我们不能满足于现状,我们应该力争世界一流水平。当然,我们的技术、我们的人员等诸多条件还差得很远,但是我想为了达到这一目标,我们必须从硬件条件入手,即引进世界一流的先进设备,这样一来,就会带动我们的人员、带动我们的技术等一起前进。我想这也并非不可能,4年前我们不就是这样做的吗?现在厂的规模扩大了,厂内外事务也相应地增多了,大家都是各部门的领导及主要负责人,我想听听大家的意见,然后再做决定。"

会场一片肃静,大家都清楚记得,4年前王厂长宣布他引进二手设备的决定时,有近70%成员反对,即使后来王厂长谈了他近3个月对市场、政策、全厂技术人员、工厂资金等等厂内外环境的一系列调查研究结果后,仍有半数以上人持反对意见,10%的人持保留态度。因为当时很多厂家引进设备后,由于不配套和技术难以达到等因素,均使高价引进设备成了一堆闲置的废铁。但是王厂长在这种情况下仍采取了引进二手设备的做法。事实表明这一举措使佳迪饮料厂摆脱了企业由于当时设备落后、资金短缺所陷入的困境。二手设备那时价格已经很低,但在我国尚未被淘汰。因此,佳迪厂也由此走上了发展的道路。王厂长见大家心有余悸的样子，便说道："大家不必顾虑，今天这一项决定完全由大家决定，我想这也是民主决策的体现，如果大部分人同意，我们就宣布实施这一决定；如果大部分人反对的话，我们就取消这一决定。现在大家举手表决吧。"

于是会场上有近70％人投了赞成票。

第三步，根据案例，针对以下问题进行分析讨论，并对小组成员的各种观点进行记录。

①4年前王厂长决定购买二手设备（国外淘汰生产设备）的决策使企业挤入国内同行业强手之林的原因是什么？影响王厂长当时决策的因素有哪些？目前提出引进世界一流的先进设备的决策的原因是什么？要进行目前的决定要考虑哪些影响因素？

②王厂长的两次决策过程合理吗？为什么？如果你是王厂长，在两次决策过程中应做哪些工作？

③在不断变化的环境中，管理者如何才能持续做出有效、及时的决策？

第四步，各小组选出一名代表发言，对小组讨论分析结果进行总结。

第五步，对小组成员的各种观点进行分析、归纳和要点提炼，完成资料分析发言提纲。

实训要求：各小组成员都应学会分析记录，并积极进行讨论，发表个人观点，认真完成实训内容；发言提纲要求语言流畅，文字简练，条理清晰。

四、实训时间及成绩评定

(一)实训时间

实训内容Ⅰ：资料分析讨论时间以20分钟为宜，各小组代表发言时间控制在3分钟。

实训内容Ⅱ：学生提出自己的创业梦想及项目的筛选时间40分钟，资料分析时间和讨论时间控制在20分钟。

实训内容Ⅲ：案例分析讨论时间以20分钟为宜，各小组代表发言时间控制在3分钟。

(二)实训成绩评定

(1)实训成绩按优秀、良好、中等、及格、不及格5个等级评定。

(2)实训成绩评定准则。

①是否充分理解决策的含义、特点、过程及影响因素。

②是否能积极主动与小组成员交流，能否简练、清楚地整理讨论和交流记录。

③是否学会了进行决策环境的分析。

实训项目二　主观决策方法

一、实训目的

通过讨论实训，学生能够基本掌握头脑风暴法的基本含义及实施程序，并通过这种决策过程了解此方法的优缺点及实施过程的注意事项。

通过游戏实训，学生提高参与积极性，逐渐认识德尔菲法的含义及实施步骤，以及优缺点。

二、基本知识要点

主观决策法是运用社会学、心理学、组织行为学、政治学和经济学等有关专业知识、经验和能力，在决策的各个阶段，根据已知情况和资料，提出决策意见，并做出相应的评价和选择，可以使决策更加完善。主观决策法顾名思义很依赖个体的判断和想法，因此会表现出多样化的特点。

(一)头脑风暴法

头脑风暴法(Brain Storming)，又称智力激励法、BS法。它是由美国创造学家、BBDO广告公司总经理亚力克斯·奥斯本(Alex Osborn)于1939年首次提出，1953年正式发表的一种激发创造性思维的方法。它是一种通过小型会议的组织形式，让所有参加者在自由愉快、畅所欲言的气氛中，自由交换想法或点子，并以此激发与会者的创意及灵感，使各种设想在相互碰撞中激起脑海的创造性"风暴"。头脑风暴的特点是让参与者敞开思想，集体讨论，相互启发、相互激励、相互弥补知识缺陷，引起创造性设想的连锁反应，产生尽可能多的设想，最后对提出的设想逐一客观、连续的分析，找出解决问题的"黄金"方案。它适合于解决那些比较简单、严格确定的问题，比如研究产品名称、广告口号、销售方法、产品的多样化等，以及需要大量的构思、创意的行业，如广告业。

1.头脑风暴法的操作程序

(1)准备阶段

决策会议负责人应事先对所议问题进行一定的研究，弄清问题的实质，找到问题的关键，设定解决问题所要达到的目标。同时选定参加会议人员，一般以5—10人为宜，不宜太多。然后将会议的时间、地点、所要解决的问题、可供参考的资料和设想、需要达到的目标等事宜一并提前通知与会人员，让大家做好充分的准备。

(2)热身阶段

这个阶段的目的是创造一种自由、宽松、祥和的氛围，使大家得以放松，进入一种无拘无束的状态。主持人宣布开会后，先说明会议的规则，然后随便谈点有趣的话题或问题，让大家的思维处于轻松和活跃的境界。

(3)明确问题

会议主持人扼要地介绍有待解决的问题。介绍时须简洁、明确，不可过分周全，否则，过多的信息会限制人的思维，干扰思维创新的想象力。

(4)重新表述问题

经过一段讨论后，大家对问题已经有了较深程度的理解。这时，为了使大家对问题的表述能够具有新角度、新思维，会议主持人或书记员要记录大家的发言，并对发言记录进行整理。通过记录的整理和归纳，大家找出富有创意的见解，以及具有启发性的表述，供下一步畅谈时参考。

(5)畅谈阶段

畅谈是头脑风暴法的创意阶段。为了使大家能够畅所欲言，需要制定的规则是：第一，不要私下交谈，以免分散注意力；第二，不妨碍及评论他人发言，每人只谈自己的想法；第三，发表见解时要简单明了，一次发言只谈一种见解。主持人首先要向大家宣布这些规则，随后导引大家自由发言、自由想象、自由发挥，使彼此相互启发、相互补充，真正做到知无不言，言无不尽，畅所欲言，然后将会议发言记录进行整理。

（6）筛选阶段

会议结束后的一两天内，主持人应向与会者了解大家会后的新想法和新思路，以此补充会议记录。然后将大家的想法整理成若干方案，再根据决策的一般标准，诸如可识别性、创新性、可实施性等标准进行筛选。经过多次反复比较和优中择优，最后确定一个满意的方案。这个方案往往是多种创意的优势组合，是大家集体智慧综合作用的结果。

2.头脑风暴法实施的原则

（1）禁止批评，鼓励表扬

奥斯本认为，对现有观点的批评不仅占用时间和脑力资源，还会使与会者人人自危，从而发言更加谨慎，影响新观点的诞生。因此，不要暗示某个想法不正确或者将有些消极作用，所有的想法都可能成为好的观点，或者能够启发他人产生新的想法。相反，如果对与会者的观点不断进行表扬，则会在很大程度上激发其创造力和想象力，有利于新观点的诞生。

（2）重在数量

头脑风暴法讨论的应该以更多的数量的观点为目标。如果单纯追求观点的质量，则容易拘泥于某一个有创意的观点，导致大部分的时间用于这个观点完善上，而忽视了其他观点和思路的开发。

（3）观点不可雷同，强调建立新观点

头脑风暴法要求与会者不可重复别人的观点，强调建立新的观点。将他人和自己的看法进行比较、融合，比较容易产生新的思维成果。如此下去，更多的观点就容易产生，而且更多的观点带来了更多有用的观点。与会者的思维也会更加开阔，能够在挖掘自身潜力的同时，不断参照其他人的思维成果，在脑力震荡中产生新的观点。

3.头脑风暴法的优点

（1）极易操作执行，具有很强的实用价值。

（2）非常具体地体现了集思广益，体现合作的智慧。

（3）每一个人思维都能得到最大限度的开拓，能有效开阔思路，激发灵感。可以发现并培养思路开阔、有创造力的人才。

（4）创造良好的沟通平台，提供了一个能激发灵感、开阔思路的环境，也使参加者更加自信。因为良好的沟通，有利于增加团队凝聚力，增强团队精神。

（二）德尔菲法

德尔菲法（Delphi Method），又名专家意见法，是在 20 世纪 40 年代由赫尔姆（Helmer）和达尔克（Dalkey）首创，经过戈尔登（Gordon）和兰德公司（RAND Corporation）进一步发展而成的。德尔菲这一名称起源于古希腊有关太阳神阿波罗的神话。传说中阿波罗具有预见未来的能力。因此，这种预测方法被命名为德尔菲法。1946 年，兰德公司首次用这种方法用来进行预测，后来该方法被迅速广泛采用。德尔菲法是依据系统的程序，采用匿名发表意见的方式，即团队成员之间不得互相讨论，不发生横向联系，只能与调查人员发生关系，以反复的填写问卷，以集结问卷填写人的共识及搜集各方意见，通过多轮次调查专家对问卷所提问题的看法，经过反复征询、归纳、修改，最后汇总成专家基本一致的看法，作为预测的结果。这种方法具有广泛的代表性，较为可靠。可用来构造团队沟通流程，应对复杂任务难题的管理技术。

德尔菲法的具体实施步骤如下：

（1）组成专家小组。按照课题所需要的知识范围,确定专家。专家人数的多少,可根据预测课题的大小和涉及面的宽窄而定,一般不超过 20 人。

（2）向所有专家提出所要预测的问题及有关要求,并附上有关这个问题的所有背景材料,同时请专家提出还需要什么材料。然后,由专家做书面答复。

（3）各个专家根据他们所收到的材料,提出自己的预测意见,并说明自己是怎样利用这些材料并提出预测值的。

（4）将各位专家第一次判断意见汇总,列成图表,进行对比,再分发给各位专家,让专家比较自己同他人的不同意见,修改自己的意见和判断。也可以把各位专家的意见加以整理,或请身份更高的其他专家加以评论,然后把这些意见再分送给各位专家,以便他们参考后修改自己的意见。

（5）将所有专家的修改意见搜集起来,汇总,再次分发给各位专家,以便做第二次修改。逐轮搜集意见并为专家反馈信息是德尔菲法的主要环节。搜集意见和信息反馈一般要经过三四轮。在向专家进行反馈的时候,只给出各种意见,但并不说明发表各种意见的专家的具体姓名。这一过程重复进行,直到每一个专家不再改变自己的意见为止。

（6）对专家的意见进行综合处理

德尔菲法同常见的召集专家开会、通过集体讨论、得出一致预测意见的专家会议法既有联系又有区别。德尔菲法能发挥专家会议法的优点,能充分发挥各位专家的作用,集思广益,准确性高;能把各位专家意见的分歧点表达出来,取各家之长,避各家之短。同时,德尔菲法又能避免专家会议法的缺点,如权威人士的意见影响他人的意见;有些专家碍于情面,不愿意发表与其他人不同的意见;出于自尊心而不愿意修改自己原来不全面的意见。德尔菲法的主要缺点是过程比较复杂,花费时间较长。

三、实训内容、组织方式及步骤

实训内容Ⅰ:头脑风暴法的运用

实训形式:

情景模拟。

实训步骤:

第一步,实训前准备。要求会议主持人对讨论议题有充分的了解,具备组织头脑风暴会议的能力;参加实训的同学,课前查阅相关书籍,初步了解本次实训的理论基础知识。

讨论议题:

你的创业团队试图决定在购物中心开设一家饭店,困扰你们的问题是,这个城市有了很多的饭店,这些饭店能够提供各种价位的不同种类的餐饮服务。你们拥有开设任何一种类型饭店的足够资源。你们所面对的问题是决定开设什么样的饭店是最成功的。

第二步,以 5—6 人的小组为单位,集体花 5—10 分钟时间,来形成你们最可能成功的饭店类型。每位小组成员都要尽可能地富有创新性和创造力,对任何提议都不能加以批评。

第三步,对小组成员的各种观点进行记录。再用 10—15 分钟时间讨论各个方案的优点与不足。作为集体,确定一个使所有成员意见一致的最可能成功的方案。

第四步,各小组选出一名代表发言,对小组活动进行总结。

第五步,在做出决策后,对头脑风暴法的优点与不足进行讨论,确定是否有产生阻碍的现象,并根据以下问题完成实训报告。

①根据情景模拟,谈谈你对头脑风暴法的认识。

②在整个情景模拟过程中,你认为头脑风暴法有哪些优点?

③在整个情景模拟过程中,你认为头脑风暴法有哪些缺点?

④你认为这种决策方法比较适合在哪些决策中使用?

实训要求:以5—6人为一小组,指定一位创业团队的领队,由他做头脑风暴会议主持人,对创业团队将开办饭店的类型组织讨论,征集决策方案;各小组成员都应学会分析记录,并积极进行讨论,发表个人观点,认真完成实训内容;实训报告要求语言流畅,文字简练,条理清晰。

实训内容Ⅱ:德尔菲法游戏

实训形式:

管理游戏。

实训步骤:

第一步,实训前准备。实训指导老师准备一个装有一定数量(事先数好)玉米、豆子或糖果的罐子。将罐子给大家看,并让大家估计玉米的数量。将该过程重复3遍(或直到得出一个比较稳定的结果)。

第二步,进行个人估计,将估计数量填写在空白纸上。

第三步,以5—6人为一小组,指定一位组长将小组成员估计值计入下表4-2,并进行数据的平均值计算,填入下表。

第四步,由班长将各小组计算的平均值进行平均,由学习委员将全班同学的个人估计值进行平均值的计算,填入下表。

表 4-2 "罐子里的玉米数量"

小组成员姓名	小组成员个人估计值	小组成员估计值的平均值	各小组平均值的平均值	全班同学估计值的平均值	罐子中的实际值	个人决策偏差	小组决策偏差	全班决策偏差

第五步,宣布正确答案,并请大家比较一下自己最初的估计和小组最后的结论,看哪个更准确。将几组平均值与真实值进行对比,分析存在差距的原因,并根据以下问题完成实训报告。

①根据管理游戏的过程,谈谈你对德尔菲法的认识。

②在整个过程中,你认为德尔菲法有哪些优点?

③在整个过程中,你认为德尔菲法有哪些缺点?

④你认为这种决策方法比较适合在哪些决策中使用?

实训要求:在进行数量估计过程中所有人独立完成个人估计,不得讨论。实训过程要保持安静。认真完成实训内容。实训报告要求语言流畅,文字简练,条理清晰。

四、实训时间及成绩评定

(一)实训时间

实训内容Ⅰ:讨论时间以 20 分钟为宜,小组发言时间控制在 20 分钟。

实训内容Ⅱ:游戏时间控制在 20 分钟。

(二)实训成绩评定

(1)实训成绩按优秀、良好、中等、及格、不及格 5 个等级评定。

(2)实训成绩评定准则。

①是否掌握头脑风暴法和德尔菲法的操作方法。

②是否能够通过游戏和讨论理解这两种方法的适用领域及优缺点。

③是否学会了进行决策环境的分析。

实训项目三　定量决策方法

一、实训目的

通过资料分析实训,学生能够基本掌握定量决策中确定型决策、风险型决策和不确定型决策的常用方法,提高思维能力和决策能力。

二、基本知识要点

现代决策方法可划分为"软、硬"两种方法,决策硬方法即定量决策方法。定量决策方法常用于数量化决策,应用数学模型和公式来解决一些决策问题,即是运用数学工具、建立反映各种因素及其关系的数学模型,并通过对这种数学模型的计算和求解,选择出最佳的决策方案。对决策问题进行定量分析,可以提高常规决策的时效性和决策的准确性。运用定量决策方法进行决策也是决策方法科学化的重要标志。

定量决策的方法主要包括确定型决策、风险型决策和不确定型决策三种。

(一)确定型决策的方法

确定型决策是指可供选择的方案只有一种自然状态时的决策,即各备择方案所需的条件是已知的并能预先准确了解各方案的必然后果的决策。这种决策,由于各方案的条件、后果已知,所以只要比较一下各方案,就可做出最佳决策。确定型决策常用的方法有线性规划法、排队法和盈亏平衡分析法。

(二)风险型决策的方法

风险型决策是指可供选择的方案中存在着两种以上的自然状态,哪种状态可能发生是不确定的,但可估计其发生的客观概率的决策。在风险型决策中,决策者知道各备选方案所需具备的条件,但对每一方案的执行可能会出现的几种不同的后果只有有限的了解,决策时需要冒一定的风险。风险型决策的方法很多,最常用的是决策树法。

决策树法是把每一决策方案各种状态的相互关系用树形图表示出来,并且注明对应的概率及其报酬值,从而选择最优决策方案。由于根据这种方法的基本要素就可以描画出一个树状的图形,因而管理学把这一树状图形称作决策树。决策树的构成一般有五个要素:决策点、方案枝、自然状态点、概率枝、概率枝末端。决策树法在决策的定量分析中应用相当广泛,有许多优点:第一,可以明确地比较各种方案的优劣;第二,可以对某一方案有关的状态一目了然;第三,可以表明每个方案实现目标的概率;第四,可以计算出每一方案预期的收益和损失;第五,可以用于某一个问题的多级决策分析。

(三)不确定型决策的方法

不确定型决策指备择方案可能出现的后果是未知的,或只能靠主观概率判断时的决策。这种方法要通过对决策问题变化的各种因素分析,估计其中可能发生的自然状态,并计算各个方案在各种自然状态下的损益值,然后按照一定的原则进行选择,即先假定一些准则,根据这些准则求出方案的期望值,然后确定每一决策问题的最优值。不确定型决策方案的准则主要有:乐观准则、悲观准则、等概率准则、决策系数准则、遗憾准则。

以上定量决策方法其优点是可以提高决策的准确性、最优性、可靠性;可以使决策者从常规决策中解脱出来,把注意力集中在关键性、全局性的重大战略决策方面,这又帮助了领导者提高重大战略决策的正确性和可靠性。但也有其局限性,如有些变量难以定量;数学手段本身深奥难懂;花钱多,不适合一般决策问题。

三、实训内容、组织方式及步骤

实训内容Ⅰ:确定型决策的方法

实训形式:

案例分析。

实训步骤:

第一步,实训前准备。要求参加实训的同学,课前查阅相关书籍,初步了解本次实训的理论基础知识。

第二步,以5—6人的小组为单位对以下资料进行阅读。

【案例分析4-4】

如何追求企业最大利润的资源配置方法

某企业生产两种产品,A产品每台利润100元,B产品每台利润180元,有关生产资料如表4-3所示。请帮助企业确定利润最大时两种产品的产量。

表4-3　A,B产品生产用料

资源名称	单位产品消耗总额		可利用资源
	A产品	B产品	
原材料(千克)	120	80	2400
设备(台时)	900	300	13500
劳动力(工时)	200	400	5000

☞【案例分析 4-5】

企业在何处贷款

　　某企业要贷款 100 万元,贷款期限三年,有甲、乙、丙三家银行可以提供,但三家银行的贷款利率分别为 8％,7％,9％,其他条件相同。请帮助企业决策应该在哪家银行获得贷款?

☞【案例分析 4-6】

企业盈利在何时

　　某公司生产某产品的固定成本为 50 万元,单位可变成本为 10 元,产品单位售价为 15 元,该公司计划目标利润为每年 50 万元。请帮助公司决策:生产多少这种产品时不盈也不亏;要生产这种产品多少件才能完成计划目标利润?

　　第三步,以小组为单位对资料进行分析讨论,各小组进行方案决策速度及准确性的竞赛,并对小组成员的各种观点进行记录。

　　第四步,各小组选出一名代表发言,对小组讨论分析结果进行总结。

　　第五步,实训指导教师讲解决策结果,各小组成员对照结果分析该种决策的特点。

　　实训要求:以 5—6 人一个小组,先进行个人决策,提出个人决策方案和理由,然后再进行资料的讨论,重点放在决策理由的说明上;根据教师讲解结果,学生继续分析该种决策的特点,要学会抓重点问题。

　　实训内容Ⅱ:风险型决策的方法

　　实训形式:

　　案例分析。

　　实训步骤:

　　第一步,实训前准备。要求参加实训的同学,课前查阅相关书籍,初步了解本次实训的理论基础知识。

　　第二步,以 5—6 人的小组为单位对以下材料进行阅读。

☞【案例分析 4-7】

新建还是扩建

　　某企业经过市场调查和预测得知,某新产品在今后 5 年内在市场上的销售为畅销、一般和滞销的概率分别 0.3,0.5 和 0.2。为使该新产品投产,该企业有两种可供选择的行动方案:一种方案是投资 16 万元新建一车间,按这种方案,市场畅销、一般和滞销三种情况下的利润情况分别为获利 50 万元、25 万元和亏损 5 万元;另一种方案是投资 3 万元扩建原有车间,在这种方案下,市场畅销、一般和滞销三种情况下的利润情况分别为获利 35 万元、20 万元和 5 万元。该企业应确定哪一种行动方案较为合适?

【案例分析 4-8】

进口还是自行研制

　　某一设备是影响武器装备系统效能的关键装备,必须在今后两年内配备部队100套。如果现在从友好国家进口设备,每套需要450万元。通过调查,依照目前国内的技术能力,在两年内研制成功的概率为0.7,研制费用为2000万元,若研制成功,生产费用为每套200万元,研制失败后再进口国外设备则费用为每套500万元。为了保证武器装备的配备,应当如何选择方案较为合适?

　　第三步,以小组为单位对资料进行分析讨论,各小组进行方案决策速度及准确性的竞赛,并对小组成员的各种观点进行记录。

　　第四步,各小组选出一名代表发言,对小组讨论分析结果进行总结。

　　第五步,实训指导教师讲解决策结果,各小组成员对照结果分析该种决策的特点。

　　实训要求:以5—6人一个小组,先进行个人决策,提出个人决策方案和理由,然后再进行资料的讨论,重点放在决策理由的说明上;根据教师讲解结果继续分析该种决策的特点,要学会抓重点问题。

　　实训内容Ⅲ:确定型决策的方法

　　实训形式:

　　案例分析。

　　实训步骤:

　　第一步,实训前准备。要求参加实训的同学,课前查阅相关书籍,初步了解本次实训的理论基础知识。

　　第二步,以5—6人的小组为单位对以下材料进行阅读。

【案例分析 4-9】

进口还是自行研制

　　某企业打算生产某产品。据市场预测,产品销路有三种情况:销路好、销路一般和销路差。生产该产品有三种方案:改进生产线、新建生产线、与其他企业协作。据估计,各方案在不同情况下的收益见表4-4。想想比较乐观的人将选择哪个方案?为什么?想想比较悲观的人将选择哪个方案?为什么?想想选择哪个方案你的后悔程度会最小?为什么?你还能想出其他何种方案进行决策?

表 4-4　各方案在不同情况下的收益

方案	收益	自然状态
改进生产线	180	销路好
	120	销路一般
	−40	销路差
新建生产线	240	销路好
	100	销路一般
	−80	销路差
与其他企业协作	100	销路好
	70	销路一般
	16	销路差

第三步,以小组为单位对资料进行分析讨论,各小组进行方案决策速度及准确性的竞赛,并对小组成员的各种观点进行记录。

第四步,各小组选出一名代表发言,对小组讨论分析结果进行总结。

第五步,实训指导教师讲解决策结果,各小组成员对照结果分析该种决策的特点。

第六步,根据下列问题,完成实训报告及决策练习。

①根据讨论分析,谈谈你对确定型决策的认识,该种决策具有什么样的特点,适用于何种决策领域?

②根据讨论分析,谈谈你对不确定型决策的认识,该种决策具有什么样的特点,适用于何种决策领域?

③根据讨论分析,谈谈你对风险型决策的认识,该种决策具有什么样的特点,适用于何种决策领域?

"决策方法"练习题。

1. 某公司生产某产品的固定成本为 50 万元,产品单位售价为 80 元,本年度产品订单为 10000 件。据此,单位可变成本降到(　　　)元/件时才不至于亏损。

2. 某公司生产某产品的固定成本为 100 万元,单位产品可变成本为 1200 元,单位产品售价为 1600 元。试用盈亏平衡点法确定其产量。

3. 为了适应市场的需要,某地提出了扩大电视机生产的两个方案。一个方案是建设大工厂,第二个方案是建设小工厂。建设大工厂需要投资 600 万元,可使用 10 年。销路好每年赢利 200 万元,销路不好则每年亏损 40 万元。建设小工厂投资 280 万元,如销路好,3 年后扩建,扩建需要投资 400 万元,可使用 7 年,每年赢利 190 万元。不扩建则每年赢利 80 万元,如销路不好则每年赢利 60 万元。经过市场调查,市场销路好的概率为 0.7,销路不好的概率为 0.3。试用决策树法选出合理的决策方案。

4. 某公司拟开发一种新产品,有三种设计方案可供选择。因不同设计方案的制造成本、产品性能各不相同,在不同的市场状态下的损益也各不相同。有关资料如下表 4-6 所示。试分别用冒险法、保守法和折中法选择最佳方案。

表 4-5 各方案损益值 单位:万元

方案	损益值	市场状态
A	60	畅销
	40	一般
	25	滞销
B	80	畅销
	50	一般
	0	滞销
C	110	畅销
	40	一般
	−30	滞销

实训要求:以 5—6 人一个小组,先进行个人决策,提出个人决策方案和理由,然后再进行资料的讨论,重点放在决策理由的说明上;对三种决策方法进行总结,熟练掌握三种决策方法的实际运用。

四、实训时间及成绩评定

(一)实训时间

实训内容Ⅰ:决策讨论时间以 10 分钟为宜,各小组代表发言时间控制在 2 分钟。

实训内容Ⅱ:决策讨论时间以 8 分钟为宜,各小组代表发言时间控制在 2 分钟。

实训内容Ⅲ:决策讨论时间以 5 分钟为宜,各小组代表发言时间控制在 1 分钟;决策方法的练习作为课后巩固知识点进行独立完成。

(二)实训成绩评定

1.实训成绩按优秀、良好、中等、及格、不及格 5 个等级评定。

2.实训成绩评定准则。

①是否理解三种决策类型的概念,能否运用正确的方法正确分析决策方案。

②是否进行讨论过程的记录,能否进行讨论内容的总结和概括。

③是否对本次实训活动进行了很好的组织和实施过程。

实训项目四 个人决策与群体决策

一、实训目的

通过情景游戏实训,学生能够基本掌握个人决策与群体决策的优点和缺点,在恰当的时候选择合适的决策方式,提高决策能力。

二、基本知识要点

从决策的主体看,决策可分为集体决策与个人决策。

(一)个人决策的优点与缺点

个人决策是指单个人做出的决策。一般适用于面临突发事件,危急情景,需立即采取行动时;环境动荡,反复磋商久拖不决会贻误战机时;问题清楚,无须数度审慎研究时;历史事件重现,个人经验和聪明才智可充分应对等情况。

1.优点

(1)职责明确,能有效杜绝互相推诿、不负责任的不良作风。

(2)权力集中,因而行动迅速有力。

(3)费时较少,降低了决策成本,亦即在一定程度上提高了管理效益。

2.不足

(1)个人的学识、经验、才干、精力与他要处置的复杂问题可能构成鲜明落差。

(2)个人权力过分集中可能导致监督失效。

(3)个人性格的薄弱处可能在关键时刻无法得到有力弥补。

(4)个人权重一时可能挫伤下属参与管理的积极性,使民主管理风气不易形成,还可能使阿谀奉承者乘隙迎合等。

(二)集体决策的优点与缺点

集体决策是指多个人一起做出的决策。

1.优点

(1)提供更完备的信息。群体将带来个人单独行动所不具备的多种经验和决策观点。

(2)产生更多的方案。差异的多样化的"世界"更有独创性,产生更多的方案。当群体成员来自于不同专业领域时,这一点就更为明显。例如,一个由工程、会计生产、营销和人事代表组成的群体,将制定出反映他们不同背景的方案。

(3)增加对某个解决方案的接收性。人们不愿违背自己参与制定的决策。许多决策在做出最终选择后却以失败告终,这是因为人们没有接收解决方案。但是如果让受到决策的影响或实施决策的人们参与决策,他们更可能接受决策,并鼓励他人也接受它。

(4)提高合法性。群体决策制定过程是与民主思想相一致的,因此人们觉得群体制定的决策比个人制定的决策更合法。拥有全权的个体决策者不与他们磋商,这会使人感到决策是出自独裁和武断。

2.集体决策并非完美无缺。其主要缺点如下所示。

(1)成本高,消耗时间与金钱。组织一个群体并进行决策要花费时间与金钱,而群体决策制定过程中成员之间的反复交换意见和相互影响,也是耗费时间的过程,常常导致低效率,从而造成更大的浪费。

(2)在最小共同基础上的妥协。当群体较小、决策问题较为简单、各种观点比较一致时,容易做出决策;但如果不是这样,形成的决策往往是在最小共同点上的一致。这样制定的决策一般不像个体制定的决策那样有利和积极。

(3)责任不清。群体成员分担责任,但实际上谁也无法对最后的结果负责。在个人决策中,谁负责任是明确具体的。群体中的每个人通常不会有在个体决策时所具有的那种责任感,因为没有一个人能在实际上或逻辑上感到个人要对群体的行动负责,所以任何一个人的责任都被冲淡了。

(4)屈从压力。在群体中要屈从社会压力。从而导致所谓的群体思维(groupthink)。抑制不同观点、少数派和标新立异以取得表面的一致。削弱了群体中的批判精神,损害了最后决策的质量。

(5)少数人统治。一个群体的成员永远不会是完全平等的。他们可能会因组织职位、经验、有关问题的知识、易受他人影响的程度、语言技巧、自信心等因素而不同。这就为单个或少数成员创造了发挥其优势、驾驭群体中其他人的机会。支配群体的少数人,经常对最终的决策有过度的影响。

三、实训内容、组织方式及步骤

实训内容:个人决策与群体决策游戏

实训形式:

情景游戏。

实训步骤:

第一步,实训前准备。要求参加实训的同学,课前查阅相关书籍,初步了解本次实训的理论基础知识。实训指导老师准备好相关材料:①小组成员信息汇总表;②专家选择顺序。

第二步,以小组为单位根据以下情景进行分析。

⇨【情景游戏 4-1】

海上小岛求生

在 9 月下旬的某一天,你所乘坐的巨型客轮正在太平洋上航行。突然遇到海上的风暴,迫不得已采取紧急的救生措施。你们几名旅客漂流到一个荒岛上。现在你们并不知道自己所处的位置在哪里;对岛上的情况也并不了解,不知道岛上会不会有人,会有什么人或动物,岛上的植物看起来都很奇怪。眼前是一片汪洋大海,不知何时才会有船只经过,何时才会有人来救你们。现在你们每人有一件救生衣,身穿比较薄的轻便的衣服。每个人有一条小毛巾,随身携带的一些钱和钥匙。此外,你们还共同拥有14种物品:一只药箱、一台手提收音机、一个打火机、3支高尔夫球杆、7个大的绿色垃圾袋、一个指南针(罗盘)、一根蜡烛、一把手枪、一瓶驱虫剂、一把大砍刀、一个蛇蚊药箱、一份轻便食物、一张防水毛毯、一个空的热水瓶如表4-6所示。这14件物品对你们的求生都有一些作用。请您将用于救援的14件物品以其重要性的大小排出顺序。最重要者写上1,最不重要者写上14。注意:不可出现同顺位的情形。

表 4-6　情景游戏分析结果

物　品	小组成员1个人所排顺序	小组成员2个人所排顺序	小组成员3个人所排顺序	小组成员4个人所排顺序	小组成员5个人所排顺序	小组所排顺序	专家所排顺序	个人决策偏差	小组决策偏差
药　箱									
手提收音机									
打火机									
高尔夫球杆									
绿色垃圾袋									
指南针									
蜡　烛									
手　枪									
驱虫剂									
大砍刀									
蛇咬药箱									
轻便食物									
防水毛毯									
空的热水瓶									

第三步，先个人决策。全班每人各自独立考虑，不得互相讨论和交头接耳。学生请考虑上述 14 种物品对处于上述条件下生存的重要性，并按重要性递减方向列出它们的顺序来。此项任务需在 10—15 分钟完成。要能在需要时说出所列顺序的理由。以小组为单位进行讨论，个人充分发表个人观点。

第四步，小组决策。在由 4—7 人组成的小组中进行讨论，就上述 14 种物品重要性递减所列的合理顺序尽量争取达成共识。要充分说理，不轻易妥协，但又要客观冷静，在放弃己见时，要记下在哪一点上，为什么这样做。不要去打听别组的结果，也别指望教师这时会告诉你正确排列。每组要指派专人记下小组讨论出的最后顺序。只有在不得已时才采用表决法。这项活动要在 40—45 分钟完成。

第五步，权威答案公布。各组都求得小组顺序后，教师宣布总参军训处海岛生存训练专家所列顺序。不论各位学生有无异议，必须接收此顺序作计分标准。教师然后转达专家对所列顺序的理由。各小组选出一名代表发言，对小组讨论分析结果进行总结。

第六步，计分。将个人对 14 种物品中每一件的顺序，与专家所列相应物品的顺序相减，但所获差值只取绝对值，不计符号，再将 14 种物品的各自差值求和，即为个人决策质量分。若个人所列顺序与专家完全一致，各项差值及总差值和均为零，属完全正确，质量最高。反之，这总差值和越大，距标准越远，质量越差。然后依同法算出小组决策的质量。

第七步，分析。每组各自列出每一成员个人决策分及小组决策分，并求出全组平均分，个人分与小组分之间的关系，注意观察这些质量分之间的关系与顺序。对小组质量高于和低于组内最高个人质量的，要追查此人是怎样说服或屈从于质量较差的别人的。

第八步,以小组为单位,根据下列问题对本次实训进行讨论并记录。

①你认为个人决策成功或失败的原因是什么? 群体决策成功或失败的原因是什么?

②请分析在此情景游戏中个人决策与群体决策的优缺点。

③如何提高个人决策的准确率? 如何提高集体决策的准确率?

第九步,各小组选出一名代表发言,对小组讨论分析结果进行总结。

第十步,对小组成员的各种观点进行分析、归纳和要点提炼,完成情景游戏讨论分析提纲。

实训要求:请根据实训步骤完成情景游戏,并在整个过程中积极参与讨论,发表个人观点,认真完成实训内容;发言提纲要求语言流畅,文字简练,条理清晰。

四、实训时间及成绩评定

(一)实训时间

实训内容:整个实训时间以 80 分钟为宜。

(二)实训成绩评定

1.实训成绩按优秀、良好、中等、及格、不及格 5 个等级评定。

2.实训成绩评定准则。

①是否理解个人决策与集体决策的优缺点。

②是否能积极参与到课堂游戏活动中来。

模块五

计　划

>>> >

实训目标

1. 了解目标制定的方法,理解目标管理的基本思想及实施方法;
2. 提高学生对计划的重要性认识,掌握计划编制的方法;
3. 掌握并在日常生活中学会时间管理的方法。

实训手段

案例分析;模拟实践;能力测试;实践训练

实训项目一　目标与目标管理

一、实训目的

通过设计自我目标,学生懂得目标的重要性,并学会如何制定与实现目标。

通过案例分析和讨论,学生能够充分理解目标管理的作用及重要性,并掌握如何运用目标管理。

二、基本知识要点

(一)目标的重要性

1. 目标是组织进行计划和决策的基本依据

只有明确组织的目标,才能确定为了实现目标必须开展什么工作,各项工作需要配置何种资源、各配置多少等。在决策过程中,管理者只有对组织目标有清晰的了解,才能判断该问题是否需要解决、应该解决到何种程度、应该选择怎样的方案及应该怎么做才是组织行动的正确方向。目标不清,就无法做出决策。

2. 目标是高效率的前提,也是业绩考核的基本依据

效率和效益相比,效益是第一位的。要改进和提高组织的效率,就必须搞清组织的目标是什么,并沿着这个方向努力,使有限的资源发挥最大限度的作用。对组织成员的业绩考核一般是根据其行为是否符合组织目标及其对目标的贡献估价来进行的,因此,组织目标也是进行绩效考核的基本依据。

3.目标是重要的激励手段

为了调动组织成员的工作积极性,管理者常采用物质激励的方式。而事实上,能够真正调动员工内在工作热情的是具有吸引力的目标。如果管理者能够提出一个使全体员工为之振奋的目标,并树立其信心,不仅能够减少眼前物质刺激的压力,而且可以使员工在工作中努力克服可能遇到的各种困难,致力于最终目标的实现。

(二)目标制定过程

1.环境和追求分析

(1)外部环境分析:如有关国家政治、经济政策和法规、社会消费倾向的变化等;明确组织未来生存发展可能面对的机会和威胁、可以利用的社会资源。

(2)内部实力分析:如组织所拥有的物质资源、资金条件、人员素质、管理水平等方面的分析,明确组织能够做什么、不能做什么、通过创新还能做什么,即确定自身的实力。

(3)愿景和追求分析:通过对组织成员、特别是领导层价值观和志向的分析,明确组织成员愿意做什么、不愿意做什么,以及希望做到何种程度,即明确组织成员的群体价值观和追求。

2.拟订总体目标方案

为了保证组织目标的切实可行性,所提出的各目标方案必须是在外部环境允许、内部条件具备,而且符合组织成员价值观的范围之内。在制订每一个可行的总体目标方案时,都要明确服务方向(做什么)和服务对象(为谁做),以及贡献率(做到何种程度)。

3.评估各总体目标可行方案并选择决策方案

(1)限制因素分析:分析哪些因素会影响目标的实现程度,有多大影响。

(2)综合效益分析:综合分析每一个方案所能带来的种种效益,包括社会的和本组织的效益,看是否是组织能够取得最大效益的方案。

(3)潜在问题分析:对实施每一目标方案时可能发生的问题、困难和障碍,进行预测分析,看组织是否有能力解决这些可能遇到的问题。

4.总体目标的具体化

总体目标的具体化:第一,要根据组织总体目标制定出相应的战略目标和行动目标,即为了实现总体目标必须做些什么、怎么做、做到何种程度等;第二,要将总体目标分解成部门目标和岗位目标,使组织中不同层次和岗位的成员了解,他们应当做些什么,并规定相应的评价与奖惩制度,使组织目标落实到人,成为组织中一切成员的行动指南。

5.目标体系的优化

组织目标的协调主要通过以下三方面的工作:第一,横向协调,即对组织中处于同一层次的不同目标之间进行相互协调;第二,纵向协调,即组织中不同层次的目标之间要上下保证,如岗位目标与部门目标之间,部门目标与总体目标之间要保持一致;第三,综合平衡,明确各目标的优先顺序和重要程度,突出重点,以免因小失大。

(三)目标管理的基本思想

1.定义

目标管理是一种综合的以工作为中心和以人为中心的管理方法,它先由一个组织中的上级管理人员、员工一起制定组织目标,并由此形成组织内每一个成员的责任和分目标,明确规定每个成员的职责范围,最后用这些目标来进行管理、评价和决定对每一个部门和成员的奖惩。

2.特点

(1)目标是共同商定的,而不是上级直接下压给下级的。

(2)总目标决定分目标。

(3)个人和组织的活动以目标为中心。

(4)考核以目标实现情况为依据。

3.基本思想

(1)以目标为中心:避免管理工作的盲目性、随意性。目标管理强调目标是有效管理的首要前提,明确的目标可使每个成员的思想、意志、行动统一在一起。

(2)强调系统管理:克服各部门的本位主义,突出协调性。

(3)重视人的因素:目标管理是一种参与式的、民主的、自我控制的管理制度,它把个人需求与组织目标结合起来,强调以人为中心。

(四)目标管理的程序

(1)目标的制定和展开:最高层预定目标—确定下级目标—上下级协商达成协议。

(2)目标的实施:强调自我管理,但是管理人员在实施过程中要加强对下属的指导和帮助。

(3)总结和评价所取得的成果:目标管理以制定目标为起点,以考核目标完成情况为终结。考核应以目标为依据,不能目标是一套,考核又是另一套,考核的标准、过程、结果应当公开。

(五)目标管理的评价

1.目标管理的优点

(1)避免管理工作的盲目性、随意性。

(2)提高组织整体工作的协调一致性,充分发挥每个员工的进取心、责任感和积极性。

(3)有助于增强全体员工的团结合作精神和相互凝聚力。

(4)有助于实现有效控制。

2.目标管理的不足

(1)强调短期目标,易于诱发短期行为。

(2)目标设置比较困难。

(3)缺乏灵活性。

(4)目标管理不注重过程,忽视对目标实施手段的控制。

三、实训内容、组织方式及步骤

实训内容Ⅰ:目标的重要性

实训形式:

案例分析。

实训步骤:

第一步,要求参加实训的同学,课前查阅相关书籍,初步了解本次实训的理论基础知识。

第二步,以5—6人的小组为单位进行下列案例资料的阅读。

▷ 【案例分析 5-1】

横渡卡塔林纳海峡

1952 年 7 月 4 日清晨,一位叫查德威克的 34 岁妇女,开始了横渡卡塔林纳海峡的壮举,要是成功了,她就是第一个游过这个海峡的妇女。

那天早晨,天气很冷,海水冻得她身体发麻,雾也很大,她连护送她的船都几乎看不到。时间一个钟头一个钟头过去,千千万万人在电视上注视着她。有几次,鲨鱼靠近了她,被人开枪吓跑了。她仍然在游。在以往这种渡海游泳中她的最大问题不是疲劳,而是刺骨的水温。

15 个钟头之后,她被冰冷的海水冻得浑身发麻。她知道自己不能再游了,就叫人拉她上船。她的母亲和教练在另一条船上。他们都告诉她海岸很近了,叫她不要放弃。但她朝加州海岸望去,除了浓雾什么也看不到。

几十分钟之后——从她出发算起 15 个钟头 55 分钟之后——人们把她拉上了船。又过了几个钟头,她渐渐觉得暖和多了,这时却开始感到失败的打击。她不加思索地对记者说:"说实在的,我不是为自己找借口。如果当时我看见陆地,也许我能坚持下来。"人们拉她上船的地点,离加州海岸只有半英里! 后来她说,真正令她半途而废的不是疲劳,也不是寒冷,而是因为她在浓雾中看不到目标。

查德威克小姐一生中就只有这一次没有坚持到底。2 个月之后,她成功地游过了同一个海峡。她不但是第一位游过卡塔林纳海峡的女性,而且比男子的纪录还快了大约 2 个钟头。

查德威克虽然是个游泳好手,但也需要看见目标,才能鼓足干劲完成她有能力完成的任务。因此,当你规划自己的成功时千万别低估了制定可测目标的重要性。

第三步,以小组为单位对上述案例进行分析讨论,每位小组成员谈谈自己对目标重要性的认识,对各种观点进行分析、归纳和要点提炼,完成资料分析发言提纲。

第四步,各小组选出一名代表发言,对小组讨论分析结果进行总结。

实训要求:各小组成员都应学会分析记录,并积极进行讨论,发表个人观点,认真完成实训内容;发言提纲要求语言流畅,文字简练,条理清晰。

实训内容Ⅱ:制定个人目标

实训形式:

模拟实践。

实训步骤:

第一步,每位学生根据自己的实际情况进行思考。

第二步,对自己的情况有比较全面的认识后,进行短期目标和长期目标的设计。

第三步,将设计好的目标形成文字稿。

第四步,将完成的文字稿于下一次课的时候上交。

实训要求:通过结合自身实际情况,根据目标制定的原则和方法,个人制定短期和长期发展目标;要求语言流畅,文字简练,条理清晰,重点突出。

实训内容Ⅲ：目标的制定

实训形式：

案例分析。

实训步骤：

第一步，要求参加实训的同学，课前查阅相关书籍，初步了解本次实训的理论基础知识。

第二步，以5—6人的小组为单位进行下列案例资料的阅读。

【案例分析5-2】

马拉松运动员的故事

山田本一是日本著名的马拉松运动员。他曾在1984年和1987年的国际马拉松比赛中，两次夺得世界冠军。记者问他凭什么取得如此惊人的成绩，山田本一总是回答："凭智慧战胜对手！"

大家都知道，马拉松比赛主要是运动员体力和耐力的较量，爆发力、速度和技巧都还在其次。因此，对山田本一的回答，许多人觉得他是在故弄玄虚。

10年之后，这个谜底被揭开了。山田本一在自传中这样写道："每次比赛之前，我都要乘车把比赛的路线仔细地看一遍，并把沿途比较醒目的标志画下来，比如第一标志是银行；第二标志是一棵古怪的大树；第三标志是一座高楼……这样一直画到赛程的结束。比赛开始后，我就以百米的速度奋力地向第一个目标冲去，到达第一个目标后，我又以同样的速度向第二个目标冲去。40多千米的赛程，被我分解成几个小目标，跑起来就轻松多了。如果开始我把我的目标定在终点线的旗帜上，结果当我跑到十几千米的时候就疲惫不堪了，因为我被前面那段遥远的路吓到了。"

第三步，根据案例，针对以下问题进行分析讨论，并对小组成员的各种观点进行记录。

①山田本一把目标定在40多千米的终点和把目标分解成一个一个的阶段性目标所产生的结果为什么不一样？

②如果是一场没有终点或没有目标的马拉松比赛，第一名设有非常高额的奖金，会有人参加这个比赛吗？为什么？

第四步，各小组选出一名代表发言，对小组讨论分析结果进行总结。

第五步，对各种观点进行分析、归纳和要点提炼，完成案例分析发言提纲。

实训要求：查阅相关资料，通过对资料分组进行讨论分析，掌握目标制定的方法；各小组成员都应学会分析讨论记录，并积极进行讨论，发表个人观点，认真完成实训内容；发言提纲要求语言流畅，文字简练，条理清晰。

实训内容Ⅳ：目标管理

实训形式：

案例分析。

实训步骤：

第一步，要求参加实训的同学，课前查阅相关书籍，初步了解本次实训的理论基础知识。

第二步,以 5—6 人的小组为单位进行下列案例资料的阅读。

⇨【案例分析 5-3】

某机床厂的目标管理

某机床厂从 1981 年开始推行目标管理。为了充分发挥各职能部门的作用,充分调动 1000 多名职能部门人员的积极性,该厂首先对厂部和科室实施了目标管理。经过一段时间的试点后,这种管理方式被逐步推广到全厂各车间、工段和班组。多年的实践表明,目标管理改善了企业经营管理,挖掘了企业内部潜力,增强了企业的应变能力,提高了企业素质,取得了较好的经济效益。

按照目标管理的原则,该厂把目标管理分为三个阶段进行。

第一阶段:目标制订阶段

1. 总目标的制订。

该厂通过对国内外市场机床需求的调查,结合长远规划的要求,并根据企业的具体生产能力,提出了 19××年"三提高""三突破"的总方针。所谓"三提高",就是提高经济效益、提高管理水平和提高竞争能力;"三突破"是指在新产品数目、创汇和增收节支方面要有较大的突破。在此基础上,该厂把总方针具体化、数量化,初步制订出总目标方案,并发动全厂员工反复讨论、不断补充,送职工代表大会研究通过,正式制订出全厂 19××年的总目标。

2. 部门目标的制订。

企业总目标由厂长向全厂宣布后,全厂就对总目标进行层层分解,层层落实。各部门的分目标由各部门和厂企业管理委员会共同商定,先确定项目,再制订各项目的指标标准。其制订依据是厂总目标和有关部门负责拟订、经厂部批准下达的各项计划任务,原则是各部门的工作目标值只能高于总目标中的定量目标值,同时,为了集中精力抓好目标的完成,目标的数量不可太多。为此,各部门的目标分为必考目标和参考目标两种。必考目标包括厂部明确下达目标和部门主要的经济技术指标;参考目标包括部门的日常工作目标或主要协作项目。其中必考目标一般控制在 2—4 项,参考目标项目可以多一些。目标完成标准由各部门以目标卡片的形式填报厂部,通过协调和讨论最后由厂部批准。

3. 目标的进一步分解和落实。

部门的目标确定了以后,接下来的工作就是目标的进一步分解和层层落实到每个人。

(1)部门内部小组(个人)目标管理,其形式和要求与部门目标制订相类似,拟定目标也采用目标卡片,由部门自行负责实施和考核。要求各个小组(个人)努力完成各自目标值,保证部门目标的如期完成。

(2)该厂部门目标的分解是采用流程图方式进行的。具体方法是:先把部门目标分解落实到职能组,任务级再分解落实到工段,工段再下达给个人。通过层层分解,全厂的总目标就落实到了每一个人身上。

第二阶段：目标实施阶段

该厂在目标实施过程中，主要抓了以下三项工作。

1.自我检查、自我控制和自我管理。

目标卡片经主管副厂长批准后，一份存企业管理委员会，一份由制订单位自存。由于每一个部门、每一个人都有了具体的、定量的明确目标，所以在目标实施过程中，人们会自觉地、努力地实现这些目标，并对照目标进行自我检查、自我控制和自我管理。这种"自我管理"，能充分调动各部门及每一个人的主观能动性和工作热情，充分挖掘自己的潜力，因此，完全改变了过去那种上级只管下达任务、下级只管汇报完成情况，并由上级不断检查、监督的传统管理办法。

2.加强经济考核。

虽然该厂目标管理的循环周期为一年，但为了进一步落实经济责任制，即时纠正目标实施过程中与原目标之间的偏差，该厂打破了目标管理的一个循环周期只能考核一次、评定一次的束缚，坚持每一季度考核一次和年终总评定。这种加强经济考核的做法，进一步调动了广大职工的积极性，有力地促进了经济责任制的落实。

3.重视信息反馈工作。

为了随时了解目标实施过程中的动态情况，以便采取措施、及时协调，使目标能顺利实现，该厂十分重视目标实施过程中的信息反馈工作，并采用了两种信息反馈方法。

(1)建立"工作质量联系单"来及时反映工作质量和服务协作方面的情况。尤其是当两个部门发生工作纠纷时，厂管理部门就能从"工作质量联系单"中及时了解情况，经过深入调查，尽快加以解决，这样就大大提高了工作效率，减少了部门之间的不协调现象。

(2)通过"修正目标方案"来调整目标。内容包括目标项目、原定目标、修正目标以及修正原因等，并规定在工作条件发生重大变化需修改目标时，责任部门必须填写"修正目标方案"提交企业管理委员会，由该委员会提出意见交主管副厂长批准后方能修正目标。

该厂在实施过程中由于狠抓了以上三项工作，因此，不仅大大加强了对目标实施动态的了解，更重要的是加强了各部门的责任心和主动性，从而使全厂各部门从过去等待问题找上门的被动局面，转变为积极寻找和解决问题的主动局面。

第三阶段：目标成果评定阶段

目标管理实际上就是根据成果来进行管理的，故成果评定阶段显得十分重要。该厂采用了"自我评价"和上级主管部门评价相结合的做法，即在下一个季度第一个月的10日之前，每一部门必须把一份季度工作目标完成情况表报送企业管理委员会(在这份报表上，要求每一部门自己对上一阶段的工作做一恰如其分的评价)。企业管理委员会核实后，也给予恰当的评分。如必考目标为30分，一般目标为15分。每一项目标超过指标3％加1分，以后每增加3％再加1分。一般目标有一项未完成而不影响其他部门目标完成的，扣一般项目中的3分，影响其他部门目标完成的则扣分增加到5分。加1分相当于增加该部门基本奖金的1％，减1

分则扣该部门奖金的1%。如果有一项必考目标未完成则扣至少10%的奖金。

该厂在目标成果评定工作中深深体会到：目标管理的基础是经济责任制，目标管理只有同明确的责任划分结合起来，才能深入持久，才能具有生命力，达到最终的成功。

第三步，根据案例，针对以下问题进行分析讨论，并对小组的成员的各种观点进行记录。

①该机床厂的目标管理总体上存在哪些问题？

②你认为实行目标管理时培养完整严肃的管理环境和制订自我管理的组织机制哪个更重要？

③在这个实行目标管理的案例中，你认为现今环境下还应该做哪些修正？

第四步，各小组选出一名代表发言，对小组讨论分析结果进行总结。

第五步，对各种观点进行分析、归纳和要点提炼，完成案例分析发言提纲。

实训要求：查阅相关资料，通过对资料分组进行讨论分析，学生掌握目标管理的程序，并对目标管理实施过程中容易出现的问题提出自己的见解；各小组成员都应学会分析记录，并积极进行讨论，发表个人观点，认真完成实训内容；发言提纲要求语言流畅，文字简练，条理清晰。

四、实训时间及成绩评定

(一)实训时间

实训内容Ⅰ：资料分析讨论时间以15分钟为宜，各小组代表发言时间控制在2分钟。

实训内容Ⅱ：制定个人目标并形成文字稿，要求作为课外作业完成，在下一次课的时候上交。

实训内容Ⅲ：资料分析讨论时间以20分钟为宜，各小组代表发言时间控制在3分钟。

实训内容Ⅳ：资料分析讨论时间以20分钟为宜，各小组代表发言时间控制在3分钟。

(二)实训成绩评定

1.实训成绩按优秀、良好、中等、及格、不及格5个等级评定。

2.实训成绩评定准则。

①是否能够深刻理解目标的重要性。

②是否能清晰地制定个人目标。

③是否能掌握目标管理的实施方法。

实训项目二 计划的编制

一、实训目的

通过案例分析，学生能深刻理解计划的重要性。

通过编制活动策划书，学生要掌握编制一份完整计划的能力，并学会解决计划制订过程中碰到的问题。

二、基本知识要点

(一)计划的内容、表现形式及种类

1.计划的内容(或要素)

一项完整的计划应该包括以下几方面的内容或要素,如表 5-1 所示。

表 5-1　一项完整的计划应包含的要素

要　素	内　容	所要回答的问题
前　提	预测、假设、实施条件	该计划在何种情况下有效
目标(任务)	最终结果、工作要求	做什么
目　的	理由、意义、重要性	为什么要做
战　略	途径、基本方法、主要战术	如何做
责　任	人选、奖罚措施	谁做、做得好坏的结果
时间表	起止时间、进度安排	何时做
范　围	组织层次或地理范围	涉及哪些部门或何地
预　算	费用、代价	需投入多少资源
应变措施	最坏情况计划	实际与前提不相符怎么办

2.计划的表现形式

(1)目标;(2)战略;(3)政策;(4)规章制度;(5)预算;(6)规划。

3.计划的种类

(1)按计划期限的长短分类:可将计划分为长期计划、中期计划和短期计划。长期计划影响组织的能力,中短期计划影响组织活动的效率以及生存能力。这三种计划相互衔接,反映事物发展在时间上的连续性。

(2)按计划制订的层次分类:可将计划分为战略计划、战术计划和作业计划。

(3)按计划对象分类:可将计划分为综合计划、部门计划和项目计划。

(4)按计划的约束力分类:可将计划分为指令性计划与指导性计划。

(二)计划的作用

计划工作是指导性、科学性和预见性很强的管理活动,同时也是一项复杂而又困难的工作,计划工作对组织的经营管理活动起着直接的指导作用,计划工作的重要性主要表现在以下几个方面。

(1)有利于适应变化,防患于未然。未来的不确定性不可能完全消除,事先对未来可能发生的各种可能性的预计,有助于及时预见危险、发现机会,早做准备。

(2)有利于为管理者提供方向。清楚地确定目标及如何实现这些目标,可为我们未来的行动提供一幅路线图或行动图,从而减少未来活动中的不确定性和模糊性。

(3)有利于有效配置资源。实现目标可能有多条途径,事先的分析,有助于对有限资源作出合理的分配。

（4）有利于提高效率，调动积极性。由于目标、任务、责任明确，可使计划得以较快和较顺利地实施，并提高经营效率。

（5）有利于为控制提供标准。事先明确要做什么、由谁做、要求做到何种程度等，为事中和事后控制提供了标准，有助于提高控制的有效性。

（三）计划制订过程

（1）明确目标或任务：制订任何一项计划都必须首先明确目标或任务。目标要具体、可检验，简明扼要、易懂易记。当目标多于两个时，则要列出各目标优先顺序或重要程度。

（2）清楚与计划有关的各种条件：在明确目标以后，要积极与各方面沟通，搜集各方面的信息，明确计划的前提或对该计划的各种限制条件。如制订海外旅行计划时，要事先搜集当地的气候、货币、食宿情况等。

（3）制订行动方案：在制订行动方案时，应反复考虑和评价各种方法和程序，因为一个好的计划，不仅应该程序、方法清楚可行，而且所需要的人力和资金等各种资源支出越少越好。

（4）落实人选、明确责任：在所要进行的各项工作明确以后，就要落实每项工作由谁负责、由谁执行、由谁协调、由谁检查。同时，要明确规定工作标准、检验标准、制定相应的奖惩措施，使计划中的每一项工作落实到部门和个人，并有清楚的标准和切实的保障措施。

（5）制订进度表：各项活动所需时间的多少，取决于该项活动所需的客观持续时间、所涉及的资源的供应情况及其花费的资金的多少。

（6）分配资源：资源分配主要涉及需要哪些资源、各需要多少及何时需要等问题。在配置资源时，计划工作人员要注意不能留有缺口，但要留有一定的余地。

（7）制订应变措施：制订计划时，最好事先安排好2—3个替代方案。因为未来的不确定性始终存在，为了应对未来的其他变化，保证在任何情况下都不会失控，就有必要在按最有可能的情况制订正式计划的同时，按最坏情况制订应急计划。

制订计划的实际过程未必都要按上述顺序进行，不过需要强调的是，只要是完备的计划，上述计划过程的每一个环节都是必不可少的。

三、实训内容、组织方式及步骤

实训内容Ⅰ：计划及其制订

实训形式：

案例分析。

实训步骤：

第一步，实训前准备。要求参加实训的同学，课前查阅相关书籍，初步了解本次实训的理论基础知识。

第二步，请进行一个小测试，测试计划管理能力，选择最适合自己的答案。

在企业中，计划管理能力是指管理者确定未来目标以及为实现目标而采取的执行方式和方法的能力，请通过下列问题对自己的该项能力进行差距测试。

1.你通常以怎样的方式做事？

A.制订计划并按计划行事

B.依据事情到来的顺序

C. 想起一件就做一件

2. 在制订计划前你通常首先做的工作是什么?

A. 确定目标　　　　　　　B. 认清现在　　　　　　　C. 研究过去

3. 你的计划会详尽到什么程度?

A. 每日　　　　　　　　　B. 每周　　　　　　　　　C. 每月

4. 你如何制订计划?

A. 尽量把计划量化

B. 制订出主要计划的辅助计划

C. 只制订主要计划

5. 当计划的任务在执行过程中遇到困难时,你通常会如何做?

A. 想方设法提高执行效率　B. 对计划做一定程度的修改

C. 制订新的计划

6. 面对变化较快的未来环境时,你是否会坚持制订的计划?

A. 通常会　　　　　　　　B. 有时会　　　　　　　　C. 偶尔会

7. 你通常如何确保制度的计划尽善尽美?

A. 遵循科学的计划安排行为步骤

B. 边实施边修改　　　　　C. 多征询他人的意见

8. 作为管理者,你发现下属偏离了既定计划时,你该如何办?

A. 立即校正,保证计划被严格执行

B. 重申并明晰既定计划　　C. 视偏差情况而定

9. 计划制订后,你是否能够严格按照计划行事?

A. 通常能　　　　　　　　B. 有时能　　　　　　　　C. 偶尔能

10. 你制订的计划通常能达到何种效果?

A. 能够有效实现预期目标　B. 行动不再盲目　　　　　C. 效果不明显

选 A 得 3 分,选 B 得 2 分,选 C 得 1 分

24 分以上,说明你的计划执行能力很强,请继续保持和提升。

15—24 分,说明你的计划管理能力一般,请努力提升。

15 分以下,说明你的计划管理能力很差,急需提升。

第三步,以 5—6 人的小组为单位进行下列案例资料的阅读。

↪ 【案例分析 5-4】

小赵有计划吗?

个体户小赵得知近来某高档啤酒销售的差价利润丰厚,就托关系以预付 30%款项的方式从厂家批发 5000 箱,同时招一批临时工以每瓶 0.2 元回扣的报酬组织促销队伍,并安排饮食店和宾馆代销。但因促销不力及市场变化等原因,2000 箱啤酒积压在库房。小赵的爱人骂他做事没有计划,小赵感到很委屈。

第四步,根据以下问题,个人充分发表个人观点,进行讨论和分析,并记录。

（1）你认为小赵有计划吗？他做了哪些计划？为什么会出现啤酒积压的状况？

（2）如果让你来做这个产品的销售计划，你会做哪些计划？

第五步，各小组选出一名代表发言，对小组讨论分析结果进行总结。

第六步，对小组成员的各种观点进行分析、归纳和要点提炼，完成案例分析发言提纲。

实训要求：查阅相关资料，完成案例分析与发言提纲，并能掌握编制计划的能力。各小组成员都应学会分析记录，并积极进行讨论，发表个人观点，认真完成实训内容。发言提纲要求语言流畅，文字简练，条理清晰。

实训内容Ⅱ：制订活动计划书

实训形式：

模拟实践。

实训步骤：

第一步，由教师提供活动计划项目，学生自由选择其中一个项目。

第二步，学生就选中的活动项目撰写活动计划书，先列提纲。

第三步，根据所列提纲，完成整一份活动计划书。

第四步，教师选择其中几份活动计划书，然后由学生进行评价。

第五步，教师综合学生评价和自身评价对学生的活动计划书进行评估，确定成绩。

实训要求：要求学生以活动组织者的身份，完成一份活动计划书；活动计划项目由教师提供，学生可以自由选择。

附：活动计划项目

（1）你是新上任的班长，请制订一份班级建设计划书。

（2）学生会要举办大规模的校园文化艺术节，需要你去拉赞助，请制订一份工作方案。

（3）你所在的班级学习气氛不是很好，作为学习委员，请制订一份激励全班同学努力学习的方案。

（4）班级要去郊游，作为活动组织者请制订一份详细的活动计划书。

（5）系内要举办一次辩论赛，作为学生会主席请制订一份详细的活动方案。

（6）你是文娱部部长，现要举办一次校内模特秀大赛，请制订一份活动方案。

四、实训时间及成绩评定

(一)实训时间

实训内容Ⅰ：案例讨论时间以 30 分钟为宜，各小组代表发言时间控制在 3 分钟。

实训内容Ⅱ：活动项目选择控制在 1 分钟，列提纲 10 分钟，撰写活动计划书以 30 分钟为宜，每位学生评论时间控制在 2 分钟。

(二)实训成绩评定

（1）实训成绩按优秀、良好、中等、及格、不及格 5 个等级评定。

（2）实训成绩评定准则。

①是否理解计划的重要性。

②是否掌握了计划编制的程序。

③是否能够完成撰写一份活动计划书。

④活动计划书是否符合计划编制的规范。

实训项目三　时间管理

一、实训目的

通过案例分析实训,学生能够深刻体会时间管理在管理过程中的重要性。

通过管理游戏实训,学生能够掌握如何有效地进行时间管理,以及理解时间管理的误区。

通过自我时间管理实训,学生能够培养时间管理的习惯,提高对时间的有效利用。

二、基本知识要点

(一)时间管理及其重要性

时间管理就是合理安排自己的计划,掌握重点,有效地利用时间。时间管理的目标是掌握工作的重点,其本质是一种自我管理,其方法是通过制订周密的计划来完成工作,探索的是如何减少时间浪费,减少对目标没有价值的时间消耗,以便有效地完成既定目标。所以,时间管理的对象不是"时间",而是指针对时间而进行的"自我管理"。

"时间管理"一直是个重要的问题,但从来没有像今天这么重要过。现在是信息爆炸的年代,人人都面临着竞争的压力,社会对我们有着比以前多得多的要求。在这种情况下,积极的时间管理,就成了我们必要的手段。

(二)时间管理的方法

(1)列出目标清单:列出你所管理的部门在未来一段时间内所要实现的目标。

(2)将这些目标按其重要程度排序:不会所有的目标都是同等重要的,既然每个人所拥有的时间是有限的,首先要做的应该是重要的事情。我们可以通过如图 5-1 所示时间四象限来直观地了解哪些是重要和不重要的事情。

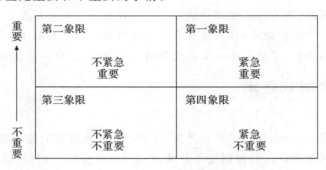

图 5-1　时间四象限

第一象限是重要又紧急的事,诸如应付难缠的客户、准时完成工作、住院开刀等。这是考验我们的经验、判断力的时刻。很多重要的事情都是因为一拖再拖或事前准备不足而变得迫在眉睫。

第二象限是重要但不紧急的事,包括长期的规划、问题的发掘与预防、参加培训、向上级提出问题处理的建议等。多投入一些时间在这个象限,有利于提高实践能力,缩小第一象限的范围。

第三象限属于不紧急也不重要的事。虽然看起来好像根本不值得花时间在这个象限,但管理者往往在前三个象限来回奔走,忙得焦头烂额,不得不到第四象限去疗养一番再出发,这些事情可以授权他人来做。

第四象限是紧急但不重要的事。这一象限的内容经常与第一象限相混淆,因为迫切的呼声会让管理者产生"这件事很重要"的错觉。电话、会议、不速之客都属于这一类。管理者花很多时间在这里面打转,自以为是在第一象限,其实不过是在满足别人的期望与标准。

(3)列出实现目标所需进行的活动:明确为了实现上述目标,应开展哪些活动。

(4)对实现每一个目标所需进行的活动排出优先排序:排序时按每一项活动的重要性和紧迫性程度排列。

(5)按所给出的优先顺序制定每日工作时间表或备忘录:在每天早上或前一天晚上,将当天或第二天所要做的事情按其重要性和紧迫性程度列出清单,并制定相应的时间表,注意所列的事情不能超过5件。

(6)按时间表开展工作:在工作中,要严格按时间表进行,每做完一件事都要看一看下面一件事是什么,可以有多少时间来处理这件事。尽可能地按时完成,若不能按时完成,则要重新评价其重要性和紧迫性,并据此确定将此事推后或修改工作时间表。

(7)每天工作结束时,要回顾一下当天的时间运用情况,并安排第二天的活动。通过不断地总结经验,管理者就会不断地提高工作效率。

(三)时间管理中要注意的问题

(1)掌握生物钟:每个人在一天的不同的时间里,其工作效率是不同的。管理者应掌握自己的效率周期,并以此制订自己每天的工作计划,把最重要的事情放在自己效率最高的时候做,而把日常事务和不重要的事安排在生物钟处于低潮的时候做。

(2)牢记帕金森定律:帕金森定律指出,只要还有时间,工作就会不断地扩展,直至用完所有的时间,因此,不要给一项工作安排太多的时间。

(3)把不太重要的事情集中在一起处理:在每天的日程中安排一段固定的时间用于处理信函、接待下属、回答问题等。一般而言,这段时间应安排在生物钟处于低潮时。

(4)尽可能减少干扰:为了充分利用时间,可把生物钟处于高潮时的时间固定为自由时间。在这段时间里,要排除干扰,关起门来静心考虑问题,不接电话、不接待下属,把这些事情放在另一段时间里。

(5)提高会议效率:举行一个会议时,应事先规定好会议议程和会议时间,并严格执行。

三、实训内容、组织方式及步骤

实训内容Ⅰ:时间管理的重要性

实训形式:

案例分析。

实训步骤:

第一步,实训前准备。要求参加实训的同学,课前查阅相关书籍,初步了解本次实训的理论基础知识。

第二步,以5—6人的小组为单位对以下案例资料进行阅读。

↪【案例分析 5-5】

鹅卵石与罐子

在一次时间管理的课上,教授在桌子上放了一个装水的罐子,然后又从桌子下面拿出一些正好可以从罐口放进罐子里的"鹅卵石"。当教授把石块放满后问他的学生:"你们说这罐子是不是满的?"

"是。"所有的学生异口同声地回答说。

"真的吗?"教授笑着问,然后再从桌底下拿出一袋石子,把碎石子从罐口倒下去,摇一摇,再加一些,再问学生:"你们说,这罐子现在是不是满的?"这回他的学生不敢回答得太快。最后,班上有位学生怯生生地细声回答:"也许没满。"

"很好!"教授说完后,又从桌下拿出一袋沙子,慢慢地倒进罐子里。倒完后,再问班上的学生:"现在你们再告诉我,这个罐子是满的呢,还是没满?"

"没有满。"全班同学这下学乖了,大家很有信心地回答说。

"好极了!"教授再一次称赞这些"孺子可教也"的学生们。称赞完了后,教授从桌底下拿出一大瓶水。把水倒在看起来已经被鹅卵石、小碎石、沙子填满了的罐子里。当这些事情都做完之后,教授正色问他班上的学生:"我们从上面这些事情中得到什么重要的启示?"

班上一阵沉默,然后一位自以为聪明的学生回答说:"无论我们的工作多忙,行程排得多满,如果要逼一下自己的话,还是可以多做些事的。"

这位学生回答完后心中很得意地想:"这门课原来讲的是时间管理啊!"

教授听到这样的回答后,点了点头,微笑道:"答案不错,但并不是我要告诉你们的重要信息。"说到这里,这位教授故意顿住,用眼睛向全班同学扫了一遍后说:"我想告诉各位,最重要的是如果你不先将大的'鹅卵石'放进罐子里去,你也许以后永远没有机会把它们放进去了。"

第三步,根据案例资料,谈谈启发,个人充分发表个人观点,进行讨论和分析,并记录。

第四步,各小组选出一名代表发言,对小组讨论分析结果进行总结。

第五步,以小组为单位对各种观点进行分析、归纳和要点提炼,完成案例分析发言提纲。

实训要求:查阅相关资料,学生深刻理解时间管理的重要性,并完成案例分析与发言提纲。发言提纲要求语言流畅,文字简练,条理清晰。

实训内容Ⅱ:时间管理的方法

实训形式:

实践训练。

实训步骤:

第一步,实训前准备。要求参加实训的同学,课前查阅相关书籍,初步了解本次实训的理论基础知识。

第二步,请进行一个小测试,测试你的计划能力,选择最适合自己的答案。

您是一家咖啡店的店堂经理,你发现店内同时出现下列状况:

1.许多张桌子桌面上有客人离去后留下的空杯未清理,桌面不干净待整理;

2.有客人正在询问店内卖哪些品种,他不知如何点咖啡菜单;

3.已有客人点完咖啡,正在收银机旁等待结账;

4.有厂商正准备要进货,需要店堂经理签收。

针对上述同时发生的情况,你要如何排定处理之先后顺序,为什么?

第三步,以5—6人的小组为单位对以下资料进行阅读。

➡ 【案例分析5-6】

假如现在是周一的晚上,面前是这五天要做的事情

1.你从上周周日早晨开始牙疼,想去看医生

2.周六是一个好朋友的生日——你还没有买生日礼物和生日卡

3.你有好几个月没有回家,也没有打电话或写信

4.有一份夜间兼职不错,但你必须在周二或周三晚上(19:00以前)去面试,估计要花1小时

5.周二晚上有一个1小时长的电视节目,与你的工作有密切关系

6.周二晚上有一场演唱会

7.你在图书馆借的书明天到期

8.外地一个朋友邀请你周末去他那儿玩,你需要整理行李

9.你要在周五交计划书前把它复印一份

10.周二下午2:00—4:00你有一个会议

11.你欠某人200元钱,他周二也要参加那个会议

12.你周二早上从9:00—11:00要听一场讲座

13.你的上级留下一张便条,要你尽快与他见面

14.你没有干净的内衣,一大堆脏衣服需要清洗

15.你要好好洗个澡

16.你负责的项目小组将在周二下午6:00开会,预计1小时

17.你身上只有5元钱,需要取钱

18.大家周二晚上聚餐

19.你错过了周一的例会,要在下周一前复印一份会议记录

20.这个星期有些材料没有整理完,要在下周一前整理好,约2小时

21.你收到一个朋友的信一个月了,没有回信,也没有打电话给他

22.周日早晨要出一份简报,预计准备简报要花费15个小时而且只能用业余时间

23.你邀请恋人周三晚上来你家烛光晚餐,但家里什么吃的也没有

24.下周二你要参加一个业务考试

第四步,根据资料,针对以下问题进行分析讨论,并对小组成员的各种观点进行记录。

①对上述事件你如何分类?

②请为你未来一周的工作做一个计划表。

③对于不重要的事情你打算怎样处理？

第五步，各小组选出一名代表发言，对小组讨论分析结果进行总结。

第六步，以小组为单位对各种观点进行分析、归纳和要点提炼，完成案例分析发言提纲。

实训要求：各小组成员都应学会分析记录，并积极进行讨论，发表个人观点，认真完成实训内容。发言提纲要求语言流畅，文字简练，条理清晰。

实训内容Ⅲ：时间日记

实训形式：

实践训练。

实训步骤：

每一位学生记录自己一天的活动，包括想做的事（从起床到就寝），它们花了多少时间。然后，分析哪些是合理的，哪些是浪费的。

实训要求：要求学生坚持记录每天的活动，养成写时间日记的好习惯。

四、实训时间及成绩评定

(一)实训时间

实训内容Ⅰ：案例讨论时间以15分钟为宜，各小组代表发言时间控制在3分钟。管理游戏控制在30分钟。

实训内容Ⅱ：资料讨论时间以30分钟为宜，各小组代表发言时间控制在5分钟。

实训内容Ⅲ：时间日记每天都要写，时间因人而异。

(二)实训成绩评定

1.实训成绩按优秀、良好、中等、及格、不及格5个等级评定。

2.实训成绩评定准则。

①是否理解时间管理的概念及其重要性。

②是否掌握时间管理的方法和技巧。

③是否在管理游戏实施过程中积极应对和配合。

模块六

组　　织

≫ ≫ ≫　≫

实训目标

1. 了解组织结构的类型,并学会设计常见的组织结构;

2. 了解岗位设计的要求,并掌握人员招聘的流程;

3. 加深对团队组织的认识,初步学会管理一个团队组织。

实训手段

案例分析;企业调研;模拟实践;模拟演练;角色扮演;管理游戏;问卷测试;户外拓展

实训项目一　组织结构的设计

一、实训目的

通过案例分析和讨论,学生能够了解组织结构类型。

通过对中小企业组织结构调研,学生增强对企业组织结构的感性认识,并掌握对企业组织结构分析的初步能力。

通过模拟公司组织结构设计,学生培养对企业组织结构设计的运用能力。

二、基本知识要点

(一)组织结构设计的基本过程

1. 岗位设计——工作的专门化

组织结构设计的第一步是将实现组织目标必须进行的活动划分成最小的有机关联的部分,以形成相应的工作岗位。只有通过工作的专门化,才能挑选出具有不同才能的人去从事相应的不同性质的工作。在进行工作专门化划分后,通过估算每一项工作所需的时间,这就可计算出完成组织目标所需的操作人员数。操作人员数等于各项工作所需时间之和除以每个人一年的有效工作时间。

2. 部门化——工作的归类

将组织的任务分解成具体的工作以后,第二步就是将这些工作按某种原则合并成一些组织单元,如任务组、部门、处室等。常见的有职能部门化、产品部门化、地区部门化、顾客部门化和综合部门化方法等。

3.确定组织层次

部门化解决了各项工作如何进行归类以实现统一领导的问题,接下来需要解决的是组织层次问题,即确定组织中每一个部门的职位等级数。组织层次的多少与管理幅度的大小有直接关系。在一个部门中的操作人员数一定的情况下,一个管理人员能直接管理的下属数越多,那么该部门内的组织层次也就越少,所需要的行政管理人员也越少;反之,一个管理人员能直接管辖的员工数越少,所需的管理人员就越多,相应地组织层次也越多。一般地,人们把管理幅度较大、组织层次较少的组织称为扁平型结构,把管理幅度较小、组织层次较多的组织称为锥型结构。

(二)常见的组织结构类型

1.直线—职能制(参见图 6-1)

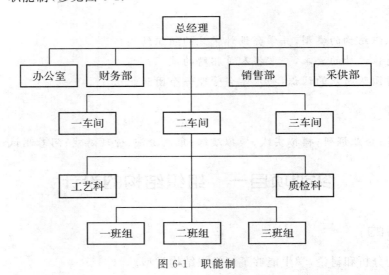

图 6-1　职能制

(1)特点:直线—职能制是建立在直线制和职能制基础上的。直线部门担负着实现组织目标的直接责任,并拥有对下属的指挥权;职能部门只是上级直线管理人员的参谋与助手,主要负责提建议、提供信息,对下级机构进行业务指导,但不能对下级之间管理人员发号施令。

(2)优点:既保持了直线制集中统一指挥的优点,又吸取了职能制发挥专业管理职能作用的长处。指挥权集中,决策迅速;分工细密,职责分明,易发挥组织的集团效率。

(3)缺点:不同的直线部门和职能部门之间的目标不易统一,相互之间不易协调;不利于培养熟悉全面情况的管理人员;不易迅速适应新情况。

(4)适用性:一般企业规模较小,产品品种较简单,工艺较稳定,销售情况较易掌握的情况下采用。

2.事业部制(参见图 6-2)

(1)特点:事业部一般按产品或地区划分,具有独立的产品或市场,能自主经营、独立核算;政策制定集权化,业务运营分权化;最高管理层是最高决策机构,各事业部在总目标的指导下,可自行处理其经营活动。

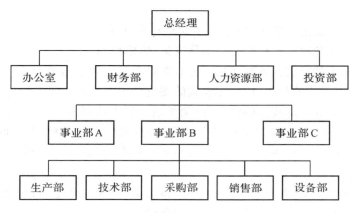

图 6-2　事业部制

（2）优点：有利于高层管理者集中精力考虑战略问题；有利于发挥各事业部的积极性、主动性；有利于培养高素质的管理人员。

（3）缺点：各事业部往往只重视眼前利益，本位主义严重，不利于协调一致；容易造成机构重叠，管理费用增加；对各事业部一级管理人员的水平要求较高。

（4）适用性：企业规模较大，产品种类较多的大型企业或跨国公司。

3.矩阵制（参见图 6-3）

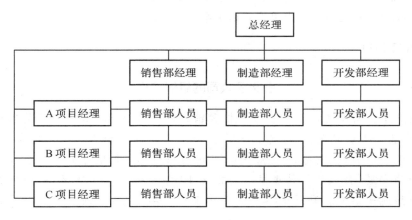

图 6-3　矩阵制

（1）特点：为了适应在一个组织内同时有几个项目需要完成，每一个项目又需要具有不同专长的人在一起工作才能完成这一特殊需求而形成的。该类型既有按管理职能设置的纵向组织系统，又有按产品、项目、任务等划分的横向组织系统。横向组织系统所需的人员从各职能部门抽调，他们既接受本职能部门的领导，又接受项目组的领导，一旦项目完成，该项目组即行撤销，人员回原部门工作。

（2）优点：有利于加强各部门之间的配合和信息交流；可避免各部门的重复劳动，加强组织的整体性；灵活性机动性较大。

（3）缺点：双重领导；稳定性差。

（4）适用性：创新任务较多、生产经营复杂多变的组织，如军工、航天工业，高科技产业。

4.委员会制

(1)特点:委员会是由一群人所组成,委员会中各个委员的权力是平等的,并依据少数服从多数的原则处理问题。它的特点是集体决策、集体行动。

委员会可以有多种形式。按时间长短分有常设委员会和临时委员会,按职权分有直线式的和参谋式的,直线式的如董事会,参谋式的委员会主要是为直线人员提供咨询和建议。

(2)优点:可以充分发挥集体的智慧,避免个别领导人的判断失误;少数服从多数,可防止个人滥用权力;地位平等,有利于从多个层次、多种角度考虑问题,并反映各方面人员的利益,有助于沟通和协调;可在一定程度上满足下属的参与感,有助于激发组织成员的积极性和主动性。

(3)缺点:做出决定往往需要较长时间;集体负责,个人责任不清;有委曲求全、折中调和的危险;有可能为某一特殊成员所把持,形同虚设。

三、实训内容、组织方式及步骤

实训内容Ⅰ:组织结构的设计

实训形式:

案例分析。

实训步骤:

第一步,要求参加实训的同学,课前查阅相关书籍,初步了解本次实训的理论基础知识。

第二步,以5—6人的小组为单位对以下案例资料进行阅读。

▷【案例分析6-1】

金果子公司的组织结构

金果子公司是美国南部一家种植和销售黄橙和桃子两大类水果的家庭式农场企业,由老祖父约翰逊50年前开办。公司长期以来积累了丰富的水果存储、运输和营销经验,能有效地向海内外市场提供保鲜、质好的水果。经过半个世纪以来的发展,公司已初具规模。老祖父10年前感到自己体衰,将公司的管理大权交给儿子杰克。孙子卡尔前两年从农学院毕业后,回到农场担任了父亲的助手。

金果子公司大体上开展如下三个方面的活动:有相当一批工人和管理人员在田间劳动,负责种植和收获橙和桃;一些人员从事发展研究,他们主要是高薪聘来的农业科学家,负责开发新的品种并设法提高产量水平;还有一些是市场营销活动,由一批经验丰富的销售人员组成,他们负责走访各地的水果批发商和零售商。公司的销售队伍实力强大,而且他们也像公司其他部门的员工一样,非常卖力地工作着。

不过,金果子公司目前规模已经发展得相当大了,杰克和儿子卡尔都感到有必要为公司建立起一种比较正规的组织结构,准备请管理咨询人员来帮助他们公司设计组织结构。

第三步,根据案例资料,如何帮助该公司设计组织结构,个人充分发表个人观点,进行讨论和分析,并记录。

第四步,各小组选出一名代表发言,对小组讨论分析结果进行总结。

第五步,以小组为单位对各种观点进行分析、归纳和要点提炼,完成案例分析发言提纲。

实训要求:查阅相关资料,完成案例分析与发言提纲,并能掌握组织结构设计的能力。各小组成员都应学会分析记录,并积极进行讨论,发表个人观点,认真完成实训内容。发言提纲要求语言流畅,文字简练,条理清晰。

实训内容Ⅱ:组织结构变革

实训形式:

案例分析。

实训步骤:

第一步,要求参加实训的同学,课前查阅相关书籍,初步了解本次实训的理论基础知识。

第二步,以 5—6 人的小组为单位对以下案例资料进行阅读。

⇨ 【案例分析 6-2】

利民公司组织结构变革

利民公司于 2000 年开创时只是一家小面包房,开设一家商店。到 2010 年因经营得法,公司又开设了另外 8 家商店,拥有 10 辆卡车,可将产品送往全市和近郊各工厂,公司职工达 120 人。

公司老板唐济简直是随心所欲地经营着他的企业,他的妻子和三个子女都被任命为高级职员。他的长子唐文曾经劝他编制组织结构图,明确公司各部门的权责,使管理更有条理。唐济却认为,由于没有组织图,他才可能机动地分配各部门的任务,这正是他取得成功的关键。正式的组织结构图会限制他的经营方式,使他不能适应环境和职员能力方面的变化。后来在 2012 年,唐文还是按现实情况绘出一张组织结构图,见图 6-4。由于感到很不合理,他没敢对父亲讲。

2013 年唐济突然去世,家人协商由刚从大学毕业的唐文继任总经理,掌握公司大权。唐文首先想到的是改革公司的组织结构,经过反复思考,设计出另一张组织结构图,见图 6-5。他自认为这一改革有许多好处,对公司发展有利。但又感到也会遇到一些问题,例如将家庭成员从重要职位上调开,可能使他们不满(尽管他了解公司职工对其父原来的安排都有些怨言)。于是他准备逐步实施这项改革,争取用一年左右的时间去完成它。

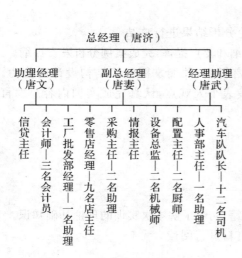

图6-4　2012年存在的组织结构

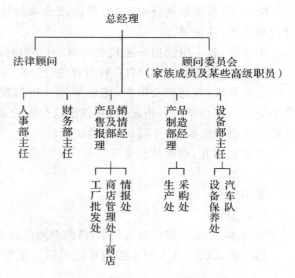

图6-5　2013年设计的组织结构

第三步,根据资料,针对以下问题进行分析讨论,个人充分发表个人观点,进行讨论和分析,并记录。

①该公司组织结构调整的特点是什么?

②你如何看待组织结构的调整?

第四步,各小组选出一名代表发言,对小组讨论分析结果进行总结。

第五步,以小组为单位对各种观点进行分析、归纳和要点提炼,完成案例分析发言提纲。

实训要求:查阅相关资料,通过对资料分组进行讨论分析,学生增强对组织结构的理性认识,并完成发言稿。发言提纲要求语言流畅,文字简练,条理清晰。

实训内容Ⅲ:中小企业组织结构调研

实训形式:

企业调研。

实训步骤:

第一步,每个小组自由选择一个中小企业作为调研对象。

第二步,做好调研前的各项准备工作,包括问卷和访谈问题。

第三步,下企业调研。

第四步,将调研的情况进行分析、统计,并形成书面报告上交。

实训要求:通过对中小企业组织结构调研,学生要熟悉企业组织结构图,对企业制度、部门、岗位有个初步认识。

实训内容Ⅳ:模拟公司组织结构设计

实训形式:

模拟实践。

实训步骤:

第一步,每个小组根据自身情况创建一个模拟公司。

第二步,每个小组集体讨论适合的组织结构类型。

第三步,对各种观点进行分析、归纳和要点提炼,最终选择一种组织结构类型。

第四步,各小组选出一名代表发言,由其对小组讨论分析结果进行总结。

第五步,将讨论的结果形成一份组织结构设计图上交。

实训要求:通过对新组建的模拟公司进行组织结构设计,学生能准确分析企业内部的部门、组织层次及适合的组织结构,掌握并能熟练运用所学知识。

四、实训时间及成绩评定

(一)实训时间

实训内容Ⅰ:资料分析讨论时间以 30 分钟为宜,各小组代表发言时间控制在 3 分钟。

实训内容Ⅱ:资料分析讨论时间以 30 分钟为宜,各小组代表发言时间控制在 3 分钟。

实训内容Ⅲ:下企业调研时间自由安排,要求各小组在布置任务后两周内上交调研报告。

实训内容Ⅳ:模拟公司组织结构设计的时间自由安排,要求各小组在布置任务后两周内上交报告。

(二)实训成绩评定

(1)实训成绩按优秀、良好、中等、及格、不及格 5 个等级评定。

(2)实训成绩评定准则。

①是否能够对组织结构有感性认识。

②是否能完成调研的任务。

③是否能熟练准确地设计组织结构图。

实训项目二　岗位设计与人员招聘

一、实训目的

通过岗位设计与人员招聘的模拟演练,学生提高对企业岗位设计和人员招聘的感性认识,并掌握人员招聘的流程。

二、基本知识要点

(一)岗位特征模型

根据岗位特征模型(job characteristics model,JCM),任何岗位都可以从五个维度描述其主要特征。

(1)技能多样化:要求员工使用多种技能从事各种不同的行为的程度。

(2)任务的特性:要求完成全部的和具有同一性的任务的程度。

(3)任务重要性:一个岗位对其他人的工作和生活具有实质性影响的程度。

(4)工作自主性:一个岗位给予任职者在安排工作进度和决定工作方法方面提供的实质性自由、独立和自主的程度。

（5）信息的反馈：任职者从事该岗位工作时所能获得的有关其绩效信息的直接程度和清晰程度。

岗位特征模型指出，技能多样化、任务的特性和任务重要性共同创造了有意义的工作。也就是说，当一个岗位具有以上三种特征时，可以预计任职者将会把他的岗位看作重要的、有价值的。另外，具有工作自主性的岗位会给任职者带来一种对工作结果的个人责任感，而如果该岗位能获得工作绩效反馈，则员工可以知道他所进行的工作效果。

（二）岗位设计方法

1.职责专门化

一直以来，人们在岗位设计时都注重工作的专门化，即将岗位设计得尽可能简单，将工作划分得更细小和更专业化。根据亚当·斯密的劳动分工和泰勒的科学管理原理，职责专门化有助于提高员工的工作熟练程度，从而可以取得更高的效率和更好的业绩。但是过于专门化的工作同样会导致员工的不满。随着组织中知识性员工的日益增加，这种根据职责专门化方法设计的岗位越来越受到挑战。

2.职责扩大化

避免职责专门化及其缺陷的一种早期努力是职责扩大化。职责扩大化是通过增加一个岗位所包含的不同任务的数目从横向扩展岗位工作内容，从而减少该岗位中同一任务被重复执行的频率。在员工的能力没有被充分利用而且员工渴望更多的挑战和责任时，根据职责扩大化方法设计岗位往往能使员工对岗位工作更满意。

3.职责丰富化

为了克服职责扩大化的缺陷，人们进一步提出了职责丰富化方法。所谓职责丰富化，是通过增加工作深度使员工得以对他们的工作实行更大的控制，从而将更多的工作意义和挑战增加到工作之中。

（三）人员配备的原则

1.因事择人、适应发展原则

组织中配备一定人员的目的在于希望其能够做好组织所分配的任务，从而为实现组织目标做出其应有的贡献。为此就要求在人员配备过程中，根据工作需要配备具备相应知识和能力的人员，因事择人是人员配备的首要原则。

2.因材器使、客观公正原则

因材器使就是要求在人员配备过程中，根据一个人的特长和兴趣爱好来分配不同的工作，以最大限度地发挥其才能和调动其积极性。客观公正原则要求在人员配备过程中，明确表明组织的用人理念，为人们提供平等的就业、上岗和培训机会，对素质能力和工作绩效进行客观的评价，以最大限度地获得社会和员工的理解与支持。

3.合理匹配、动态平衡原则

合理匹配是指人员配备除了要根据各个岗位职责要求配备相应的符合岗位素质要求的人员以外，还要求合理配置同一部门中不同岗位和层次间的人员，以保证同一部门中的人员能协调一致地开展工作，充分发挥群体的功能。动态平衡原则要求组织根据组织和员工的变化，对人与事的匹配进行动态调整。通过人与工作的动态平衡，绝大多数员工能够得到合理使用，实现组织目标所需要开展的工作都有合适的人来承担。

(四)人员招聘的途径

1.内部招聘

组织内部招聘的方式是"布告"招聘,即在本单位的布告栏中张贴招聘启事,动员符合条件的本单位人员应聘。从广义上讲,组织内部人员的调整,如把某些人员晋升或调任到另一些空缺的岗位上,也可看作内部招聘。

2.外部招聘

组织外部招聘是常规性途径。外部招聘的途径多种多样,大致可归结为以下几种:广告招募、校园招募、劳动力市场、职业介绍所、员工推荐、直接申请等其他途径。

(五)人员招聘的程序

1.初选

初步筛选一般采用申请表分析和资格审查方法,必要时也可通过与应聘者的简短会面、交谈,淘汰那些不能达到岗位任职基本条件的应聘者。

2.笔试

在初选的基础上,对相对有限的应聘者进行书面测试。包括:智力与知识测试,个性和兴趣测试。对应聘者以上各方面的测评,可以对应聘者适合岗位要求的程度做进一步的客观评价。

3.面试

通过面对面的接触,用人组织进一步了解应聘者各方面情况。面试按提问的技术方法不同可分为结构化面试、非结构化面试和混合式面试;按参加面试的人数多少可分为个别面试和集体面试。面试中也常采用竞聘演讲与答辩、案例分析等方式。

4.体检

根据以上几方面的评价结果,由用人部门、人力资源管理部门、分管领导一起确定最符合招聘岗位上岗素质要求者为初步录用人员。对于初步录用人员,用人组织发出体检通知书,组织体检。

5.试用

根据体检结果,用人组织最终确定录用人员名单,并与录用人员签订聘用合同。在聘用合同中一般应规定一个试用期,以便在试用期内对录用者是否符合录用条件和能否胜任岗位做出实际鉴定,同时也有利于组织对录用者进行文化理念与工作方法上的指导,使其尽快熟悉工作。

三、实训内容、组织方式及步骤

实训内容Ⅰ:岗位设计

实训形式:

模拟实践。

实训步骤:

第一步,实训前准备。要求参加实训的同学,课前查阅相关书籍,初步了解本次实训的理论基础知识。

第二步,以小组为单位进行讨论,个人充分发表个人观点。

第三步,对各种观点进行分析、归纳和要点提炼,设计出模拟公司内部所需岗位及岗位要求。

第四步,各小组把讨论结果形成文字稿上交。

实训要求:结合所学理论知识,分组进行讨论,要求对所在模拟公司进行岗位设计,提高对岗位的理性认识。

实训内容Ⅱ:模拟公司人员招聘会

实训形式:

模拟演练、角色扮演。

实训步骤:

第一步,各小组结合所需岗位,制订人员招聘的计划,包括招聘目的、招聘岗位、招聘流程等。

第二步,各小组根据招聘计划做好模拟招聘会前的充分准备,做好人员分工。

第三步,每个人要写出应聘提纲,或应聘演讲稿,做好模拟应聘的准备。

第四步,模拟招聘会分两场进行,第一场的招聘公司、应聘人员分别是第二场的应聘人员、招聘公司。

第五步,综合教师、同学及招聘公司的意见,最终决定入选的人员。

第六步,教师根据学生事先准备工作及临场表现进行综合评价,给予成绩。

实训要求:要求结合岗位设计结果,通过模拟招聘会,学生掌握人员招聘的流程和注意事项。

四、实训时间及成绩评定

(一)实训时间

实训内容Ⅰ:岗位设计时间安排在课后,各小组可自由安排,要求在下一次课前完成。

实训内容Ⅱ:模拟招聘会每一场时间控制在 45 分钟,两场招聘会可分两次课进行。

(二)实训成绩评定

(1)实训成绩按优秀、良好、中等、及格、不及格 5 个等级评定。

(2)实训成绩评定准则。

①是否掌握岗位设计的内容。

②是否掌握了人员招聘程序。

③是否能够完成撰写一份规范的人员招聘计划书。

④是否能够在模拟招聘会现场积极应对和配合。

实训项目三　团队组织管理

一、实训目的

通过管理游戏实训,学生能够形成对团队的初步认识,并能够意识到组织管理的重要性。

通过自我测试问卷实训,学生能够加深对团队管理的印象。

通过户外拓展实训,学生能够培养团队合作意识,提高对团队的理性认识。

二、基本知识要点

(一)团队的概念和角色

团队,在英文中叫作 team,是由一群有着共同目标、分工明确而又相互协同的人群形成的战斗团队。团队不同于群体。群体,在英文中叫作 group,可能只是一群乌合之众,并不具备高度的战斗能力。

一个完整的团队应该配备哪些角色,学者们各有各的观点。但是,队长、评论员、执行人、外联负责人、协调人、出主意者、督察等角色,都是人们经常见到的团队中的活跃分子。

(二)团队形成的三个条件

作为团队,必须满足下面三个条件。其一,自主性。成员能自主运作,不用逢事就向管理者请示。成员向管理者寻求帮助的次数越多,组织的自主性越差。其二,思考性。管理者下达意见、给出主张,是管理者在动脑筋,而被管理者就没有思考性。员工普遍具有独立的思考性,是团队形成的必要条件。管理者过多地独自决策,容易抹杀公司员工的思考性。其三,合作性。俗话说:"众人拾柴火焰高。"成员要善于和周围的人合作。

(三)形成团队意识

为了团队目标的达成,成功的团队首先应当形成五种思想意识,即目标意识、集体意识、服务意识、竞争意识和危机意识。

(1)目标意识:强调目标到人,团队中每个人必须有明确的目标;强调个人目标与团队目标相结合。除完成项目任务外,每个人必须有明确的自身发展目标,并将自己的发展目标和团队大目标有效地结合起来;强调各成员的责任心,按要求完成目标需要每个团队成员的高度责任心做保障。

(2)集体意识:形成集体成功观,将个人的成功融入集体的成功之中。只有团队成功,才谈得上个人的成功;相反,团队的失败会使所有人所付出的努力付诸东流。形成有效的沟通文化,使团队中所有成员可以及时而有效地沟通,相互理解。当团队中出现意见分歧时,分歧双方的基本态度应该是说服对方而非强制对方。

(3)服务意识:服务有面向客户的服务和面向团队内部的服务。团队成员都要追求客户满意这一目标,而非追求技术高难、业界一流等指标。团队成员面向客户的态度好坏,可以决定团队目标的成败。团队成员还需要具有面向团队内部的服务,只有服务意识的完备,才有精诚团结的可能。

(4)竞争意识:引入竞争机制,形成人人都努力向前的团队氛围,使贡献大、责任大的成员得到丰厚的报酬,形成良好的导向。

(5)危机意识:看到人与人之间的差距,意识到环境的压力,感受到行业、市场的危机。居安思危,让团队和个人始终保持着这种危机感受。团队成员要清醒地认识到:竞争对手正在虎视眈眈地盯着我们,等着我们犯错误。只有在这种状态下,团队才能维系其团结,长久地立于不败之地。

三、实训内容、组织方式及步骤

实训内容Ⅰ:管理游戏——集体智慧

实训形式:

管理游戏。

实训步骤：

第一步，根据教师的安排逐步完成管理游戏。

⇨【管理游戏6-1】

集体智慧

程序：

1. 请大家一起编一个故事，每人一次说一个词。提示：每个人都必须尽可能地选择那些有趣的、新颖的词。

2. 选一个志愿者给大家演示一下。你和志愿者一起虚构一个以"很久之前"开头的故事。

(1)你首先开始，你说"很久"，接着让志愿者说下一个词("以前")。这样每人轮流说一个词，直到获得一个正常的故事结尾。

(2)用"这个故事的寓意是……"作为故事的结尾，你和志愿者轮流说出一个词，提出一个有深刻意义的结尾。

3. 现在重新开始讲一个故事，并先提出一个新要求，这次说的词必须满足下面的特点。

(1)通俗易懂("要敢于说出单调、乏味的词")。

(2)尽可能给你前面的人说的词圆场。

第二步，以小组为单位结合所玩游戏进行讨论，分享每个人的体会和收获。

第三步，各小组对讨论结果进行提炼总结。

第四步，各小组选出一名代表发言，在全班进行游戏体会大分享。

实训要求：游戏结束后，每位学生必须填写一份"团队管理游戏体会报告"，要求语言流畅，文字简练，条理清晰。

实训内容Ⅱ：测试团队的健康度

实训形式：

问卷测试。

实训步骤：

第一步，发放测评问卷。

⇨【问卷测试】

团队健康度自我测试问卷

说明：

人们都希望有一种办法来了解自己的团队的现状，特别是想知道通常我们可以从哪些方面去评价一个团队，以及自己的团队在这些方面的具体表现如何。一般地，我们可以从以下五个方面来评价团队的健康度。

①成员共同领导的程度。这是指一个团队的每一个成员都可以并有义务分

享一份领导责任,一个团队是大家共同来领导的。如果一个团队是独裁专制性的,那它的健康水平也就低。

②团队工作技能。这是指成员在一起工作相处的技巧。

③团队氛围。这是指团队成员共处的情绪和谐度和信任感。

④凝聚力。这是团体成员对目标的一致性。

⑤团队成员的贡献水平。这是指团队成员为实践自己的责任所付出的努力和成就程度。

管理者在建设团队方面,应当考虑从这样五个方面入手。如果一个团队在这几个方面都很出色,那它就是一个优秀的团队,也就必定会是一个高绩效的团体。

程序:

1.请用 1—4 分评定下列各种陈述是否符合你所在的团队。1 分表示"不适合",2 分表示"偶尔适合",3 分表示"基本适合",4 分表示"完全适合"。

2.以下为 25 个问题,请分别进行打分。

(1)每个人有同等发言权并得到同等重视。

(2)把团队会议看作头等大事。

(3)大家都知道可以互相依靠。

(4)我们的目标、要求明确并达成一致。

(5)团队成员实践他们的承诺。

(6)大家把参与看作自己的责任。

(7)我们的会议成熟、卓有成效。

(8)大家在团队内体验到透明和信任感。

(9)对于实现目标,大家有强烈一致的信念。

(10)每个人都表现出愿为团队的成功分担责任。

(11)每个人的意见总能被充分利用。

(12)大家都完全参与到团队会议中去。

(13)团队成员不允许个人事务妨碍团队的绩效。

(14)我们每一个人的角色十分明确,并为所有的成员所接收。

(15)每个人都让大家充分了解自己。

(16)在决策时我们总请适当的人参与。

(17)在团队会议时大家专注于主题并遵守时间。

(18)大家感到能自由地表达自己真实的看法。

(19)如果让大家分别列出团队的重要事宜,每个人的看法会十分相似。

(20)大家都能主动而创造性地提出自己的想法和考虑。

(21)所有的人都能了解充分的信息。

(22)大家都很擅长达成一致意见。

(23)大家相互尊敬。

(24)在决策时,大家能顾全大局,分清主次。

(25)每个人都努力完成自己的任务。

3.1—25 条目共分为 5 项内容,在上面分别为 A,B,C,D,E 共 5 栏。

A	B	C	D	E
共同领导	团队工作技能	团队氛围	团队凝聚力	成员贡献水平
1 _____	2 _____	3 _____	4 _____	5 _____
6 _____	7 _____	8 _____	9 _____	10 _____
11 _____	12 _____	13 _____	14 _____	15 _____
16 _____	17 _____	18 _____	19 _____	20 _____
21 _____	22 _____	23 _____	24 _____	25 _____

把各栏中所标题目的相应评分累加起来,就得到各栏的分数,它们的含义是:

A＝共同领导;B＝团队工作技能;C＝团队氛围;D＝团队凝聚力;E＝成员贡献水平;

每一项的满分为 20,每项的得分越高越好。

4.比较所在团队不同方面的得分,就可以粗略地了解自己的团队的长短。如果让所在团队的每一个成员都做以下评定,就可以得到两种结果:其一,得到团队成员对团队的总体(平均化)评价;其二,可以比较总体评价和每一个团队成员的评价,了解每一个人与其他人的看法的差距。这些结果都可以应用于团队建设的具体设计中去。

第二步,仔细研读问卷的要求,填写测评表。

第三步,测评完成后上交测评表。

实训要求:学生充分配合,按照测评的程序完成。

实训内容Ⅲ:户外拓展

实训形式:

户外拓展。

实训步骤:

户外拓展视条件而定是否开展,如确定要开展,时间自由安排。

实训要求:学生服从统一管理,拓展过程中积极配合。

四、实训时间及成绩评定

(一)实训时间

实训内容Ⅰ:游戏时间控制在 30 分钟,各小组代表讨论时间控制在 5 分钟,全班体会大分享以 20 分钟为宜。

实训内容Ⅱ:测评时间控制在 15 分钟。

实训内容Ⅲ:户外拓展时间自由安排。

(二)实训成绩评定

(1)实训成绩按优秀、良好、中等、及格、不及格 5 个等级评定。

(2)实训成绩评定准则。

①是否理解团队管理的概念及其重要性。

②是否掌握团队管理的方法和技巧。

③是否在管理游戏实施过程中积极应对和配合。

模块七

领导和领导艺术

≫ ≫ ≫   ≫

实训目标

1. 能正确识别领导和管理的区别；
2. 能描述领导者怎样影响和授权给团队成员；
3. 能鉴别重要的领导特质和行为；
4. 培养处理管理冲突、有效指挥的能力；
5. 培养作为领导的个人素质和基本技能。

实训手段

案例分析；管理游戏；心理测试；角色扮演；情景模拟；扩展阅读；演讲比赛

实训项目一　领导者和管理者的区别

一、实训目的

通过案例学习和分析，学生了解领导的实质及领导者与管理者的联系和区别；理解和掌握领导者拥有的权力以及如何正确运用权力的过程，培养学生处理管理冲突、解决实际问题的能力。

通过管理游戏，学生了解领导手段及其运用要领，学会如何以清晰地发出指令实现高效沟通。

二、基本知识要点

(一)领导的含义

管理者按顺序进行计划、组织职能之后，就要执行领导职能，即领导所属人员去实现组织的目标。这是管理者最经常性的职能。

领导是指管理者指挥、带领和激励下属努力实现组织目标的行为。这个定义包含三方面内容：①领导的主体是组织的管理者，领导的客体是管理者的部下，有部下并对其施加影响才可称之为领导；②领导的作用方式是带领与影响，包括指挥、激励、沟通等多种手段；③领导的目的是有效实现组织的目标；④领导是管理者一种有目的的行为，是管理者的一个重要职能。

(二)领导的实质

领导实质上是一种对他人的影响力,即管理者对下属及组织的行为与心理的影响力。这种影响力能改变或推动下属及组织的行为,从而有利于实现组织目标。这种影响力可以称为领导力量或领导者影响力,管理者对下属及组织施加影响力的过程就是领导的过程。

领导工作有效性的核心内容是领导者影响力的大小及其有效程度。管理者要实施有效的领导,关键就是要增强其对下属及组织影响力的强度与有效性。

(三)领导手段

领导作为一种影响力,其施加作用的方式或手段主要有指挥、激励和沟通。

指挥,是指管理者凭借权威,直接命令或指导下属行事的行为。指挥的具体形式有:部署、命令、指示、要求、指导、协调等。指挥具有强制性、直接性、时效性等特点。指挥是管理者最经常使用的领导手段。

激励,是指管理者通过作用于下属心理来激发其动机、推动其行为的过程。激励的具体形式包括能够满足人的需要,特别是心理需要的种种手段。激励具有自觉自愿性、间接性和作用持久性等特点。激励是管理者调动下属积极性、增强群体凝聚力的基本途径。

沟通,是指管理者为有效推进工作而交换信息,交流情感,协调关系的过程。沟通的具体形式包括:信息的传输、交换与反馈,人际交往与关系融通,说服与促成态度(行为)的改变等。这是管理者保证管理系统有效运行,提高整体效应的经常性职能。

管理者经常进行各种协调工作。领导也是一种服务,即为下级出主意,提供帮助,创造条件等。这些工作形式与上述三种领导手段有一定程度的交叉。

(四)领导者的权力

1. 职权

职权,又称正式的权力,是由于管理者占据了相应职位而拥有的权利,来源于组织的授权。主要包括以下三种权力,如表7-1所示。

(1)支配权

管理者在其分管的工作范围内具有确定工作目标、建立相应组织、制定规章制度、组织开展活动的决策权和对下属的工作调配权。这种支配权是由管理者的地位或在组织权力阶层中的角色所赋予的。

(2)强制权

强制权是与威胁相联系的迫使他人服从的力量。在某些情况下,管理者是依赖于强制权来迫使下属服从自己的命令的。下级出于恐惧的心理而服从领导。

(3)奖赏权

奖赏权通过给予一定的奖励来诱使下属做出组织所希望的行动。当管理者要求下属付出额外的劳动或从事下属岗位职责以外的工作时,管理者就不可以通过强制权来迫使下属服从,而要通过奖赏权来诱使下属服从。下级为了获得奖赏而追随或服从领导。

表 7-1　职权的合理使用

项目	构　成		
	支配权	强制权	奖赏权
性质	命令	惩罚	奖励
作用	必须服从	迫使	诱使
作用基础	工作需要	下属惧怕	交换原则
适用范围	工作职责	要下属履行职责	额外工作

2.威信

威信,又称非正式权力,是指由管理者的能力、知识、品德、作风等个人因素所产生的影响力。这种影响力是与特定的个人相联系的,与其在组织中的职位没有必然的联系。由于这种影响力是建立在下属信服基础之上的,因此有时能发挥比正式职权更大的作用。

(1)专长权

专长权是指领导者由于自身具有业务专长而拥有的影响力。下级会出于对领导者的信任与佩服而服从领导。

(2)表率权

表率权是指领导者率先垂范,由其表率作用而形成的影响力。下级会出于敬佩而追随与服从。

(3)亲和权

亲和权是指领导者借助与部下的融洽与亲密关系而形成的影响力。下级愿意追随与服从和自己有密切关系的领导。

这六种影响力既是领导者权力的来源,又是领导者提高权威的途径。

(五)领导者与管理者的区别

管理的活动是多种多样的,它比领导活动的范围要广泛得多,而领导活动只是组织中若干类管理活动中的一种,如表 7-2 所示。

表 7-2　领导和管理的区别

项　目	管　理	领　导
对　象	人、财、物、信息	人
变　动	小(规范化)	大(因人而异)
管制方法	规章制度、流程	愿景、文化、理念
进行方式	指示、督促、考核	期望、鼓励、承诺
经常用语	效率、标准、系统	荣誉、自觉、激励

通过以上分析,我们可以得出以下结论:领导者和管理者的性质和工作内容不同。领导者不一定是管理者,而在理想的状态下,所有的管理者都是领导者,一般来说,管理者使事情做得正确,领导者做正确的事情。领导是为组织活动指明方向、开拓局面的行为,而管理则是为组织活动建立秩序、维持动作的行为。领导主要解决的是管理过程中战略性的问

题,而管理则是解决组织活动的秩序和效率问题;领导从本质上而言是一种影响力,或者说是对他人施加影响的过程,通过这一过程,可以使下属自觉地为实现共同目标而努力。

管理学探讨的是:管理者如何成为领导者。

三、实训内容、组织方式及步骤

实训内容Ⅰ:领导者的作用

实训形式:

案例分析。

实训步骤:

第一步,实训前准备。要求课前查阅相关书籍,学生初步了解本次实训的理论基础知识。

第二步,以5—6人的小组为单位对以下案例资料进行阅读。

�□➤【案例分析7-1】

吾所以有天下者何?

据《史记》载:项羽与刘邦均为秦末农民战争中崛起的义军将领。项羽率军亡秦,自立为"西楚霸王",并大封诸侯,封刘邦为汉王。随即二人为争夺皇位而逐鹿中原,展开了长达五年的楚汉战争。战争的结果,刘邦以弱胜强,建立了统一的西汉王朝。底层出身、无明显的一技之长、且有些流氓习性的刘邦,为何在秦末群雄中脱颖而出,成为最后的胜利者呢? 对此,刘邦当皇帝后,和群臣讨论过,自己也总结过。

汉高祖六年(公元前201年)五月,一日,刘邦置酒洛阳南宫,刘邦问:"列侯诸将无敢隐朕,皆言其情。吾所以有天下者何? 项氏之所以失天下者何?"

高起、王陵回答说:"陛下慢而侮人,项羽仁而爱人。然陛下使人攻城略地,所降下者因以予之,与天下同利也。项羽妒贤嫉能,有功者害之,贤者疑之,战胜而不予人功,得地而不予人利,此所以失天下也。"

刘邦笑道:"公知其一,未知其二。夫运筹策帷帐之中,决胜于千里之外,吾不如子房;镇国家,抚百姓,给粮饷,不绝粮道,吾不如萧何;连百万之军,战必胜,攻必取,吾不如韩信。此三者,皆人杰,吾能用之,此吾所以取天下也。"

刘邦与韩信谈论带兵之事。刘邦问韩信:"像我这样的人能带多少兵?"韩信答:"陛下顶多能带十万。"刘邦又问:"那么你能带多少?"韩信答:"臣多多益善。"刘邦笑道:"多多益善,何为我擒?"韩信说:"陛下不能将兵,而善将将,此信所以为陛下擒也。"军中有善帅者,也有善将者。

第三步,根据案例资料,谈谈领导者和管理者的区别和联系,个人充分发表个人观点,进行讨论和分析,并记录。

第四步,各小组选出一名代表发言,对小组讨论分析结果进行总结。

第五步,以小组为单位对各种观点进行分析、归纳和要点提炼,完成案例分析发言提纲。

实训要求：查阅相关资料，完成案例分析与发言提纲，并能掌握领导及领导者的基本内涵；各小组成员都应学会讨论分析记录，并积极进行讨论，发表个人观点，认真完成实训内容。发言提纲要求语言流畅，文字简练，条理清晰。

实训内容Ⅱ：现场模拟指挥

实训形式：

管理游戏。

需要的材料：一双短袜，一双球鞋，其中一只网球鞋没系上鞋带，向学生分发的材料，人手一份。

实训步骤：

第一步，实训前准备。课前选择一位同学扮演"外星人"，通过培训，学生明确游戏的过程和要领。

第二步，向学生分发材料，然后学生按自己的想法指导"外星人"穿鞋袜。

附：向学生分发的材料（或放映幻灯片）。

穿网球鞋的外星人

这是个到达地球的外星人，这个外星人双脚穿鞋和袜子，然而出于好奇，这个外星人脱下了一只鞋和袜子，现在他不知道怎么穿回去了。

作为一个热心的地球人你来教他系好鞋带，然后将袜子和系上鞋带的鞋穿回脚上。你的任务是进行清晰的指导（抵达地球之前，外星人接收过汉语速成班，但是根本不会说）。外星人没有能力模仿你，所以你穿自己的鞋和袜子，对他们没有任何的帮助。外星人的另一个特点是一次只能听一个人说话，请和其他参与者相互配合，轮流进行指导。

对了，再提醒一点：不要碰这个外星人，如果你碰了他，没有人会确定将会发生什么？上次碰了这个外星人的人当时就被蒸发掉了。

第三步，游戏的基本过程。

【管理游戏 7-1】

"穿网球鞋的外星人"

基本过程：

1. 教师自己或请一位学生扮演"外星人"，走进教室，一只脚穿着袜子和系了鞋带的鞋，另一只脚则光着。然后坐下，将短袜、鞋带和网球鞋放在桌面上，等大家给以指导。

2. "外星人"的任务是帮助参与者认识到，他们做出的指令必须意思清晰。不要说话，完全按照他们的指令去做。如果一个参与者说"将短袜放在脚上"，"外星人"就捡起短袜放在脚上。如果参与者说"捡起鞋带"，"外星人"就从中间捡起鞋带，而不是从两头。如果参与者说"将鞋带穿进鞋上的孔"，"外星人"就将鞋带的头部穿进任何一个孔，而不一定是第一个，或者是将鞋带整个塞进孔里。

3. 如果几个参与者同时对"外星人"进行指导，或某个参与者变得过于情绪化，失落或骂人，"外星人"可以停下来，装傻。如果参与者有对"外星人"说了或做了"外星人"愿意继续游戏的事,"外星人"可以继续配合他们进行游戏。

　　4.限时 10 分钟,停止活动,提出问题。如果时间允许,继续这个游戏,参与者再进行第二轮指导。

第四步,游戏结束后,根据以下问题,自由发言,发表自己的看法。

①你从指导"外星人"中学会了什么?

②在这个游戏中,你会看到"外星人"有时听从指导,有时又不听从指导。那么你该怎样让"外星人"理解你的指导并加以实施呢?

③你怎样才能更好地指导"外星人"呢?

第五步,在讨论的基础上,每位学生上交游戏感想一份。

实训要求:师生共同完成一项管理游戏"穿网球鞋的外星人",目的是参与者学会清晰地发出指挥的命令;参与者在游戏中口头教一位"外星人"穿短袜和网球鞋,不允许进行示范。游戏过程中要保持良好的课堂秩序。

实训内容Ⅲ:权力的使用

实训形式:

案例分析。

实训步骤:

第一步,实训前准备。每个人认真阅读分析案例,初步了解本次实训的理论基础知识。

第二步,以 5—6 人的小组为单位对以下案例资料进行阅读。

➪【案例分析 7-2】

看球赛引起的风波

　　东风机械厂发生了这样一件事。金工车间是该厂唯一进行倒班的车间。一个星期六晚上,车间主任去查岗。发现上二班的年轻人几乎都不在岗位。据了解,他们都去看电视现场转播的足球比赛了。车间主任气坏了,在星期一的车间大会上,他一口气点了十几个人的名。没想到他的话音刚落,人群中不约而同地站起几个被点名的青年,他们不服气,异口同声地说:"主任,你调查了没有,我们并没有影响生产任务,而且……"主任没等几个青年把话说完,严厉地警告说:"我不管你们有什么理由,如果下次再发现谁脱岗去看电视,扣发当月的奖金。"

　　谁知,就在宣布"禁令"的那个星期的周末晚上,车间主任去查岗时又发现,上二班的 10 名青年中竟有 6 名不在岗。主任气得直跺脚,质问当班的班长是怎么回事。班长无可奈何地从工作服口袋中掏出三张病假条和三张调休条,说:"昨天都好好的,今天一上班都送来了。"说着,班长瞅了瞅正在大口大口吸烟的车间主任,然后朝围上来的工人挤了挤眼,凑到主任身边讨了根烟,边吸边劝道:"主任,说真格的,其实我也是身在曹营心在汉,那球赛太精彩了,您只要灵活一下,看完了电视大家再补上时间,不是两全其美吗?上个星期的二班,据我了解,他们为了看电视,星期五就把活提前干完了,您也不……"车间主任没等班长把话说完,扔掉还燃着的半截香烟,一声不吭地向车间对面还亮着灯的厂长办公室走去。剩下在场的十几个人,你看看我,我看看你,都在议论着这回该有好戏看了。

第三步,根据以下问题,个人充分发表个人观点,进行讨论和分析,并记录。

①车间主任会采取什么举动?

②你认为二班年轻人的做法合理吗?

③在一个组织中如何采取有效措施解决群体需要与组织目标的冲突?

④如果你是这位车间主任,应如何处理这件事?

第四步,各小组选出一名代表发言,对小组讨论分析结果进行总结。

第五步,以小组为单位对各种观点进行分析、归纳和要点提炼,完成案例分析发言提纲。

实训要求:本案例重点是分析企业管理中的实际矛盾,并能运用所学知识处理这一矛盾;要求每个人认真阅读分析案例,并查找有关资料;理解和掌握领导者拥有的权利及正确使用权力的过程。

四、实训时间及成绩评定

(一)实训时间

实训内容Ⅰ:课堂讨论 15 分钟左右。

实训内容Ⅱ:游戏过程控制在 15 分钟,分析和讨论 10 分钟。

实训内容Ⅲ:案例分析讨论时间以 30 分钟为宜,各小组代表发言时间控制在 3 分钟。

(二)实训成绩评定

1.实训成绩按优秀、良好、中等、及格、不及格 5 个等级评定。

2.实训成绩评定准则。

①是否理解领导的实质和手段。

②是否了解正确使用权力的过程。

③是否具有解决管理中实际问题和矛盾的基本能力。

④在管理游戏中表现积极主动。

实训项目二　领导方式与领导行为

一、实训目的

通过案例学习和分析,学生了解不同的领导类型,理解领导方式选择与特定环境的关系。

通过指导阅读名人传记,学生扩大视野,了解要成为一个成功的领导者所需要的主客观条件,总结卓越领导者的领导风格和特点。

一、基本知识点

(一)领导者的类型

1.按制度权力的集中与分散程度划分

(1)集权式领导者

所谓集权式领导者,就是指把管理的制度权力相对牢固地进行控制的领导者。由于管理的制度权力是由多种权力的细则构成的,如奖励权、强制权和收益的再分配权等,这就意味着对于被领导者或下属而言,受控制的力度较大。在整个组织内部,资源的流动及其效率主要取决于集权领导者对管理制度的理解和运用,同时,个人专长和影响是他行使上述制度权力成功与否的重要基础。这种领导者把权力的获取和利用看成自我的人生价值。这对于组织在发展初期和组织面临复杂突变的变量时,是有益处的。但是,长期将下属视为某种可控制的工具则不利于他们职业生涯的良性发展。

(2)民主式领导者

与集权式领导者形成鲜明对比的,是民主式领导者。民主式领导者的特征是向被领导者授权,鼓励下属的参与,并且主要依赖于其个人专长和影响影响下属。从管理学角度看,意味着民主式领导者通过对管理制度权力的分解,进一步通过激励下属的需要,去实现组织的目标。不过,由于这种权力的分散性使得组织内部资源的流动速度减缓,因为权力的分散一般导致决策速度降低,进而增大了组织内部的资源配置成本。但是,这种领导者对组织带来的好处也十分明显的。

2.按领导工作的侧重点不同划分

(1)事务型领导者

事务型领导者通过明确角色和任务要求而指导或激励下属向着既定的目标活动,并且尽量考虑和满足下属的社会需要,通过协作活动提高下属的生产力水平。他们对组织的管理职能推崇备至,对勤奋、谦和而且公正地把事情理顺、工作有条不紊地进行引以为豪。这种领导者重视非人格的绩效内容,如计划、日程和预算对组织有使命感,并且严格遵守组织的规范和价值观。

(2)变革型领导者

变革型领导者鼓励下属为了组织的利益而超越自身利益,并能对下属产生深远而且不同寻常的影响。他们关怀每一个下属的日常生活和发展需要;他们帮助下属用新观念看待老问题从而改变了下属对问题的看法;他们能够激励和鼓舞下属为达到群体目标而付出更大的努力。

(3)战略型领导者

战略型领导者的特征是用战略性思维进行决策。战略型领导者认为组织的资源由有形资源、无形资源和有目的地整合资源的能力构成。管理人力资本的能力是战略型领导者最重要的技能。战略型领导者行为的有效性,取决于他们鼓舞人心的、务实的决策。他们强调同行、上级和员工对于决策价值的反馈信息,讲究面对面的沟通方式。战略型领导者一般是指组织的高层管理人员,尤其是首席行政长官(CEO)。其他战略型领导者还包括企业的董事会成员、高层管理团队和各事业部门的总经理。

(4)领袖魅力型领导

领袖魅力是指远远超出一般的尊重、影响、钦佩和信任的、对追随者的情感具有震撼力的一种力量和气质。富于领袖魅力的领导者对下属具有某种影响力,这种影响力来自:①为下属建立一个令人憧憬的目标,例如马丁·路德·金(Martin Luther King)有一个对更美好世界的梦想,约翰·肯尼迪(John Kennedy)宣称要把人类送上月球等;②形成某种公司价值体系;③信任下属从而赢得下属的尊重。他们总是创造一种变革的环境,努力为追随者建立起一种富于竞争、成功与信任并传递高度期望值的氛围。他们都是善于雄辩的演讲者,显示出高超的语言技巧,而这种技巧能够帮助他们激励和鼓舞群众。如沃特·迪斯尼(Walt Disney)能用讲故事的方式迷倒人们,他具有巨大的创造才能,并把高品位、甘冒风险和创新所具有的重要价值观逐渐灌输到组织中去。拥有这些品质的领导者能得到追随者的信任,激发起其追随者的信心,使追随者接受服从,与其同喜同悲,令人钦佩及提高他们的工作绩效。

(二)领导理论

所谓领导理论,就是关于领导的有效性理论。人们对领导有效性的研究主要从三个方面进行。相应地,领导理论也分三大部分,即领导品质理论、领导行为理论和领导权变理论。

1. 领导品质理论

基本观点。领导品质理论是最古老的领导理论观点。关注领导者个人,并试图确定能够造就伟大管理者的共同特性。

领导品质理论按其对领导特性来源所做的不同解释,可分为传统领导品质理论和现代领导品质理论。传统领导品质理论认为,领导者拥有的品质和特性是天生的,是由遗传因素决定的。现代领导品质理论则认为,领导者的品质和特性是在实践中形成的,是可以通过后天的教育训练培养的。

2. 领导行为理论

基本观点。领导行为理论主要研究领导者应该做什么和怎样做才能使工作更有效,即研究领导者的行为风格对领导有效性的影响。其研究集中在两个方面:第一,领导者关注的重点是什么,是工作的任务绩效,还是群体维系? 第二,领导者的决策方式,即下属的参与程度。由于这两大因素的不同,产生了形形色色的领导方式。

领导行为理论的成果丰硕,这里重点介绍管理方格理论。

管理方格理论。此理论是由美国管理学家罗伯特·R. 布莱克(Rober R. Blake)和简·S. 莫顿(Jane S. Mouton)在 1964 年提出的。他们认为,领导者在对生产(工作)关心与对人关心之间存在着多种复杂的领导方式,因此,用两维坐标图来加以表示。以横坐标代表领导者对生产的关心,以纵坐标代表领导者对人的关心。各划分九个格,反映关心的程度。这样形成 81 种组合,代表各种各样的领导方式。如图 7-1 所示。

图 7-1　管理方格

管理方格中有五种典型的领导方式,简要分析如下所示。

（1）1.1：贫乏的管理（放任式管理）。领导者既不关心生产，也不关心人。是一种不称职的管理。

（2）1.9：俱乐部式的管理。领导者不关心生产任务，而只关心人，热衷于融洽的人际关系。这不利于生产任务的完成。

（3）9.1：任务式管理。领导者高度关心生产任务，而不关心员工。这种方式有利于短期内生产任务的完成，但容易引起员工的反感，于长期管理不利。

（4）9.9：团队式的管理。领导者既关心生产，又关心人，这是一种最理想的状态。但是，在现实中，这是很难做到的。

（5）5.5：中间式管理。即领导者对生产的关心与对人的关心都处于一个中等的水平上。在现实中相当一部分领导者都属于这一类。

一个领导者较为理性的选择是：在不低于5.5的水平上，根据生产任务与环境等情况，在一定时期内，在关心生产与关心人之间作适当的倾斜，实行一种动态的平衡，并努力向9.9靠拢。

3.领导权变理论

基本观点。权变理论又称情景理论。领导权变理论认为，不存在一种普遍适用、唯一正确的领导方式，只有结合具体情景，因时、因地、因事、因人制宜的领导方式，才是有效的领导方式。其基本观点可用下式反映：

有效领导＝F（领导者，被领导者，环境）　$[E=f(L,F,S)]$

即有效的领导是领导者自身、被领导者与领导过程所处的环境的函数。

领导权变理论，从时间上来说，比领导品质理论和领导行为理论晚，从内容上说，是在前两类理论的基础上发展起来的。它所关注的是领导者与被领导者及环境之间的相互影响。代表性的理论有以下几个：

- 费特勒模型
- 不成熟－成熟理论
- 应变领导模式理论
- 途径－目标理论

这里重点介绍"途径－目标理论"。加拿大多伦多大学教授罗伯特·豪斯（Robert House）把激发动机的期望理论和领导行为理论结合起来，提出了途径－目标理论。该理论认为，领导者可以而且应该根据不同的环境因素来调整自己的领导方式和作风。领导方式是由环境因素决定的，环境因素包括两个方面：第一，下属的特点，包括下属受教育的程度，下属对于参与管理、承担责任的态度，对本身独立自主性的要求程度等，领导者对于改变下属的特点一般是无能为力的，但可通过改变工作环境来充分发挥下属的特长；第二，工作环境特点，主要指工作本身的性质、组织性质等。

途径－目标理论认为，对于一个领导者来说，没有什么固定不变的领导方式，要根据不同的环境选用适当的领导方式。领导方式可分为四种。

指令型领导方式。领导者给下属明确任务目标，明确职责，严密监督，通过奖惩控制下属的行为。当工作任务模糊不清、变化大或下属对工作不熟悉，没有把握，感到无所适从时，这种方式是合适的。

支持型领导方式。领导者对下属友好，平等对待，关心下属的生活福利。这种领导方式特别适用于工作高度程序化,让人感到枯燥乏味的情境。既然工作本身缺乏吸引力,下属就希望上司能成为满意的源泉。

参与型领导方式。领导者鼓励下属参与任务目标决策和解决具体问题。当任务相当复杂需要组织成员间高度的相互协作时;或当下属拥有完成任务的足够能力并希望得到尊重和自我控制时,采用这种方式是合适的。

目标导向型领导方式。这是参与型领导方式的一种特殊类型,它主要强调目标设置的重要性,领导者通过为下属设置富有挑战性的目标和鼓励下属完成这些任务来管理下属。只要下属能完成目标,下属就有权自主决定怎么做。

途径一目标理论强调领导的有效性取决于领导行为、下属、任务之间的协调配合,领导者的职责在于帮助其下属实现个人目标并确保这些个人目标与组织目标或群体目标相一致。根据对追随者的特性和所处环境特点的分析,有针对性地选择恰当的领导方式,就能使下级获得满足,有效地实现组织的目标,如图 7-2 所示。

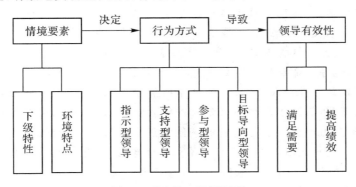

图 7-2 "途径一目标"理论

三、实训内容、组织方式及步骤

实训内容Ⅰ:领导行为和领导风格
实训形式:
案例分析。
实训步骤:
第一步,实训前准备。每个人认真阅读分析案例,初步了解本次实训的理论基础知识。
第二步,以 5—6 人的小组为单位对以下案例资料进行阅读。

▷【案例分析 7-3】

哪种领导类型最有效

ABC 公司是一家中等规模的汽车配件生产集团。最近,对该公司的三个重要部门经理进行了一次有关领导类型的调查。

一、安西尔

安西尔对他本部门的产出感到自豪。他总是强调对生产过程、产量控制的必要性,坚持下属人员必须很好地理解生产指令以得到迅速、完整、准确的反馈。安西尔当遇到小问题时,会放手交给下级去处理;当问题很严重时,他则委派几个有能力的下属人员去解决问题。通常情况下,他只是大致规定下属人员的工作方针、完成怎样的报告及完成期限。安西尔认为只有这样才能促进更好的合作,避免重复工作。

安西尔认为对下属人员采取敬而远之的态度对一个经理来说是最好的行为方式,所谓的"亲密无间"会松懈纪律。他不主张公开谴责或表扬某个员工,相信他的每一个下属人员都有自知之明。据安西尔说,在管理中的最大问题是下级不愿意接受责任。他讲到,他的下属人员可以有机会做许多事情,但他们并不是很努力地去做。他表示不能理解在以前他的下属人员如何能与一个毫无能力的前任经理相处,他说,他的上司对他们现在的工作运转情况非常满意。

二、鲍勃

鲍勃认为每个员工都有人权,他偏重于管理者有义务和责任去满足员工需要的学说。他说,他常为他的员工做一些小事,如给员工两张下月在伽利略城举行的艺术展览的入场券。他认为,每张门票才 15 美元,但对员工和他的妻子来说却远远超过 15 美元。这种方式,也是对员工过去几个月工作的肯定。

鲍勃说,他每天都要到工场去一趟,与至少 25％的员工交谈。

鲍勃不愿意为难别人,他认为安西尔的管理方式过于死板,安西尔的员工也许并不那么满意,但除了忍耐别无他法。鲍勃说,他已经意识到在管理中有不利因素,但大都是由于生产压力造成的。他的想法是以一个友好、粗线条的管理方式对待员工。他承认尽管在生产力上不如其他单位,但他相信他的雇员有高度的忠诚与士气,并坚信他们会因他的开明领导而努力工作。

三、查理

查理说他面临的基本问题是与其他部门的职责分工不清。他认为不论是否属于他们的任务都安排在他的部门,似乎上级并不清楚这些工作应该让谁做。查理承认他没有提出异议,他说这样做会使其他部门的经理产生反感。他们把查理看成朋友,而查理却不这样认为。查理说过去在不平等的分工会议上,他感到很窘迫,但现在适应了,其他部门的领导也不以为然了。

查理认为纪律就是使每个员工不停地工作,预测各种问题的发生。他认为作为一个好的管理者,没有时间像鲍勃那样握紧每一个员工的手,告诉他们正在从事一项伟大的工作。他相信如果一个经理声称为了决定将来的提薪与晋职而对员工的工作进行考核,那么,员工则会更多地考虑他们自己,由此而产生很多问题。

查理主张,一旦给一个员工分配了工作,就让他以自己的方式去做,取消工作检查。他相信大多数员工知道自己把工作做得怎么样。如果说存在问题,那就是他的工作范围和职责在生产过程中发生的混淆。查理的确想过,希望公司领导叫他到办公室听听他对某些工作的意见。然而,他并不能保证这样做不会引起风波而使情况有所改变。他说他正在考虑这些问题。

第三步,根据以下问题,个人充分发表个人观点,进行讨论和分析,并记录。

①你认为这三个部门经理各采取什么领导方式?试预测它们各自将产生什么结果。

②是否每一种领导方式在特定的环境下都有效？为什么？

第四步,各小组选出一名代表发言,对小组讨论分析结果进行总结。

第五步,对小组成员的各种观点进行分析、归纳和要点提炼,完成案例分析发言提纲。

实训要求:查阅相关资料,认真完成实训内容。发言提纲要求语言流畅,文字简练,条理清晰。

实训内容Ⅱ:领导行为和领导风格

实训形式:

扩展阅读"寻找名人的足迹"。

实训步骤:

第一步,提前两周布置阅读任务,同学们利用课下时间去图书馆借阅名人传记或利用网络阅读电子图书。

第二步,做好读书笔记,拟好发言提纲。

第三步,利用一节课的时间组织学生讨论,交流心得。

实训要求:在两周时间内,学生阅读1—2本伟人或企业家传记,总结他们的领导风格与特点,进行交流。

四、实训时间及成绩评定

(一)实训时间

实训内容Ⅰ:案例分析讨论时间以20分钟为宜,各小组代表发言时间控制在3分钟。

实训内容Ⅱ:阅读活动在课外完成。课堂交流安排1节课。

(二)实训成绩评定

1.实训成绩按优秀、良好、中等、及格、不及格5个等级评定。

2.实训成绩评定准则。

①是否掌握不同领导理论和方式的特点。

②是否理解领导方式与特定环境的关系。

③是否按要求认真阅读了传记或类似著作,有读书笔记。

实训项目三:领导者的素质

一、实训目的

了解自身的领导潜质。

了解领导者的基本素质。

学生培养协调与交涉的能力以及团队建设的能力。

二、基本知识要点

(一)领导者素质的定义

领导者的素质,是指在先天禀赋的生理和心理基础上,经过后天的学习和实践锻炼而形成的在领导工作中经常起作用的那些基础条件和内在要素的总和。在领导科学理论的研究中,人们一般把领导者的素质分为政治素质、思想素质、道德素质、文化素质、业务素质、身体素质和心理素质,以及领导和管理能力等。

(二)领导者素质特点

领导者素质具有时代性、综合性、层次性、实践性等特点。

1.领导者素质的时代性

不同的历史时期和不同的任务,对领导者素质有不同的要求。领导者的素质既有稳定性的一面,一经形成,便相对稳定地发挥作用;又处在不断变化之中,这也是领导者素质时代性的表现。这种变化可以是积极的、上行的,也可以是消极的、下行的。

2.领导者素质的综合性

领导者的素质是由诸多因素组成的一个有机的结构体系。我国古代有"德、识、才、学"的说法。美国著名领导学家华伦·本尼斯(Warren Bennis)有一个形象的比喻,他说,一个不败的领导人,必须依靠三条腿来支撑:第一,坚定的雄心壮志;第二,领导工作的才能;第三,优秀的道德品质,这些是领导者素质的最基本结构。领导者素质的综合性表现为德才兼备的全面性。

3.领导者素质的层次性

任何领导工作都是一个系统,都必须划分为若干层次。处于不同层级、肩负不同责任的领导者,其素质要求是不同的,应该区别对待,不能一刀切。

4.领导者素质的实践性

领导素质的提高,虽然与先天的生理素质有关,但绝不起决定性作用,关键是后天的社会实践。任何一位卓越的领导干部都不是天生的,都是在实践中经过锻炼而逐步成长起来的。社会实践是领导者素质养成和提高的重要途径。

(三)领导者素质的内容

一个领导者到底要具备什么样的素质才能够实施好的领导呢?除了从思想品德、知识文化、业务能力、身心素质等方面进行提炼和概括外,一些学者还做了更深入的研究,其中最著名的是20世纪70年代美国哈佛大学约翰·科特(John Kotter)教授关于领导者素质的研究。科特教授认为,领导和管理是两个截然不同的概念,管理者的工作是计划与预算、组织及配置人员、控制并解决问题,其目的是建立秩序;领导者的工作是确定方向、整合相关者、激励和鼓舞员工,其目的是产生变革。他在对多家企业的经理进行调查之后认为一个组织的领导者应该具备以下6个方面的素质。

1.行业知识和企业的知识

行业的知识主要包括:市场情况、竞争情况、产品情况和技术状况。企业的知识主要包括领导者是谁、他们成功的主要原因是什么、公司的文化渊源、公司的历史和现在的制度。

2.在公司和行业中拥有人际关系

人际关系首先要广泛,在企业活动涉及的各个领域拥有广泛的人际关系,越广越好。同时,这个关系必须是稳定的,不是短期的而是长期的,不是一次性的而是可以反复合作的。

3.信誉和工作记录

一个好的领导者必须有良好的职业信誉,有良好的工作记录。所以在探讨职业经理人的从业风险时,投资家会说:"我把资金交给职业经理人,那么他干得不好我的投资就没有了,所以我担的风险很大。"但是理论家们说,职业经理人所担的风险其实更大,因为作为投资家,这笔投资失败了他还可以去进行其他的投资,在这里损失了,在别处可以找回来。但作为职业经理人,如果他把这个公司做垮了,这项事业做失败了,那么他的信誉就会受影响,这个很差的工作记录永远无法抹去,这对他以后整个事业道路和人生发展都会产生不良影响,所以投资商是拿着自己财产中的一部分来冒可逆的风险,而职业经理人是拿着自己的整个职业生涯和自己的人生发展来做赌注。

4.基本的技能

包括:社会技能、概念技能和专业技能。概念技能主要指分析判断全局的能力和进行战略规划的能力,要求有敏捷的思路、强大的抽象思维做支撑。

5.要拥有个人价值观

这个价值观最基本的两条是:要有积极的行为准则;要保持客观公正的评价态度。

6.要拥有进取精神

具体来讲,这就是建立在自信基础上的成就和权力动机,并且领导者保持充沛的精力,能够全身心地投入工作。

三、实训内容及要求

实训内容Ⅰ:领导者的素质

实训形式:

"自我评估"测试。

实训要求:参加测试者必须如实回答,以便求得更正确的积分。

⤷【自我评估 7-1】

测试你的领导特质

请阅读下列各个句子,对于(a)句最能形容你时,请打[o];对于(b)句若对你来说,最不正确时,请打[o]。

1.(a)你是个大多数人都会向你求助的人。
　(b)你很激进,而且最注意自己的利益。

2.(a)你很能干,且比大多数人更能激发他人。
　(b)你会努力去争取一项职位,因为你可以对大多数人和所有的财务,掌握更大的职权。

3.(a)你会试着努力去影响所有事件的结果。
　(b)你会急着降低所有达成目标的障碍。

4.(a)很少有人像你那么有自信。
　(b)你想取得世上有关你想要的任何东西时,不会有疑惧。

5.(a)你有能力激发他人跟随你的领导。
　(b)你喜欢有人依你的命令行动;若必要的话,你不反对使用威胁的手段。

6.(a)你会尽力去影响所有事件的结果。
　(b)你会做全部重要的决策,并期望别人去实现它。

7. (a)你有吸引人的特殊魅力。

(b)你喜欢处理必须面对的各种情况。

8. (a)你会喜欢面对公司的管理人,咨询复杂问题。

(b)你会喜欢计划、指挥和控制一个部门的人员,以确保最佳的福利。

9. (a)你会向企业群体和公司咨询,以期改进效率。

(b)你对他人的生活和财务,会做决策。

10. (a)你会干涉官僚的推拖拉作风,并施压以改善其绩效。

(b)你会在金钱和福利重于人情利益的地方工作。

11. (a)你每天在太阳升起前,就开始了一天的工作,一直到傍晚六点整。

(b)为了达成既定目标,你会定期而权宜地解雇无生产力的员工。

12. (a)你会对他人的工作绩效负责,也就是说,你会判断他们的绩效,而不是你们的绩效。

(b)为求成功,你有废寝忘食的习性。

13. (a)你是一位真正自我开创的人,对所做的每件事充满着热忱。

(b)无论做什么,你都会做得比别人好。

14. (a)无论做什么,你都会努力追求最好、最高、第一。

(b)你具有挑战欲望、积极人格和奋斗精神,并能坚定地求得有价值的任何事情。

15. (a)你总是参与各项竞争活动,包括运动,并因有突出的表现而获得多项奖牌。

(b)赢取和成功对你来说,比参与的享受更重要。

16. (a)假如你能及时有所收获,你会更加坚持。

(b)你对所从事的事务,会很快就厌倦。

17. (a)本质上,你都依内在驱动力而行事,并以实现从未做过的事兴奋。

(b)作为一个自我要求的完美主义者,你常强迫自己有限地去实现理想。

18. (a)你实际上的目标感和方向感,远大于自己的设想。

(b)追求工作上的成功,对你来说,是最重要的。

19. (a)你会喜欢需要努力和快速决策的职位。

(b)你是坚守利润、成长和扩展概念的。

20. (a)在工作上,你比较喜欢独立和自由,远甚于高薪和职位安全。

(b)你会安于控制、权威和有强烈影响力的职位。

21. (a)你坚信凡是自身本分内的事,最能冒险的人,会赢得金钱上的最大报偿。

(b)有少数人判断你应比你本身更有自信些。

22. (a)你被公认为是有勇气的、生气蓬勃的,是乐观主义者。

(b)作为一个有志向的人,你能很快地把握住机会。

23. (a)你善于赞美他人,而且若是合宜的,你会准备加以信赖。

(b)你喜欢他人,但对他们以正确的方法行事之能力,很少有信心。

24. (a)你通常宁可给人不明确的利益,也不愿与他人公开争辩。

(b)当你面对着"说出那像什么时",你的作风是间接的。

25.(a)假如他人偏离正道,由于你是正直的,故你仍会无情地纠正。

(b)你是在强调适者生存的环境中长大的,故常自我设限。

结论检测:计算一下你圈(a)的数目,然后乘以 4,就是你领导特质的百分比。同样地,(b)所得的分数乘以 4,就是你管理特质的百分比。

领导人(a 的总数)×4= %

管理者(b 的总数)×4= %

结合测试结果,分析自身的领导潜质。

实训内容Ⅱ:领导的特质

实训形式:

角色扮演,演讲比赛。

实训步骤:

第一步,实训前准备。课前查阅相关书籍,学生了解本次实训的理论基础知识。

第二步,选择几位同学分别扮演下列资料中的角色。

【故事分享 7-1】

麻雀能担任领导者吗?

有一天,九只爵士鸟与国王老鹰开"圆桌会议"讨论未来之事。

老鹰:"欢迎光临,四方而来的朋友与臣子们。我召开此会议是要告诉你们,我已经不适合继续当你们的领袖了,因为我的翅膀已变得苍老又灰暗,再也不能翱翔高空;我的眼睛已经失去了锐利的光芒,只能看到最大的猎物;我的双爪不再强壮有力,只能捕捉最弱小的动物。我虽然仍能教导你们与你们的子孙,但我已经无力带领你们穿越狂风暴雨。你们都是与众不同的,因为伟大的上天并不会创造两个相似的个体。对你们而言,你们每一位都具有特殊的才能与贡献,但今天我们必须自你们中间选出水准最高者。"

乌鸦说:"老鹰大人,何不就选我呢? 我超凡出众,当我想在一棵树上时,其他的鸟都会让位给我。"

猫头鹰说:"乌鸦,你是出众,因为你恃强凌弱,且仅会说些闲言碎语伤害别人。你很懒散,但你不会在乎的;你不敢面对挑战,只能活在愚昧的行为里。因此,应该由我当领导人! 人们都说我聪明,因为我是你们之中最清醒的人。看我的头能转到任何一个方位,所以我无所不知。"

麻雀想:我是这群鸟中最平凡的,而且也没人说过我很独特或我有什么才能。我一直嫉妒乌鸦,因为他不会害臊,而且很聪明,总能以任何方法达到他所要的目的。猫头鹰的确见闻广博,应该是无所不知,但他却很少和其他人分享他的意念或感想。我不知道该怎么办。

隼说:"我应该当领导人! 老鹰和我是同一家族的,所以我应该继承领导人之位! 我们是优秀的猎人,而勇气便是我们的力量,绝不会有像我们这样勇敢的领导人。"

麻雀想：隼小姐的确很勇敢，但她不知道勇气除了是成为优秀猎人的条件外，还可用于更多地方吗？我只吃种子和虫子，但昨天我啄了想捉我妹妹的狐狸。

红头啄木鸟说："隼小姐，我同意勇气的确很重要，但是否有比您不断变大的肚子更需勇气的地方呢？而我，身为一只啄木鸟，能去除树木的致命害虫。我以虫子当食物，而且承诺拯救树木。我们怎能有一个不守承诺的领导者呢？"

猫头鹰说："你这只愚笨的红头啄木鸟！你的脑袋因愚蠢的啄木而变得如此不清楚。你吃的虫子还不够多到可以拯救树木的地步。"

麻雀想：天啊！至少红头啄木鸟对某个高于它自身价值的重要目标有所承诺。而且许多小涟漪亦能造成大波浪的。若我们大部分的人皆有像红头啄木鸟般的目标，那会如何呢？我也开始担心猫头鹰了，因为他总在批评别人的缺点而看不到别人的优点和长处。

天鹅说："拜托！看看最卓越出众的鸟——我吧！我是诚实与纯洁的女王。若不诚实就无法信任，若无法信任，那我们会如何呢？我甚至相信雨水的灵魂，并享受雨水打在我美丽羽毛上的感觉。而其他人却抱怨淋湿而躲在自己的巢中，你们躲避别人也就是躲避自己——你们躲避信任。"

鸽子说："我的天鹅女士，您太自夸了。我的确同意您的看法，但您爱自己胜过爱别人。若我们不知顾及别人也不与人分享，那我们的世界便不会和谐。当我还是只雏鸽时，我的父母即教导我领导最重要的法则便是：'己所不欲，勿施于人'。您没有足够的爱心体谅人，天鹅女士。"

麻雀想：天鹅与鸽子皆具有优秀领导者的特质，天鹅对人诚实，鸽子关爱、照顾别人。但上星期，我责备我的孩子偷了玩伴的虫子，我原谅了他们并且告诉他们要将食物与玩伴分享。但我以前从不认为自己是诚实或关爱他人的。

蜂鸟说："你们其中没有一个像我的身体一样娇小，但看看我能够做的事，我的翅膀长得又快又强壮，所以我可以飞到任何我想到的地方。所有的鸟类中，就数我最有自信，因为我曾克服重大困难。领导者就必须像我一样的自信。

嘲鸫说："哟！您是很有自信啊！但您一定看得到其他的鸟类，他们都拥有您所没有的领导能力与技巧。我是最好的演说家，我能模仿许多鸟类的声音，而且我能够与狗及青蛙说话。要成为一名让人民自由与和平的领导者，你必须要能与其他不同种族的生物沟通。"

麻雀想：自信与自我表达的能力是领导者所需要的，而我两者兼具。我很小，仅五寸高，且在两周大时即离开父母。学校的生活使我坚强，而我所犯的错误使我更加坚毅。我很快乐，并以我如旭日般的甜美歌声与其他人分享我的想法，让其他人都能听到我的歌声。

老鹰说："麻雀！麻雀！你睡着了吗？我们邀请你来不是只叫你坐着的！你来自鸟类数量最庞大的家族，但你一定也知道就算是麻雀也有他特别的地方。你与其他的爵士鸟有许多相似的地方，但你一定也有一些特别且有价值的贡献。为何你在这群自夸的鸟中这么害羞与沉默？"

麻雀说："老鹰大人，今天我第一次体会到我与其他鸟类的不同。昨天我还认为少数鸟是天生为领导者的，而其他鸟则不是，但我认为所有领导者必须足够杰出且十项全能的。但今天我发现领导者是在逆境中自我造就——学习、胜利、失败而再胜利——透过英雄榜样的教导而成。你们每人都仅标榜领导者之某项优点，但没有任何人强调其他方面的优点。想想你们说过的话：

乌鸦是最聪明的；

猫头鹰是最见闻广博的；

隼是最勇敢的；

天鹅是最诚实的；

鸽子是最会关心人的；

蜂鸟是最有自信的；

嘲鸫是最佳的演说者。

我在你们的特长里可能无法与你们比较，在所有特长中，我却比你们好。也许你们不会选我当新的国王及领导者，但今天，我自我推荐成为你们的领导者而且我相信我有能力可以做到。"

第三步，根据以下问题，以5—6人的小组为单位个人充分发表个人观点，进行讨论和分析，并记录。

①领导者的基本素质是什么？

②领导者是这样形成的？

③麻雀能当领导者吗？

④这则寓言故事对你有何启发？

第四步，在阅读分析故事的基础上，围绕"我想成为领袖者"的主题，每位学生要求撰写一份演讲稿，提前一周交给实训指导老师。同时教师公布演讲比赛规则。

第五步，挑选8—10名学生参加演讲比赛，每人限时5分钟。由相关教师和学生代表组成评委会，当场公布比赛结果。

实训要求：阅读故事，撰写读后感；并在此基础上开展一次演讲比赛。

四、实训时间及成绩评定

(一)实训时间

实训内容Ⅰ：要求学生课后自行完成。

实训内容Ⅱ：演讲比赛的准备工作提前两周开始；演讲比赛实际用时1小时；可以安排在课外时间。

(二)实训成绩评定

(1)实训成绩按优秀、良好、中等、及格、不及格5个等级评定。

(2)实训成绩评定准则。

①能否正确理解领导者素质的内涵。

②读后感和演讲稿以及演讲中的表现作为评定成绩的重要参考。

实训项目四　授权的艺术

一、实训目的

通过案例学习、分析和情景剧的表演,学生理解授权的重要性,了解授权的过程,掌握授权的基本原则,提高权力使用和分配的能力和艺术。

二、基本知识要点

授权是指由管理者将自己所拥有的一部分权力授予下级,以期更有效地完成任务并更好激励下级积极性的一种管理方式。管理者授权是现代管理的一种科学方法与领导艺术。

(一)授权的益处

管理者进行授权的主要原因。

1.授权有利于组织目标的实现

通过科学的授权,基层拥有实现目标所必需的权力,自主运作,更好地完成目标和任务。

2.授权有利于领导者从日常事务中解脱出来,集中精力处理重大事务

"授权是领导者的分身术",高明的领导者都会恰当地运用授权。

3.授权有利于激励下级

下级若拥有完成任务的权力,能按照自己的意图,独立自主地进行工作,就会获得一种信任感和满意感,这有利于调动其工作的积极性、主动性和创造性。

4.授权有利于培养、锻炼下级

下级在自主运用权力、独立处理问题的过程中,会不断地提高管理能力,提高综合素质。

(二)授权的基本过程

授权的过程包括分派任务、授予权力、明确责任、确立监控权等环节。

1.任务的分派

授权首先要明确受权人所应承担的任务或职责。所谓任务,是指授权者希望受权人去做的工作,它可能是要求受权人写一个报告或计划,也可能是要求其担任某一职务承担一系列职责。同时,所有的任务都是由组织目标分解出来的工作或一系列工作的集合。

2.权力的授予

在明确了任务之后,就要授予其相应的权力,即给予受权者相应的开展活动或指挥他人行动的权力,如有权调阅所需的情报资料,有权调配有关人员等。给予一定的权力是使受权者得以完成所分派任务的基本保证。

3.责任的明确

当受权人接受了任务并拥有了所必需的权力后,就有义务去完成所分派的工作并正确运用所委任的权力。受权人的责任主要表现为向授权者承诺保证完成所分派的任务,保证不滥用权力,并根据任务完成情况和权力使用情况接收授权者的奖励或惩处。要注意的是,受权者所负的只是工作责任,而不是最终责任。对于组织来说,授权者对于受权者的行

为负有最终的责任,即授权者对组织的责任是绝对的,在失误面前,授权者应首先承担责任。

4.监控权的确认

在授权过程中,要明确授权者与受权者之间的权力关系。一般地,授权者对受权者拥有监控权,即有权对受权者的工作进行情况和权力使用情况进行监督检查,并根据检查结果,调整所授权力或收回权力。

(三)授权的原则

在授权中,应遵循如下原则。

1.依目标需要授权原则

授权是为了更为有效地实现组织目标,所以,必须根据实现目标和工作任务的需要,将相应类型与限度的权力授给下级,以保证其有效地开展工作。

2.职、权、责、利相当原则

为了保证受权者能够完成所分派的任务,并承担起相应的责任,授权者必须授予其充分的权力并许以相应的利益。只有职责而没有职权,就会使受权者无法顺利地开展工作并承担起应有的责任;只有职权而无职责,就会造成滥用权力、瞎指挥和官僚主义的后果。因此,授权必须是有职有权、有权有责且有责有利。而且,授权还要做到职、权、责、利相当。

3.保持命令的统一性

从理论上来说,一个下级同时接受两名以上上级的授权并承担相应的责任是可能的,但在实际工作中存在着较大的困难。因此,通常要求一个下级只接受一个上级的授权,并仅对一个上级负责。因此,要努力做到全局性的问题集中统一,由高层直接决策,不授权予下级;各部门之间分工明确,不交叉授权;不越级授权。

4.正确选择受权者

由于授权者对分派的职责负有最终的责任,因此慎重选择受权者是十分重要的。在选择受权者时,应遵循"因事择人、视能授权"和"职以能授、爵以功授"的原则。即根据所要分派的任务,领导者来选择具备完成任务所需条件的受权者,以避免出现不胜任或不愿受权等情况。应根据所选受权者的实际能力,授予相应的权力和对等的责任。为了正确选择受权者,在授权前,除对受权者进行严格考察外,还可以"助理""代理"等名义先行试用,再正式授权合格者。

5.有效监控原则

授权是为了更有效地实现组织目标,所以,在授权之后,领导者必须保持必要的监督控制手段,使所授权力不失控,确保组织目标的实现。

(四)授权类型

管理中的授权一般包括以下类型。

1.口头授权与书面授权

这是就授权的传达形式而言。一般书面授权比口头授权更正规、更规范。

2.个人授权与集体授权

这是就授权主体而言。可以由管理者个人决定将其所拥有的一部分权力授予下级,也可以由领导班子集体研究,将该层次拥有的一部分权力授予其下级。

3.随机授权与计划授权

这是就授权的时机而言的。有时是按照预定的计划安排将某些权力授予下级,而有时是由于某些特殊需要而临时将权力授予下级。

4.长期授权与短期授权

这是就授权的期限而言的。有时为完成特定任务而进行短期授权,完成任务即结束授权。而那些为完成长期任务而进行的授权就要较长时期地将权力授予下级。

5.逐级授权与越级授权

这是就授权双方的关系而言的。来自顶头上司的授权属于逐级授权,而来自更高层次的领导者的授权就是越级授权。

三、实训内容、组织方式及步骤

实训内容Ⅰ:授权的益处

实训形式:

案例分析。

实训步骤:

第一步,实训前准备。每个人认真阅读分析案例,掌握关于授权的理论基础知识。

第二步,以5—6人的小组为单位对以下案例资料进行阅读。

▷【案例分析7-4】

"闲可钓鱼"与"无暇吃鱼"

一、"闲可钓鱼"的王业震

新港船厂是中国船舶工业总公司下属一家较为大型的企业,1982年11月,46岁的高级工程师王业震出任该厂厂长。当时该厂有职工6500人,固定资产1.2亿元;在技术上和管理上,借鉴日本三井造船、大阪造船等企业的经验,锐意改革。

企业内部管理体制设两大系统:直线指挥系统和职能系统。日常工作中,上级不可越级指挥,但可越级调查;下级不可越级请示,但可越级投诉。明确每个人只有一个直接上级,而每个上级直接管辖的下属为3—9人。归厂长王业震本人直接领导的只有9人。此外,专设3个"厂长信箱",随时了解职工的意见和建议。一次,某车间工人来信反映某代理工段长不称职,王震业于第二天收阅后批转有关部门查处,经调查属实随即作人事调整,前后仅5天时间。

"一个厂长不时时想到为工人服务,就没有资格当厂长。"一次,香港和美国的两艘货轮在渤海湾相撞,由该厂承担抢修业务。在夜以继日的抢修中,王厂长让后勤部门把馒头、香肠、鸡蛋送到现场。任务提前完成后,赢利80万元。王业震和厂领导班子决定破例发给参加抢修的职工加班费和误餐补助费8600元。

新领导班子对会议作了改革。全厂必须召开的15个例会,时间、地点、出席人员都通过制度固定下来。一般会议不超过2小时,每人发言不超过15分钟。王本人每周仅召集2次会:厂长办公会和总调度会。

王业震基本上按时上下班,很少加班加点。每逢出差外出,他就委托一位副厂长代行职权。厂里曾经委托派一位中层管理人员去日本监造主机,行前又明确授权让他一并购买主机控制台用的配件。那人到日本后,却接连就价格、手续、归期等事项挂国际长途电话向厂里请示。王业震的答复是:"将在外,君命有所不受。你是厂里的全权代表,可以做主,不用遇事请示。那里的事你相机定夺嘛。今后再挂电话来,电话费由你自己付。"

仅仅一年光景,新班子和王业震初试锋芒即见成效。1983年新港船厂造船4艘、修船137艘,工业总产值、利润和全体劳动生产率分别比上年增加25.6%,116%和20%。

二、"无暇吃鱼"的步鑫生

海盐衬衫总厂坐落在浙江海盐县武原镇。该厂的前身是成立于1956年的红星成衣社,一个仅有30多名职工的合作社性质的小厂。自1976年起,该厂由门市加工为主的综合性服装加工转为专业生产衬衫。此后,陆续开发出了"双燕"牌男女衬衫、三毛牌儿童衬衫和唐人牌高级衬衫等产品。到1983年,该厂已拥有固定资产净值107万元,600多名职工,当年工业总产值1028万元,实现利润52.8万元。步鑫生闻名遐迩。

容易却艰辛。步鑫生为厂里大大小小的事情操心,可谓"殚精竭虑""废寝忘食"。他性喜吃鱼,却忙得连吃鱼也顾不上了。有一次,食堂里没有别的菜,只有鱼。鱼颇鲜美,正合口味,可是他只吃了几口,因为太浪费时间,张口将未及咀嚼的鱼连肉带刺吐了出来,三口两口扒饭下肚,急匆匆地走了。他每天工作十五六个小时从不午睡,每次出差,都是利用旅途小憩,到达目的地立即投入工作。

步鑫生常对厂里职工说:"上班要拿出打老虎的劲头。慢吞吞,磨蹭蹭,办不好工厂,干不成事业。"他主持制定的本厂劳动管理制度规定:不准迟到早退,违者重罚。有位副厂长从外地出差回来,第二天上班迟到了3分钟,也被按规定扣发工资。以1983年计,全厂迟到者仅34人次。步本人开会,分秒必争,今天要办的事决不拖到明天。在他的带动下,全厂上下形成了雷厉风行的作风。只要厂内广播一通知开会,2分钟内,全厂30名中层以上干部凡是在厂的全都能到齐。开会的时间一般不超过15分钟。

进入1984年,一阵风在中国刮起了"西装热"。步鑫生先是不为所动,继而办起了一个领带车间,最后终于做出了兴办西装分厂的决策。在与上级主管部门来人的一次谈话中,前后不过2小时,步生鑫做出了这一重大决策,副厂长小沈闻讯提出异议:"不能这样匆忙决定,得搞出一个可行性研究方案。"然而,这一意见被步厂长一句"你懂什么,老三老四"否定了。一份年产8万套西装、18万美元的估算和外汇额度的申请报告送到省主管部门,在那里又加大了倍数,8万套成了30万套,18万美元成了80万美元,层层报批、核准,6000平方米西装大楼迅速进入施工,耗资200万元。

无奈好景不长。宏观经济过热急剧降温,银根紧缩,国家开始压缩基建规模。海盐厂的西装大楼也被迫停工。与此同时,市场上一度十分抢手的西装也出现了滞销迹象。步鑫生是靠衬衫起家的,年产120万件的产量和"唐人""三毛""双燕"三大牌号的衬衫令他引以为豪。但代表本厂水平的"唐人"牌高级衬衫在全国同行业产品评比中落选了。

1985年入秋,步鑫生被选送浙江大学管理系深造。他并不因此而稍有解脱,企业严峻的经营状态令他放心不下。他频频奔波于厂、校两地,在厂的日子远多于在校。半年以后,他退学回厂,决心以3年时间挽回企业的颓势。

仍然是精明强干的步鑫生,他的助手多数也很能干,只是当他从早到晚忙着处理厂里大事小事时,他的助手似乎插不上手,步鑫生备尝创业的艰辛,终因企业濒临于破产而被免去厂长之职。

"我没有预感到会有这样的结局,"步鑫生这样说,进而补充了一句,"我是全心全意扑在事业上的。"副厂长小刘也不讳言:"到现在为止,我敢说步鑫生仍是厂里工作热情最高的人。"

第三步,根据以下问题,从领导方式、管理措施、授权的必要性等方面分析差异所在,展开讨论,个人充分发表个人观点,并记录。

①同为一厂之长,为什么王、步两人闲忙如此悬殊? 主要原因是什么?

②作为厂长或经理,"从早忙到晚"意味着什么? 试评述其得与失。

③致使步鑫生的时间被无效利用的主要原因有哪些?

第四步,各小组选出一名代表发言,对小组讨论分析结果进行总结。

第五步,对小组成员的各种观点进行分析、归纳和要点提炼,并完成案例分析发言提纲。

实训要求:查阅相关资料,完成案例分析与发言提纲,并能掌握授权的益处。各小组成员都应学会分析记录,并积极进行讨论,发表个人观点,认真完成实训内容。发言提纲要求语言流畅,文字简练,条理清晰。

实训内容Ⅱ:授权的原则

实训形式:

情景模拟。

实训步骤:

第一步,提前一周布置学生根据材料编写剧本,进行必要的排练;鼓励学生围绕授权的相关知识及授权过程中容易出现的问题,课下搜集资料或案例编写剧本,进行排练。

➡ 【情景剧材料7-1】

如何进行有效授权

刘民和王东分别是一个公司中两个不同部门的经理,在某一天同车上班的路上,他们彼此讨论着自己的管理工作。在交谈中发现,刘民特别为两个助手伤脑筋。他抱怨说:"这两个人在刚进公司时,我一直耐心地告诉他们,在刚开始工作时,凡是涉及报销和订货的事都要事先与我商量一下,并叮嘱他们,在未了解情况之前,不要对下属人员指手画脚。但是,到现在都快一年了,他们还是什么事情都来问我。例如,王大同上星期又拿一笔不到1000元的报账单来问我,这完全是他可以自行处理的嘛! 两周前,我交给孙文国一项较大的任务,叫他召集一些下属人员一起搞,而他却一个人闷头搞,根本不叫下属人员来帮忙。他们老是这样大小事情都来找我，真没办法。"

几乎与此同时，刘民的两位助手也在谈论着自己的工作。王大同说："上周，我找刘民，要他签发一张报账单。他说不用找他，我自己有权决定。但在一个月前，我因找不到他曾自己签发过一张报账单，结果被财务部退了回来，原因是我的签字没有被授权认可。为此，我上个月曾专门写了一个关于授权我签字的报告，但他一直没有批下来，我敢说我给他的报告他恐怕还锁在抽屉里没看呢！"孙文国接着说："你说他的工作毫无章法，我也有同感。两周前，他交给我一项任务，并要我立即做好。为此，我想得到一些人的帮助，去找了一些人，但他们却不肯帮忙。他们说除非得到刘民的同意，否则他们不会来帮我。今天是完成任务的最后日期，我却还没有完成。他又要抓我的辫子，把责任推给我了。我认为，刘民是存心这样的，他怕我们搞得太好抢他的位子……"

第二步，由"演员"按照剧本进行表演。

第三步，以5—6人的小组为单位对如何处理授权过程中的矛盾和问题进行讨论分析，个人充分发表个人观点，进行讨论和分析，并记录。

第四步，各小组选出一名代表发言，对小组讨论分析结果进行总结。

第五步，以小组为单位对各种观点进行分析、归纳和要点提炼，完成案例分析发言提纲。

实训要求：参加表演的同学，事先根据给定的管理情景编写剧本；或者围绕"授权"的相关内容，自选案例编写剧本，积极排练。

四、实训时间及成绩评定

(一)实训时间

实训内容Ⅰ：案例讨论时间以30分钟为宜，各小组代表发言时间控制在3分钟。

实训内容Ⅱ：情景剧表演时间为15—20分钟，分析讨论10分钟左右。

(二)实训成绩评定

1.实训成绩按优秀、良好、中等、及格、不及格5个等级评定。

2.实训成绩评定准则。

①是否理解授权的基本原则和过程。

②是否能够对授权过程中的矛盾和问题进行正确的分析。

③是否主动积极参与情景剧的编写和表演。

模块八

沟　通

>>>　>

实训目标

1.理解沟通的含义,提高学生对沟通的重要性认识,并能从学习工作生活实际关注有效沟通;

2.理解沟通的过程,把握有效沟通的条件,提高沟通有效性;

3.掌握沟通的各种方式方法;

4.掌握沟通障碍排除的方法,提高沟通效率。

实训手段

管理游戏;案例分析;视频讨论;角色扮演;访谈实践

实训项目一　沟通的含义及重要性

一、实训目的

通过沟通游戏,学生掌握沟通的含义,并能进行较为具体的阐述。

通过故事讲解,学生能充分理解有效沟通的重要性,从而提高参与学习积极性,为后续的课程学习奠定基础。

二、基本知识要点

(一)沟通的含义

沟通是指信息从发送者到接收者的传递和理解的过程。首先,沟通包含着意义的传递。如果信息或想法没有被传送到,则意味着沟通没有发生。也就是说,说话者没有听众或写作者没有读者都不能构成沟通。其次,要使沟通成功,信息不仅需要被传递,还要被理解。比如,我收到一封来自美国的英文信件,但我本人对英语一窍不通,那么不经翻译我就不能看懂,也就无法称之为沟通。

根据上述定义,沟通有以下三个方面的含义。

1.沟通是双方或者多方的行为,必须有信息的发送者和接送者。其中,双方既可以是个人,也可以是群体或组织。

2.沟通是一个传递和理解的过程。如果信息没有被传递到对方,则意味着沟通没有发生。而信息在被传递之后还应该被理解,一般来说,信息经过传递之后,接收者感知到的信息与发送者发出的信息完全一致时,才是一个有效的沟通过程。

3.要有信息内容,并且这种信息内容不像有形物品一样由发送者直接传递给接收者。在沟通过程中,信息的传递是通过一些符号来实现的。例如语言、身体动作和表情等,这些符号经过传递,往往都附加了传送者和接收者一定的态度、思想和情感。

值得注意的是,良好的沟通常常被错误地理解为沟通双方达成协议,而不是准确理解信息的意义。如有人与我们意见不同,不少人认为此人没有完全领会我们的看法,换句话说,很多人认为良好的沟通是使别人接受我们的观点。但事实上,我可以很明白你的意思却不同意你的看法。当一场争论持续了相当长的时间,旁观者往往断言这是由于缺乏沟通导致的,然而,调查表明恰恰此时正进行着大量有效的沟通,他们中的每一个人都充分理解了对方的观点和见解。存在的问题是人们把有效的沟通与意见一致混为一谈了。

(二)沟通的重要性

沟通不仅与人们的日常生活密切相关,它在管理的各个方面也得到了广泛的运用。良好的管理沟通首先表现在它与管理者的工作密切相关,并随着管理层次的递增,管理者用于沟通上的时间也就越多。一项研究表明,一个基层管理人员工作时间的 $20\%\sim50\%$ 用于言语沟通;而中高层管理人员工作时间的 $66\%\sim87\%$ 用于面对面和电话形式的沟通。沟通体现在不同的管理职能方面。如计划的制订与安排,部门之间的协调,人与人之间的交往,领导者与下属的联络,控制中的纠偏矫正工作,企业间的交流等。

一般来说,沟通的重要性体现在以下几个方面。

1.提高组织目标的执行效率

组织中的个体、群体为了实现一定的目标,在完成各种具体工作的时候都需要相互交流,统一思想,自觉地协调。信息沟通使组织成员团结起来,把抽象的组织目标转化为组织中每个成员的具体行动。没有沟通,一个群体的活动就无法进行,特别是管理者通过与下属的沟通使员工们了解和明确自己的工作任务,以保证目标的实现。

2.提高管理决策的有效性

对信息的搜集、处理、传递和使用是科学决策的前提。在决策过程中利用信息传递的规律,选择一定的信息传播方式,可以避免延误决策时间而导致的失败。管理人员通过一定的方式推行决策方案,赢得上级的支持和下级的合作,没有有效的沟通是不会达到这一目标的。

3.提高团队分工合作的协调性,有利于塑造团队凝聚力

由于现代组织是建立在职能分工基础上的,不同职能部门之间"隔行如隔山",不易相互了解和协作配合。有效的沟通,可以使组织内部分工合作更为协调一致,保证整个组织体系的统一指挥,统一行动,实现高效率的管理。同时沟通也能减少组织及人际的障碍,提高团队的凝聚力。

4.提高下属工作的积极性

沟通是管理人员激励下属,影响和改变别人的态度和行为,实现领导职能的基本途径。沟通不仅能增进员工彼此间的了解,促进彼此之间的合作,改善人与人之间的关系,也是最大限度地调动员工积极性的一种方式,管理者与员工的定期沟通会提高员工的满意度,从

而提高工作效果,降低组织的缺勤率和流动率。

5.优化企业外部环境

企业外部环境处于不断变化之中,企业为了生存就必须适应这种变化。企业必然要和顾客、政府、公众、原材料供应商、竞争者等发生各种各样的关系,它必须按照顾客的要求调整产品结构,遵守政府的法规法令,担负自己应尽的责任,获得适用、廉价的原材料,并且在激烈的竞争中取得一席之地。这就迫使企业不得不和外部环境进行有效的沟通。不同规模和不同类型的组织沟通联络的着重点也有所不同。例如,一个规模很小的企业里,沟通的重点应是对外的,小企业的主管们需要从外部获得信息,以便决定自己的产品和服务。

三、实训内容、组织方式及步骤

实训内容Ⅰ:认识沟通

实训形式:

管理游戏。

实训步骤:

第一步,实训前准备。课前准备好一人一张的 A4 纸及实训报告,并发放。

第二步,游戏要求。学生需将 A4 纸进行三次对折,然后撕掉一个角。

第三步,结果展示。学生将撕掉一个角的纸展开,相互之间进行比较。

第四步,分析原因。学生填写实训报告,并针对"为什么不同的学生会撕出不同的形状"这一现象进行分析。

第五步,引导总结。从学生的发言中引出"沟通"的概念,认识沟通。

实训要求:要求学生能从沟通的角度去分析同样的信息为什么会有不同结果的原因,从而认识沟通。

实训内容Ⅱ:沟通的重要性

实训形式:

案例分析。

实训步骤:

第一步,实训前准备。先提出问题"沟通为什么重要",让学生思考,发放发言提纲。

第二步,以 5—6 人的小组为单位对以下案例资料进行阅读。

▷ 【案例分析 8-1】

不会说话的笑话

某地一领导到基层视察工作,晚饭安排在一牧民家。

领导客气让牧民先进门,牧民受宠若惊说:"还是领导前面走,我们放羊的,在牲口后面走惯了。"领导听后不悦,乡长连忙请领导坐定,并吩咐牧民赶紧上菜,牧民端上一盘酱骨头放在领导面前。

领导酷爱酱骨头,一边啃骨头一边客气地说:"味道不错。简单点就行了,不要搞得那么复杂嘛!"牧民忙说:"哪里,哪里,不值几个钱的东西,平时这都是给狗啃的。"

领导顿时脸色下沉。乡长见状招呼牧民坐下来多吃饭少说话。牧民却说："领导先用，俺不忙，每天这个时间我得先喂狗，然后才吃饭，都习惯了。"

乡长气急，呵斥道："你会不会说话？"

牧民哭丧着脸："俺是放羊的，一生都只会和畜生说话……"

第三步，根据以下问题，个人充分发表个人观点，进行讨论和分析，并记录。

①牧民说了自己日常生活中的实话有错吗？为什么？

②你得到的感悟是什么？

第四步，老师根据学生的回答，引出沟通在管理实践中的重要性，最后提炼出沟通的重要意义。

第五步，各小组选出一名代表发言，对小组讨论分析结果进行总结。

第六步，以小组为单位对各种观点进行分析、归纳和要点提炼，完成案例分析发言提纲。

实训要求：查阅相关资料，完成案例分析与发言提纲，学生要能从案例中总结出沟通的重要意义，并对其重要性有较为充分的认识。各小组成员都应学会分析记录，并积极进行讨论，发表个人观点，认真完成实训内容。发言提纲要求语言流畅，文字简练，条理清晰。

四、实训时间及成绩评定

(一)实训时间

实训内容Ⅰ：游戏时间以 3 分钟为宜，提问及回答时间以 4 分钟为宜，老师总结时间以 3 分钟为宜。

实训内容Ⅱ：案例分析之前的思考时间以 2 分钟为宜，案例讲解以 4 分钟为宜，提问及回答以 5 分钟为宜，老师总结时间以 3 分钟为宜。

(二)实训成绩评定

1.实训成绩按优秀、良好、中等、及格、不及格 5 个等级评定。

2.实训成绩评定准则。

①能否按照老师要求开展游戏。

②能否对游戏及案例进行认真分析。

③能否理解沟通的含义及重要性。

④能否用沟通的重要性来分析问题。

实训项目二　沟通过程及基本条件

一、实训目的

通过学号编写的实训，学生掌握信息编写、传递、解码的具体过程，教师生动形象展现给学生沟通进程图。

通过海上救援的案例，学生切实了解有效沟通的必备条件。

二、基本知识要点

(一)沟通的过程

若想了解沟通的过程,就需要对大脑的运行方式作些必要的了解。尽管到目前为止人类还不是很清楚大脑是怎样整体运作的,但大脑活动的相当一部分以及大脑是怎样影响人们的交流方式已为人所知了,所以有必要在课程学习之前学点大脑运行过程的相关知识。

生产出复杂的思想并将其予以沟通是人脑的主要成就之一。它执行三项基本的任务,其中两项是吸取和加工大脑接收的材料,第三项就是把材料加工生产成连贯而有意义的思想。吸收印象:见到、听到和感觉到的材料根据人们独特的偏好被大脑作为图画、词语或声音吸收和存储起来。就有些人而言,视觉形象能产生最大的冲击,而对其他人而言则可能是言语、声音或触觉最重要。加工思想:不同类型的输入材料储存在大脑的不同"记忆库"里,并且为了能生产出思想,各部分必须相互协作。大脑这种找回被选信息并进行必要的关联是非常重要的。但这样不容易。有时完全没有困难,但有时要从语言库中取出词汇来命名储存在视觉库中某人的容貌会有困难。这就好比银行里装有定时锁的保险箱,是由随机定时释放开关启动的。生产语言或产生行为:为了把思想转换成语言传输出去,必须生产出一种用以表达的设施。这涉及给物体命名、寻找动词并且把名词和动词组装起来,以便形成互为关联的句子,或者涉及身体行为的施动。

1.沟通过程示意图(参见图 8-1)

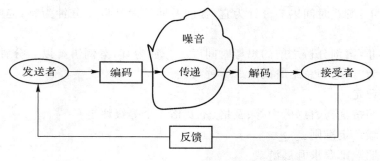

图 8-1   沟通过程

2.沟通过程的要素

要深入研究管理沟通,详细了解和掌握一般沟通的过程,对于深入理解管理沟通的过程具有重要作用。从一般意义上讲,沟通过程必然包括如下要素:信息的编码、传递、解码、信息的反馈。其中最为关键和重要的是编码、传递、解码和反馈。

(1)编码

编码是发送者将其信息与意义符号化,变成一定的文字符号形式或其他形式的符号,它是将信息转化的过程。

(2)传递

传递是将编码后的信息通过一定的通道表达出去。其中最为重要的就是通道或者是途径。通道或路径是发送者选择的、借用传递信息的媒介物。如口头交流时所采用的口头语言表达形式就是其沟通通道。当然人们在发电子邮件进行沟通交流时,电子邮件即是其沟通通道。有时人们不用语言表达,而通过身体部位予以传递。

（3）解码

解码与编码相对应，是接收者在接收到信息后，将符号化的信息符号还原为信息与意义，并运用大脑运行系统理解信息内容和含义的过程。完美的沟通应该是传递者的信息经过编码和解码后，传递信息和接收信息是完全吻合的，也就是说，编码和解码是完全对称的。

（4）反馈

完整无缺的沟通过程必定包括信息的成功传递和反馈两个大的过程。没有反馈的沟通过程就容易出现沟通失败。反馈是指接收者把收到并理解了的信息返送给发送者，以便发送者对接收者是否正确了解信息进行核实。

（二）沟通的条件

沟通必须具备一定的条件才可以正常运行。要达到沟通的目的，通过沟通取得他人的理解和支持，必须满足三个基本条件。

1. 有信息发送者和信息接收者

信息发送者作为信息的编辑及发送主体，是必不可缺的。作为沟通的发起者，他的存在对于本次沟通至关重要。信息接收者作为信息的编辑者，往往与发送者相互对应。他不仅能解码发送者发送的编码，也能再次反馈给发送者新的信息，实现沟通的再循环。

2. 有信息内容

沟通过程中一个必不可少的条件就是传递的信息，而信息也必然要有内容才得以存在。信息内容是包容万象的，可以是语言、肢体所存储的内容，也可以是图片等静态物体所附属的内容。

3. 有传递信息的渠道和方法

有了信息发送者和接收者及信息内容，还不能进行沟通。因为信息必然要通过一定的通道得以传递。这种渠道或方法可以是多种多样的，如口头表达、书写文字、肢体展示等。在实际生活中，不同的信息内容与不同的条件要求不同的通道。例如公司的战略决策就不宜通过口头形式而应采用书面正式文件作为通道。同时在实际沟通过程中，往往存在多种沟通渠道或方法共同使用的情况。例如，口头沟通时往往还会运用两种或两种以上的沟通通道，以达到更好的沟通效果。

但除了上述三个基本条件外，要实现有效沟通，实现通过沟通取得他人的理解和支持，则还要满足以下条件：第一，发送者发出的信息应该完整、准确，从而降低信息的失真性；第二，接收者能接收到完整信息并能够正确理解者一信息；第三，接收者愿意以恰当的形式按传递过来的信息采取行动，从而真正实现沟通目的。

三、实训内容、组织方式及步骤

实训内容Ⅰ：沟通过程——学号编写

实训形式：

管理游戏。

实训步骤：

第一步，实训前准备。老师讲解本校学号编写的规则及数字代码的含义。例如"0731030223"学号中"07"代表年级，"31"代表系，"03"代表专业，"02"代表班级，"23"代表序号。

第二步,任务要求。老师根据上述规则,以一个学生为例编写一个学号,然后公布学号,让学生解码,讲解该学生的相关信息,完成沟通。

第三步,以5—6人的小组为单位,个人充分发表个人观点,进行讨论和分析,并记录。

第四步,各小组选出一名代表发言,对小组讨论分析结果进行总结。

第五步,以小组为单位对各种观点进行分析、归纳和要点提炼,完成案例分析发言提纲。

实训要求:学生要能正确分析学号意义及编写基本过程,并能从中总结出沟通的基本过程,并能与沟通的相关理论学习相结合;查阅相关资料,完成案例分析与发言提纲;各小组成员都应学会分析记录,并积极进行讨论,发表个人观点,认真完成实训内容;发言提纲要求语言流畅,文字简练,条理清晰。

实训内容Ⅱ:沟通的基本条件

实训形式:

管理游戏。

实训步骤:

第一步,实训前准备。学生思考沟通应该具备哪些基本条件。

第二步,将班级分成三个小组,根据老师的安排逐步完成管理游戏。

⏩【管理游戏8-1】

珍珠岛、哑人岛和盲人岛

程序:

1.三个小组的人分别站在三个模拟"岛屿"上,分别为珍珠岛、哑人岛和盲人岛,各岛屿上的人具有相应的特点:珍珠岛上的人能听能说能看,哑人岛上的人能看能听不能说,盲人岛上的人能听能说不能看(带上眼罩)。

2.给三个"岛屿"上的小组负责人下发任务书和行为规则。

(1)珍珠岛任务。

①器械:一堆乒乓球,一段胶带,要求利用这些器械将乒乓球做成一个金字塔的形状,并从高处(至少高于训练者头部)落下不散。

②数学题:若1abcde乘以3等于abcde1,且a,b,c,d,e各代表一个数字,它们是几?

③利用一定的物理原理和器械,将所有人集中到珍珠岛上。

④任务时间20分钟。

规则:岛的周围是激流,任何物品和人落水将被冲到盲人岛。

(2)哑人岛的任务。

①将所有的人集中到健全人岛。

②任务时间20分钟。

规则:只有哑人可以协助盲人移动;只有哑人可以移动木板;只有盲人完成第一个任务后,哑人才能移动木板;哑人在该项目中,自始至终不得开口说话;岛的周围是激流,任何物品和人落水将被冲到盲人岛。

(3)盲人岛的任务。

①将一个球投入附近的一个桶中。

②将所有人集中在健全人岛。

③任务时间20分钟,因为20分钟后盲人岛将会下沉。

规则:第一个任务完成后才能离开盲人岛

第三步,根据以下问题,个人充分发表个人观点,进行讨论和分析,并记录。

①该游戏解决问题的关键在哪个岛屿上的人? 为什么?

②沟通的基本条件是什么?

第四步,各小组选出一名代表发言,对小组讨论分析结果进行总结。

第五步,以小组为单位对各种观点进行分析、归纳和要点提炼,完成案例分析发言提纲。

实训要求:学生在听完案例后,查阅相关资料,完成案例分析与发言提纲;各小组成员都应学会讨论分析记录,并积极进行讨论,发表个人观点,认真完成实训内容;发言提纲要求语言流畅,文字简练,条理清晰。

实训内容Ⅲ:有效沟通的条件——交头接耳

实训形式:

管理游戏。

实训步骤:

第一步,实训前准备。学生思考有效沟通应该具备哪些条件?

第二步,讲解规则。老师讲解游戏规则。

第三步,开展游戏。让学生以12名成员为一组,排成一列,然后老师给第一位同学展示要传递的话“两点是冰三点是清四点是点,两点是冷三点是澄四点是蒸,这样的字知多少”,并要求其默记,回去后在规定时间内通过“交头接耳”的方式从第一个人传达至最后一个人,然后由最后一个人将他听到的内容读出,最后由老师公布结果。

第四步,根据以下问题,个人充分发表个人观点,进行讨论和分析,并记录。

①游戏结果如何?

②为什么同样的文字,不同小组在信息传递中会有不同的结果?

③如何才能提高沟通的有效性?

第五步,各小组选出一名代表发言,对小组讨论分析结果进行总结。

第六步,以小组为单位对各种观点进行分析、归纳和要点提炼,完成案例分析发言提纲。

实训要求:学生能按照老师要求分组排成一列列,随后完成一句话的前后传递,之后让小组最后一名成员将听到的内容读出,整个游戏开展顺利,同时学生也能认真分析游戏过程中所出现的沟通障碍,并能较好思考如何提高沟通的有效性;查阅相关资料,完成案例分析与发言提纲;各小组成员都应学会分析记录,并积极进行讨论,发表个人观点,认真完成实训内容;发言提纲要求语言流畅,文字简练,条理清晰。

四、实训时间及成绩评定

(一)实训时间

实训内容Ⅰ:规则讲解1分钟,问题回答4分钟。

实训内容Ⅱ:案例讲解3分钟,问题回答及分析4分钟。

实训内容Ⅲ:游戏讲解2分钟,游戏准备(分组)3分钟,游戏开展8分钟,游戏总结3分钟。

(二)实训成绩评定

1.实训成绩按优秀、良好、中等、及格、不及格5个等级评定。

2.实训成绩评定准则。

①能否按照老师要求编写学号,能否理解案例内容。

②能否正确回答老师提出的问题,表达是否清晰。

③能否积极参与游戏,认真完成游戏要求。

④能否理解沟通的过程,能否总结出沟通的基本条件,能否用沟通的相关知识进行分析,归纳出沟通有效性的条件。

实训项目三　沟通方式

一、实训目的

通过故事讲解、游戏分析,企业访谈,学生充分理解沟通的各种方式,能灵活运用,及时掌握渠道,提高沟通的效率。

二、基本知识要点

(一)沟通方式按通道不同,可分为口头沟通、书面沟通、非语言沟通、电子媒介沟通

1.口头方式

人们最常见的交流方式是交谈,也就是口头沟通。常见的口头沟通包括演说,正式的一对一讨论或小组讨论,非正式的讨论以及传闻或小道消息的传播。口头沟通的优点是快速传递和快速反馈。在这种方式下,信息可以在最短的时间里被传送,并在最短的时间里得到对方的回复。如果接收者对信息有所疑问,迅速的反馈可以使发送者及时检查其中不够明确的地方并进行改正。但是,当信息经过多人传送时,口头沟通的主要缺点便会暴露出来。在此过程中卷入的人越多,信息失真的潜在可能性就越大。每个人都以自己的方式解释信息,当信息到达终点时,其内容常常与最初大相径庭。如果组织中的重要决策通过口头方式在权力金字塔中上下传递,则信息失真的可能性相当大。

2.书面方式

书面沟通包括备忘录、信件、组织内发行的期刊、布告栏及其他任何传递书面文字或符号的手段。为什么信息的发送者会选用书面沟通?因为它持久、有形、可以核实。一般情况下,发送者与接收者双方都拥有沟通记录,沟通的信息可以无限期地保存下去。如果对信息的内容有所疑问,过后的查询是完全可能的。对于复杂或长期的沟通来说,这尤其重

要。例如,一个新产品的市场推广计划可能需要好几个月的大量工作,以书面的形式记录下来,可以使计划的构思者在整个计划的实施过程中有一个参考。所以,书面沟通比口头沟通显得更为周密,逻辑性强,条理清楚。但是,书面沟通也有自己的缺陷。比如耗时,同是一个小时的测验,通过口试学生们向老师传递的信息远比笔试来得多。事实上,花费一个小时写出来的东西,往往只需15分钟左右就能说完。书面沟通的另一个主要缺点是缺乏反馈。口头沟通能使接收者对其所听到的东西提出自己的看法,而书面沟通则不具备这种内在的反馈机制。其结果是无法确保所发出的信息能被接收到,即使被接收到,也无法保证接收者对信息的解释正好是发送者的本意。

3.非语言方式

一些沟通既非口头形式也非书面形式。而是通过非文字的信息加以传递的。比如上课时,学生们无精打采或在做其他事情,传达给老师的信息是学生们已经开始厌倦了;同样,当大家纷纷把笔记本合上时,则意味着该下课了。还有如一个人的办公室和办公桌的大小,一个人的穿衣打扮等都向别人传递着某种信息。非语言沟通中最常见的是体态语言和语调。体态语言,包括手势、面部表情和其他的身体动作。比如,一副怒吼咆哮的面孔所表达的信息显然与微笑不同。手部动作、面部表情及其他姿态能够传达的信息意义有攻击、恐惧、腼腆、傲慢、愉快、愤然等。语调,指的是个体对词汇或短语的强调。我们可以从下面的例子中体会语调对信息的影响。假设一名学生问老师一个问题,老师听完后,反问了一句:"你这是什么意思?"发问的声调不同,学生的理解和反应也不一样。轻柔、平稳的声调和刺耳尖利、重音放在最后一词所产生的意义完全不同。一般人们会认为,第一种语调表明某人在寻求更清楚的解释,第二种语调则表明了这个人的攻击性或防卫性。

4.电子媒介

我们现在依赖各种各样复杂的电子媒介来传递信息。除了常见的媒介(如电话电报、邮政等)之外,我们还拥有闭路电视、计算机、静电复印机、传真机等一系列电子设备。将这些设备与言语和纸张结合起来就产生了更有效的沟通方式。其中发展最快的应该是互联网了。人们可以通过计算机网络快速传递书面及口头信息。如电子邮件迅速而廉价,并可以同时将一份信息传递给若干人。

沟通方式比较参见表8-1。

表 8-1　沟通方式比较

沟通方式	举　例	优　点	缺　点
口　头	交谈、讲座、讨论会、电话	快速传递、快速反馈、信息量很大	传递中经过层次越多信息失真越严重,核实越困难
书　面	报告、备忘录、信件、文件、内部期刊、布告	持久、有形,可以核实	效率低,缺乏反馈
非语言	声、光信号、体态、语调	内容明确丰富、含义隐含、灵活	传递距离有限、界限模糊
电子媒介	传真、闭路电视、计算机网络、电子邮件	快速传递、信息容量大、多人同时传递、廉价	信息交流对技术、网络依赖较强

(二)沟通方式按组织系统划分,可分为正式沟通和非正式沟通

1. 正式沟通

正式沟通是通过组织明文规定的渠道所进行的信息传递与交流。正式沟通畅通无阻,组织的生产经营活动及管理活动才会井然有序;反之,整个组织将陷入紊乱甚至瘫痪状态。因此,正式沟通渠道必须灵敏而高效。正式沟通的优点是正规、权威性强、沟通效果好,参与沟通的人员普遍具有较强的责任心和义务感,从而易保持所沟通的信息的准确性及保密性。管理系统的信息都应采用这种沟通方式。其缺点是对组织机构依赖性较强而造成速度迟缓,沟通形式刻板,如果组织管理层次多,沟通渠道长,容易形成信息损失。

2. 非正式沟通

非正式沟通是指在正式沟通渠道以外信息的自由传递与交流。这类沟通主要是通过个人之间的接触来进行的,非正式沟通不受组织监督,是由组织成员自行选择途径进行的,比较灵活方便。员工中的人情交流、生日聚会、工会组织的文娱活动、走访、议论某人某事、传播小道消息等都属于非正式沟通。非正式沟通中往往能表露人们的真实想法和动机,还能提供组织没有预料的或难以获得的信息。与正式沟通相比,非正式沟通有以下特点。

(1)信息交流速度较快

由于这些信息与职工的利益相关或者是他们比较感兴趣的问题,再加上没有正式沟通的那种程序,信息传播速度大大加快。

(2)非正式沟通的信息比较准确

据国外研究表明,它的准确率可高达 95%。一般来说,非正式沟通中信息的失真主要来源于形式上的不完整,而不是提供无中生有的谣言。人们常把非正式沟通与谣言混为一谈,这是缺乏根据的。

(3)可以满足职工的需要

由于非正式沟通不是基于管理者的权威,而是出于职工的愿望和需要,因此,这种沟通常常是积极的,卓有成效的,并且可以满足职工们的安全的需要、社交的需要和尊重的需要。

(4)沟通效率较高

非正式沟通一般是有选择地、针对个人的兴趣传播信息,正式沟通则常常将信息传递给本人不需要它们的人。

(5)非正式沟通有一定的片面性

非正式沟通中的信息常常被夸大、曲解,因而需要慎重对待。

(三)沟通方式按照信息传递的方向划分,可分为下行、上行、平行和斜向沟通

1. 下行沟通

下行沟通是指信息自上而下的沟通。如上级把企业战略有目标、管理制度、政策、工作命令、有关决定、工作程序及要求等传递给下级。下行沟通顺畅可以帮助下级明确工作任务、目标及要求,增强其责任感和归属感,协调企业各层次的活动,增强上下级之间的联系等。但在逐层向下传达信息时应注意防止信息误解、歪曲和损失,以保持信息的准确性和完整性。

2. 上行沟通

上行沟通是指自下而上点面结合的沟通。如下级向上级反映意见、汇报工作情况、提出意见和要求等。上行沟通是管理者了解下属和一般员工意见及想法的重要途径。上行沟通畅通无阻,各层次管理人员才能及时了解工作进展的真实情况,了解员工的需要和要求,体察员工的不满和怨言,了解工作中存在的问题,从而有针对性地做出相应的决策。上行沟通中应防止信息层层"过滤",尽量保证真实性和准确性。

3. 平行沟通

平行沟通是指组织内部平行机构之间或同一层级人员之间的信息交流。如组织内部各职能部门之间、车间之间、班组之间、员工之间的信息交流。平行沟通是加强各部门之间的联系、了解、协作与团结,减少各部门之间的矛盾和冲突,改善人际关系和群际关系的重要手段。

4. 斜向沟通

斜向沟通是指处于不同层次的没有直接隶属关系的成员之间的沟通。这种沟通方式有利于加速信息的流动,促进理解,并为实现组织的目标而协调各方面的努力。

管理中四种沟通缺一不可。纵向的上行、下行沟通应尽量缩短沟通渠道,以保证信息传递的快速与准确;横向的平行沟通应尽量做到广泛和及时,以保证协调一致和人际和谐。同时,为加速信息流动可灵活运用斜向沟通。

(四)沟通方式按照是否进行反馈,可分为单向沟通和双向沟通

1. 单向沟通

单向沟通是指在沟通过程中,信息发送者与接收者之间的地位不变,一方主动发送信息,另一方主动接收信息,如广播电视信息、报告、演讲、发布指示、下命令等。这种沟通方式速度快,发送者不受接收者的挑战,能保持、维护尊严。因此,当遇到工作性质简单又急需完成或遇到紧急情况不需要或根本不允许商讨时,采用单向沟通方式效果较好。但由于接收者对信息内容的理解没有机会表达,单向沟通有时准确性较差。另外,单向沟通缺乏民主性,容易使接收方产生抵触情绪,心理效果较差。

2. 双向沟通

双向沟通是指在沟通过程中,发送者和接收者的地位不断变化,信息在双方间反复流动,直到双方对信息有了共同理解为止,如讨论、谈话、协商、谈判等。其优点是沟通信息的准确性高,接收者有反馈意见的机会,双方可以反复交流磋商,增进彼此的了解,加深感情建立良好的人际关系。缺点是沟通过程中接收者要反馈意见,有时使沟通受到干扰,影响信息的传递速度。此外,由于要时常面对接收者的提问,发送者会感受到心理压力。

三、实训内容、组织方式及步骤

实训内容Ⅰ:常见沟通方式的比较

实训形式:

视频讨论。

实训步骤:

第一步,实训前准备。准备口头、书面、非语言、电子媒介等沟通方式的视频资料。

第二步,观看视频资料。

第三步,以5—6人的小组为单位,以下列几个问题为主题,对视频资料进行讨论,个人充分发表个人观点,并记录。

①口头沟通的优点和缺点有哪些? 请举例说明。

②书面沟通的优点和缺点有哪些？请举例说明。

③非语言沟通的优点和缺点有哪些？请举例说明。

④电子媒介沟通的优点和缺点有哪些？请举例说明。

第四步，各小组选出一名代表发言，对小组讨论分析结果进行总结。

第五步，以小组为单位对各种观点进行分析、归纳和要点提炼，完成案例分析发言提纲。

实训要求：查阅相关资料，学生完成案例分析与发言提纲，并能掌握四种沟通方式的优点和缺点；各小组成员都应学会分析记录，并积极进行讨论，发表个人观点，认真完成实训内容；发言提纲要求语言流畅，文字简练，条理清晰。

实训内容Ⅱ：肢体表演

实训形式：

管理游戏。

实训步骤：

第一步，实训前准备。管理游戏规则的制定和讲解。一个班级分成几组，每组派一名代表上台进行肢体表演，同组同学竞猜，以哪组在规定时间内猜出的成语最多为获胜队。

第二步，游戏开展。

附备选的成语：手舞足蹈、咬牙切齿、摩拳擦掌、摇头晃脑、勾肩搭背、刻骨铭心、唇枪舌剑、虎背熊腰、掌上明珠、情同手足、提心吊胆、掩耳盗铃、画蛇添足、皮开肉绽、眉开眼笑、抬头挺胸、油嘴滑舌、愁眉苦脸、心直口快、胆战心惊、燃眉之急……

第三步，以 5—6 人的小组为单位，以下列几个问题为主题，对视频资料进行讨论，个人充分发表个人观点，并记录。

①游戏结果如何？

②你觉得肢体作为沟通一种方式，其优缺点是什么？

③你觉得什么时候比较适合采用这种方法？

④不同沟通方式的使用，你觉得应该注意什么原则？

第四步，各小组选出一名代表发言，对小组讨论分析结果进行总结。

第五步，以小组为单位对各种观点进行分析、归纳和要点提炼，完成案例分析发言提纲。

第六步，总结分析。讲解沟通方式的运用。

实训要求：学生能认真上台表演，积极参与到肢体表演的游戏中，并能结合上文中所阐述不同沟通方式进行分析；查阅相关资料，完成案例分析与发言提纲；各小组成员都应学会分析记录，并积极进行讨论，发表个人观点，认真完成实训内容；发言提纲要求语言流畅，文字简练，条理清晰。

实训内容Ⅲ：角色扮演

实训形式：

角色扮演。

实训步骤：

第一步，实训前准备。学生要事先思考与上级、平级、下级沟通的方式方法，设置沟通情境。

第二步,角色扮演。学生以 4 人为一组,分别扮演上级、平级、下级的角色,按照上行、平行、下行的沟通要求设置情景进行模拟。

第三步,根据以下问题,个人充分发表个人观点,进行讨论和分析,并记录。

①表演效果如何？ 各小组表演过程中存在的问题有哪些？

②通过角色扮演,你觉得与上级、平级、下级沟通有何不同？

第四步,各小组选出一名代表发言,对小组讨论分析结果进行总结。

第五步,以小组为单位对各种观点进行分析、归纳和要点提炼,完成案例分析发言提纲。

实训要求:学生模拟跟上级、同级、下级交往时的场景,能较为认真地完成实训报告的填写,积极参与情景模拟,情节设计较为科学合理,有一定创新性,并能结合沟通相关理论进行分析;查阅相关资料,完成案例分析与发言提纲;各小组成员都应学会分析记录,并积极进行讨论,发表个人观点,认真完成实训内容;发言提纲要求语言流畅,文字简练,条理清晰。

四、实训时间及成绩评定

(一)实训时间

实训内容Ⅰ:知识讲解 5 分钟,实训报告填写 3 分钟,代表回答 2 分钟。

实训内容Ⅱ:实训准备、规则讲解 4 分钟,问题回答及分析 4 分钟。

实训内容Ⅲ:知识讲解 4 分钟,游戏准备(分组)2 分钟,游戏开展 4 分钟,游戏总结 4 分钟。

(二)实训成绩评定

1.实训成绩按优秀、良好、中等、及格、不及格 5 个等级评定。

2.实训成绩评定准则。

①能否在规定时间内完成实训报告,能否事先完成分组、情景设计等准备工作。

②能否认真组织或参与小组游戏,有较好的游戏效果。

③能否开展游戏分析,正确分析按通道不同的四种沟通方式的不同,特别是对不同沟通方式运用过程的理解,以及不同等级之间的沟通方式是否合理。

实训项目四　沟通障碍的排除

一、实训目的

通过故事讲解、游戏分析、企业访谈,学生了解沟通的障碍;同时提出解决对策,从而切实提高学生解决沟通障碍的能力。

二、基本知识要点

(一)沟通障碍

在人们沟通信息的过程中,常常会受到各种因素的影响和干扰,使沟通受到阻碍。沟通障碍主要来自三个方面:发送者的障碍、接收者的障碍和信息传播通道的障碍。

1.发送者的障碍

在沟通过程中,信息发送者的情绪、倾向、个人感受、表达能力、判断力等都会影响信息的完整传递。障碍主要表现在以下五方面。

(1)表达能力不佳。发送信息方如果口齿不清,词不达意或者字体模糊,就难以把信息完整地、准确地表达出来;如果使用方言、土语,会使接收者无法理解。在不同国籍、不同民族人员之间的交流中,这种障碍更明显。

(2)信息传送不全。发送者有时人为缩简信息,使信息变得模糊不全。

(3)信息传递不及时或不适时。信息传递过早或过晚,都会影响沟通效果。

(4)知识经验的局限。信息发送者和接收者如果在知识和经验方面水平悬殊,发送者认为沟通的内容很简单,不考虑对方,仅按照自己的知识和经验范围进行编码,而接收者却难以理解,从而影响沟通效果。

(5)对信息的过滤。过滤是指故意操纵信息,使信息显得对接收者更有利。如某管理人员向上级传递的信息都是对方想听到的东西,这位管理人员就是在过滤信息。过滤的程度与组织结构层次与组织文化有关。组织纵向管理层次越多,过滤的机会也就越多。组织文化则通过奖励系统鼓励或抑制这类过滤行为。如果奖励只注重形式和外表,管理人员便会有意识地按照上级的习惯品位调整和改变信息的内容,现实生活中"报喜不报忧"就是典型的信息过滤行为。

2.接收者的障碍

从信息接收者的角度看,影响信息沟通的因素主要有六个方面。

(1)信息译码不准确。接收者如果对发送者的编码不熟悉,就有可能误解信息,甚至得到相反的理解。

(2)对信息的筛选。受主观性的影响,接收者在接收信息时,会根据自己的知识经验去理解,按照自己的需要对信息进行选择,从而可能会使许多信息内容丢失,造成信息的不完整甚至失真。

(3)对信息的承受力。每个人在单位时间接收和处理信息的能力不同,对于承受能力较低的人来讲,如果信息过量,难以全部接收,就会造成信息的丢失而产生误解。

(4)心理上的障碍。接收者对发送者不信任,敌视或冷淡、厌烦,或者心理紧张、恐惧,都会歪曲或拒绝接收信息。

(5)过早地评价。在尚未完整地接收一项信息之前就对信息做出评价,将有碍于对信息所包含的意义的接收。价值判断就是对一项信息所给予的总的价值的估计,它是以信息的来源、可靠性或预期的意义为基础的。过于匆忙地作出评价,就会使接收者只能听到他所希望听到的那部分内容。

(6)情绪。在接收信息时,接收者的感觉会影响到他对信息的理解。不同的情绪感受会使个体对同一信息的解释截然不同。狂喜或悲伤等极端情绪体验都可能阻碍信息沟通,因为这种情况下人们会出现意识狭隘的现象而不能进行客观的理性的思维活动,而代之以情绪性的判断。因此,应尽量避免在情况很激动的时候进行沟通。

3.沟通通道的障碍

沟通通道的问题也会影响到沟通的效果。沟通通道障碍主要有以下几个方面:

(1)选择沟通媒介不当。比如对于重要事情而言,口头传达效果较差,因为接收者会认为"口说无凭""随便说说"而不加重视。

（2）几种媒介相互冲突。当信息用几种形式传送时，如果相互之间不协调，会使接收者难以理解传递的信息内容。如领导表扬下属时面部表情很严肃甚至皱着眉头，就会让下属感到迷惑。

（3）沟通渠道过长。组织机构庞大，内部层次多，从最高层传递信息到最低层，从低层汇总情况到最高层，中间环节太多，容易使信息损失较大。

（4）外部干扰。信息沟通过程中经常会受到自然界各种物理噪音、机器故障的影响或被另外事物干扰，也会因双方距离太远而沟通不便，影响沟通效果。

4.企业组织中的沟通障碍

在企业日常的管理中，经常发生一些信息沟通上的障碍。而由于是组织沟通中发生的障碍，所以有其特殊性。

（1）等级观念的影响。由于在组织中建有等级分明的权力保障系统，不同地位的人拥有不同的权力，这就使得组织中的人们在信息传递过程中，经常首先关注的是信息的来源，即"是谁讲的"，其次才是信息的内容。同样的信息，由不同地位的人来发布，效果会大不一样。这就容易造成信息传递的失真。

（2）小集团的影响。为了达到分工协作的目的，组织在形成过程中建立了各种各样的部门或机构，从而把组织分成若干群体。由于每一群体都有其共同的利益，因此在组织信息传递过程中，为了维护自身的利益，他们可能会扭曲信息、掩盖信息甚至伪造信息，使信息变得混乱而不真实。

（3）利益的影响。由于信息的特殊作用，人们在传递信息时常会考虑所传递信息是否会对自己的利益产生影响。当人们觉得此信息对自己的利益会产生不利影响时，就会自觉或不自觉地从心理上到行动上对此信息的传递采取对抗或抵制的态度，从而妨碍组织沟通。

（4）信息的超负荷。现代组织中的信息传递是快和多。在高节奏的工作环境中，信息传递的任何延误都会造成很大的损失；而信息大量增加，会使人觉得难以抉择，无所适从。信息的超负荷不仅造成了"文山会海"，而且导致人们对所传递信息的麻木不仁。

（二）沟通障碍的排除

1.改善信息发出者沟通效果的方法

（1）勇于开口，寻求自我突破。很多时候，人际沟通是需要我们主动寻求出路，主动构建沟通条件，自我突破，才能建设新的人际关系网，新的未来。

（2）改进沟通态度。信息沟通不仅仅是信息符号的传递，它包含着更多的情感因素，所以在沟通过程中，沟通双方采取的态度对于沟通的效果有很大的影响。只有双方坦诚相待时，才能消除彼此间的隔阂，从而求得对方的合作。另外，在信息沟通过程中双方还要以积极的、开放的心态对待沟通，要愿意并且有勇气用恰当的方法展示自己的真实想法，在沟通过程中顾虑重重会导致很多误解。

（3）注意选择合适的时机。由于所处的环境、气氛会影响沟通的效果，所以信息交流要选择合适的时机。对于重要的信息，双方在办公室等正规的地方进行交谈，有助于集中注意力，从而提高沟通效率；对于思想或感情方面的沟通，则适宜于比较随便、独处的场合下进行，从而创造更好的沟通氛围。

（4）提高自己的表达能力，特别是语言表达能力。语言是信息的载体，是提高沟通效率要解决的首要问题。掌握语言的表达艺术的前提是通过学习和训练，自己运用语言的能力达到熟练自如、得心应手的水平。一般规律是沟通中要与沟通对象、沟通环境、沟通内容结合起来考虑怎么使用语言。也就是说，无论是口头交谈还是采用书面交流的形式，都要力求准确地表达自己的意思。同时，双方还要相互了解对方的接收能力，根据对方的具体情况来确定自己表达的方式和用语等；选择正确的词汇、语调、标点符号；注意逻辑性和条理性，对重要的地方要加上强调性的说明；借助于体态语言来表达完整的思想和感情的沟通，加深双方的理解。

（5）注重双向沟通。由于信息接收者容易从自己的角度来理解信息而导致误解，因此信息发送者要注重反馈，提倡双向沟通，要善于体察别人，鼓励他人不清楚就问，注意倾听反馈意见，及时纠正偏差。

（6）积极进行劝说。在沟通过程中，不仅要晓之以理、动之以情，必要时还要诱之以利。由于每个人都有自己的情感，为了使对方接收信息，并按照发送者的意图行动，信息发送者常常要进行有必要的积极劝说，从而达到沟通目的。

2. 改善信息接收者沟通效果的方法——倾听

以前人们往往只注重说写能力的培养，忽视了听的能力的训练和培养。事实上，没有听就很难接收到有用的信息。而倾听则区别于一般的听，它是一种通过积极的听来完整地获取信息的方法，主要包括注意听、听清、理解、记忆和反馈五层内容，参见表8-2。

（1）注意听。倾听者要听得投入，全神贯注地听，不仅要用耳朵去听，还要用整个身体去听对方说话：比如，要保持与说话者的目光接触，身体微微前倾，以信任、接纳、尊重的目光让说话者把要说的意思表达清楚。同时，听者注意控制自己的情绪，克服心理定式，保持耐心，尽可能站在说话者的角度去听，认真地顺着说话者的思路去听。另外，自己不要多说，尽量避免中间打断别人的谈话。

（2）听清内容。听者要完整地接收信息，听清全部内容，不要听到一半就心不在焉，更不能匆忙下结论。同时要营造一种轻松、安静的气氛，排除谈话时的各种噪音干扰，使得听者能努力抓住其中的关键点。

（3）理解含义。理解信息并能听出对方的感情色彩，这样才能完全领会说话者的真正含义。同时要准确地综合和评价所接收的信息，听者对一些关键点要时时加以回顾，通过重复要点或提一些问题来强化和证实你所理解的信息；对一些疑问和不清楚的问题，也要在适当的时候向对方提问，以保证信息的准确理解；另外，为了能听懂，还要借助一些辅助材料，如报告、提纲、小册子或讲义等来帮助理解。

（4）记忆要点。在理解对方的基础上要记住所传递的信息，听者可以通过将对方的话用自己的语言来重新表达，或者通过记住所说的典型事例，以及对信息加以分类和整理的方法，增进有效记忆；另外，如有必要在听的时候做些笔记，以便于事后回忆和查阅。

（5）反馈。给予说话人适当的反馈，可以使谈话更加深入和顺利。在听的时候，用点头、微笑、手势等体态语言对说话人做出积极反应，让对方感觉到你愿意听他说话，以及通过提一些说话人感兴趣的话题，可以加深双方的感情，并使得谈话更加深入。

表 8-2　倾听要点

要：	不　要：
表现出兴趣	争　辩
全神贯注	打　断
该沉默时必须沉默	从事与谈话无关的活动
选择安静的地方	过快或提前做出判断
留出适当的时间用于辩论	草率地给出结论
注意非语言暗示	让别人的情绪直接影响你
当你没听清楚时，要以疑问的方式重复	过于直接
当你发现遗漏时，直截了当地问	含糊其辞

3.采用恰当的沟通方式

选用恰当的沟通方式对增强组织沟通的有效性也十分重要，因为组织沟通的内容千差万别，针对不同的沟通需要，应该采取不同的沟通方式。从沟通的速度方面考虑，利用口头和非正式的沟通方法，就比书面的和正式的沟通速度快。从反馈性能来看，面对面交谈，可以获得立即的反应，而书面沟通则有时得不到反馈。从可控性来看，在公开场合宣布某一消息，对于其沟通范围及接收对象毫无控制；反之，选择少数可以信赖的人，利用口头传达某种信息则能有效地控制信息。从接收效果来看，同样的信息，可能由于渠道的不同，被接收的效果也不同。以正式书面通知，可能使接收者十分重视，反之，在社交场合所提出的意见，却被对方认为讲过就算了，并不加以重视。因此，要根据沟通渠道的不同性质，采用不同的沟通方式，这样沟通效果才会更好。

4.改进组织沟通的方法

在组织的管理中，采用一些积极有效的管理技术和方法会增强组织沟通的有效性。一般有以下方法。第一，采取信息沟通检查制。这种方法是将信息沟通看成实现组织目标的一种方式，而不是为了沟通而沟通，因而就可以把组织内外的信息沟通看成一个与组织目的相关的一组沟通因素。利用这种信息沟通检查制，可以分析所设计的许多关键性管理活动中的沟通。它既可以用于出现问题之际，也可用于事前防范。第二，设立建议箱和建立查询制度。设立建议箱来征求员工意见，以此改善自下而上的沟通。查询制度是组织设立的另外一种答复员工所提出的关于组织方面问题的方法。这些问题和答复可以在组织内部刊物上登出，从而使得组织与员工之间有了广泛而有效的交流，促进组织的有效沟通。第三，进行员工调查和反馈。对组织中员工的态度和意见进行调查，是组织的一种有用的自下而上的沟通手段。这种形式的调查使得员工感到他们可以自由表达他们真实的观点。而当调查结果反馈到员工那里时，这则变成了自上而下的沟通。调查反馈使员工感到他们的意见已被管理者听到和考虑，因而增强了组织与员工的有效沟通。

三、实训内容、组织方式及步骤

实训内容 I：沟通障碍的产生

实训形式：

案例分析。

实训步骤：

第一步，实训前准备。要求参加实训的同学，课前查阅相关书籍，初步了解本次实训的理论基础知识。

第二步，以5—6人的小组为单位对以下案例资料进行阅读。

⇨【案例分析8-2】

经理马林与下属小刘

小刘刚办完一个业务回到公司就被主管马林叫到了他的办公室："小刘哇，今天业务办得顺利吗？""非常顺利，马主管，"小刘兴奋地说，"我花了很多时间向客户解释我们公司产品的性能，让他们了解到我们的产品是最合适他们使用的，并且在别家再也拿不到这么合理的价钱了，因此很顺利就把公司的机器推销出去一百台。"

"不错，"马林赞许地说，"但是，你完全了解了客户的情况了吗，会不会出现反复的情况呢？你知道我们部的业绩和推销出的产品数量密切相关，如果他们再把货退回来，对于我们的士气打击会很大，你对于那家公司的情况真的完全调查清楚了吗？"

"调查清楚了呀，"小刘兴奋的表情消失了，取而代之的是失望的表情，"我是先在网上了解到他们需要供货的消息，又向朋友了解了他们公司的情况，然后才打电话到他们公司去联系的，而且我是通过你批准才出去的呀！"

"别激动嘛，小刘，"马林讪讪地说，"我只是出于对你的关心才多问几句的。"

"关心？"小刘不满道，"你是对我不放心才对吧！"

第三步，根据以下问题，个人充分发表个人观点，进行讨论和分析，并记录。

①分析经理马林与下属小刘之间的沟通，为什么会让小刘不满？

②如果你是经理马林，你会如何与下属小刘进行有效的沟通？

③面对目前的僵局，经理马林应该怎么做才能扭转局面？

第四步，各小组选出一名代表发言，对小组讨论分析结果进行总结。

第五步，以小组为单位对各种观点进行分析、归纳和要点提炼，完成案例分析发言提纲。

实训要求：查阅相关资料，完成案例分析与发言提纲，并能掌握沟通的方式方法；各小组成员都应学会分析记录，并积极进行讨论，发表个人观点，认真完成实训内容；发言提纲要求语言流畅，文字简练，条理清晰。

实训内容 II：学会倾听

实训形式：

访谈实践。

实训步骤:

第一步,实训前准备。有关倾听的相关理论的掌握。

第二步,任务要求。学生记录与周边同学访谈的过程,特别是倾听的相关内容。

第三步,根据以下问题,充分发表个人观点,进行分析。

①你作为倾听者,做了哪些准备?

②在倾听的过程中,你的心理感受是怎样的?

③你觉得影响你有效倾听的最大障碍是什么?

④通过访谈,你觉得要做到有效倾听,需注意哪些问题?

第四步,总结分析。学生将在倾听中的心理感受记录下来,分析倾听的技巧及重要性。

实训要求:学生能在一天之内,认真完成实训报告,特别是要求注重倾听技巧的运用,同时学生也能结合倾听相关理论对访谈过程中出现的问题进行较为科学分析。

实训内容Ⅲ:沟通技能训练

实训形式:

管理游戏。

实训步骤:

第一步,实训前准备。掌握沟通的多种方法,男女组队,共同策划多种推销方法。

第二步,游戏过程。本组的男同学按照事先策划的多种推销方法向另一组的女同学推销剃须刀,其他同学对其推销过程中所运用的方法进行记录。

第三步,根据以下问题,以5—6人小组为单位,个人充分发表个人观点,进行讨论和分析,并记录。

①拟定推销方法有哪些?

②课堂推销效果如何?

③实际推销过程中所运用的沟通方法有哪些?

④要达到沟通目的,你觉得需要注意哪些方面问题?

第四步,各小组选出一名代表发言,对小组讨论分析结果进行总结。

第五步,老师总结。根据游戏结果,老师运用沟通方式的相关理论,结合游戏,讲解不同的沟通艺术。

第六步,以小组为单位对各种观点进行分析、归纳和要点提炼,完成案例分析发言提纲。

实训要求:学生运用多种沟通方法,认真参与整个游戏过程,并能运用沟通技巧达到一定的推销效果;查阅相关资料,完成案例分析与发言提纲,各小组成员都应学会分析记录,并积极进行讨论,发表个人观点,认真完成实训内容;发言提纲要求语言流畅,文字简练,条理清晰。

四、实训时间及成绩评定

(一)实训时间

实训内容Ⅰ:知识讲解5分钟,实训报告填写3分钟,代表回答3分钟。

实训内容Ⅱ:实训准备、规则讲解4分钟,课外实训报告填写一天,典型同学发言并分析5分钟。

实训内容Ⅲ：实训准备 1 分钟，游戏准备（分组）2 分钟，游戏开展 4 分钟，游戏总结 4 分钟。

(二)实训成绩评定

1.实训成绩按优秀、良好、中等、及格、不及格 5 个等级评定。

2.实训成绩评定准则。

①能否认真做好同学访谈，在规定时间内完成实训报告。

②能否事先完成分组、推销方案拟定等准备工作，运用多种手段组织推销，实现推销目的。

③能否正确分析案例，结合从信息接收者角度分析正确把握倾听的艺术，游戏结束后能否做较好地分析，特别是沟通方法的把握。

模块九

激　励 ≫ ≫ ≫ ≫

实训目标

1. 提高学生对激励的过程的认识，并理解激励的基本过程；
2. 熟悉各种激励基本理论，并能运用。

实训手段

案例分析；情景模拟；管理沙龙；访谈调研；

实训项目一　激励的过程以及重要性

一、实训目的

1. 理解激励动机的含义。
2. 理解激励的过程，能分析激励的各个环节。

二、基本知识要点

(一)激励的含义

在管理工作中，可把激励定义为调动人们积极性的过程，即为了特定目的而去影响人们的内在需要动机，从而强化、引导或改变人们行为的反复过程。它含有激发动机、鼓动行为、形成动力的意义。理解激励的含义应该注意以下几点：①激励有鲜明的目的性；②激励是对人的需要或动机施加影响，从而强化、引导或改变人们的行为；③激励是一个持续反复的过程；④激励受环境的影响。

(二)激励要素

1. 动机

动机是推动人从事某种行为的心理动力。激励的核心要素就是动机，关键环节就是动机的激发。

2. 需要

需要是激励的起点与基础。人的需要是人们积极性的源泉和实质，而动机则是需要的表现形式。

3.外部刺激

这是激励的条件,它是指在激励的过程中,人们所处的外部环境中诸种影响需要的条件与因素。主要指各种管理手段及相应形成的管理环境。

4.行为

被管理者采取有利于组织目标实现的行为,是激励的目的。

(三)动机含义、形成以及功能

1.动机含义

所谓动机是鼓励和引导一个人为实现某一目标而行动的内在力量,是满足未得到满足的需要的一种内在愿望。需要是使某种结果变得有吸引力的一种心理状态,是指人们对某种目标的渴求。正是这种欲望驱使人去采取某种行为。而人之所以会有某种需要,是因为人自身的某些要求没有得到满足,就会努力追求他所需要的东西。为满足某种需要是形成人行为动机的根本原因。一个人的行为,总是直接或间接、自觉或不自觉地为了实现某种需要的满足。

2.动机形成

动机是个体需要和环境相互作用的结果。有的人之所以懒,不是他没有需要,而是因为他的动机没有被激发。从需要产生动机,一般要经历以下过程:①当人的需要还处于萌芽阶段时,他以不明显的模糊的形式反映在人的意识之中,这时人并不知道自己到底需要什么,表现在外是形态上当事人紧张不安;②当需要不断增强,当事人比较明确地知道,什么是使其不安时,需要转化为意向;③当人意识到可通过什么手段来满足此种需要时,就转化为愿望;④当人的心理进入了愿望阶段后,在外界条件的刺激下就可能形成满足此种需要的行为动机。

总而言之,有需要,还需要一定的诱因,才能产生现实的动机。可见,形成动机的条件内在的需要和外部的刺激,其中内在的需要是促使人产生某种动机的根本原因。

3.动机的功能

动机在人类活动中具备以下几个功能:①动机能唤起人的行为。人的行为总是由一定的动机引起的,动机可以驱使一个人产生某种行为;②动机能维持人的行为趋向一定的目标;③动机能巩固或修正行为。动机会因为良好的行为结果,使行为重复出现,从而使行为得到加强;也会因为不好的行为结果,而使这种行为减少以至不再出现。

(四)激励的过程

从心理学角度看,激励的过程就是在外界刺激变量(各种管理手段与环境的因素)作用下,使内在的变量(需求、动机)产生持续不断的兴奋,从而引起主体(被管理者)积极的行为反应(为动机所驱使的、实现目标的努力)。

激励的过程:各种管理手段与环境因素的刺激(诱因)下,被管理者产生某种未被满足的需要(驱力);从而造成心理与生理紧张,寻找能满足需要的目标,并产生实现这种目标的动机;由动机驱使,被管理者会努力实现上述目标的行为;目标实现,满足需要,紧张心理消除,激励过程完成。当这一种需求得到满足之后,人们会随之产生新的需要,作为未被满足的需要,又开始了新的激励过程,如图9-1所示。

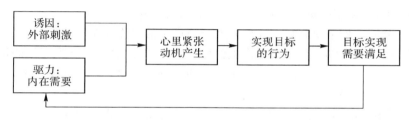

图 9-1 激励过程

三、实训内容、组织方式及步骤

实训内容Ⅰ:激励的过程

实训形式:

案例分析。

实训步骤:

第一步,实训前准备。要求参加实训的同学,课前查阅相关书籍,初步了解本次实训的理论基础知识。

第二步,以 5—6 人的小组为单位对以下案例资料进行阅读。

【案例分析 9-1】

李强的忧虑

　　李强已经在智宏软件开发公司工作了 6 年。在这期间,他工作勤恳负责,技术能力强,多次受到公司的表扬,领导很赏识他,并赋予他更多的工作和责任,几年中他从普通的程序员晋升到了资深的系统分析员。虽然他的工资不是很高,住房也不宽敞,但他对自己所在的公司还是比较满意的,并经常被工作中的创造性要求激励。公司经理经常在外来的客人面前赞扬他:"李强是我们公司的技术骨干,是一个具有创新能力的人才⋯⋯"

　　去年 7 月份,公司有申报职称指标,李强属于有条件申报之列,但名额却给了一个学历比他低、工作业绩平平的老同志。他想问一下领导,谁知领导却先来找他:"李强,你年轻,机会有的是。"

　　最近李强在和同事们的聊天中了解到他所在的部门新聘用了一位刚从大学毕业的程序分析员,但工资仅比他少 50 元。尽管李强平时是个不太计较的人,但对此还是感到迷惑不解,甚至很生气,他觉得这里可能有什么问题。

　　在这之后的一天下午,李强找到了人力资源部宫主任,问他此事是不是真的?宫主任说:"李强,我们现在非常需要增加一名程序分析员,而程序分析员在人才市场上很紧俏,为使公司能吸引合格人才,我们不得不提供较高的起薪。为了公司的整体利益,请你理解。"李强问能否相应提高他的工资。宫主任回答:"你的工作表现很好,领导很赏识你,我相信到时会给你提薪的。"李强向宫主任说了声"知道了!"便离开了他的办公室,李强开始为自己在公司的前途感到忧虑。

第三步,根据以下问题,个人充分发表个人观点,进行讨论和分析,并记录。

①结合资料,谈谈李强进入公司努力工作的激励过程。

②请讨论分析案例中提到智宏软件开发公司员工的工作动机有哪些?

③案例公司实施了哪些员工激励措施?但却忽略了什么因素,导致李强的忧虑?

④如果你是公司高管,你会如何设计公司的新制度或者新的措施,设计的措施是从哪各方面来刺激员工的需要、动机?

第四步,各小组选出一名代表发言,对小组讨论分析结果进行总结。

第五步,对各种观点进行分析、归纳和要点提炼,完成案例分析发言提纲。

实训要求:各小组成员都应学会分析记录,并积极进行案例讨论,发表个人观点,认真完成实训内容;发言提纲要求语言流畅,文字简练,条理清晰。

实训内容Ⅱ:激励过程理解

实训形式:

情景模拟。

实训步骤:

第一步,实训前准备。要求参加实训的同学,课前查阅相关书籍,初步了解本次实训的理论基础知识。

第二步,以5—6人小组为单位设计情景剧,要求情景剧的主题围绕班主任激励学生,生动地表现激励的过程。

第三步,围绕设计的情景剧进行表演,要求学生扮演情景剧中的不同的角色。

第四步,各小组选择一名代表,就下列问题分析自己小组学生在表演过程中涉及了激励过程的哪几个环节,并做好记录。

①激励过程的情景剧设计的主要的思路以及大纲。

②激励过程的情景剧的角色分工,以及主要的作用。

③总结激励过程的情景剧的激励过程。

实训要求:学生围绕着班主任激励学生的话题设计情景剧,表现出激励的各个环节。通过情景剧理解激励的各个环境。

四、实训时间及成绩评定

(一)实训时间

实训内容Ⅰ:案例讨论时间以30分钟为宜,各小组代表发言时间控制在3分钟。

实训内容Ⅱ:学生设计情景剧20分钟,分工以及表演3分钟,总结分析1—2分钟。

(二)实训成绩评定

1.实训成绩按优秀、良好、中等、及格、不及格5个等级评定。

2.实训成绩评定准则。

①是否理解动机。

②是否能设计激励过程的情景剧,并能表现激励的各个环节。

实训项目二　激励理论

一、实训目的

1.理解马斯洛需要层次论、双因素理论、期望理论、公平理论、强化理论。
2.运用各种激励理论分析各种激励理论的案例。
3.学会把激励理论运用到现实的学习、生活和工作中。

二、基本知识要点

（一）马斯洛的需要层次论

需要层次论由美国心理学家亚伯拉罕·马斯洛（Abraham Maslow）于1943年提出来的。这一理论揭示人的需求与动机的规律，受到管理学界的普遍重视。

基本内容。马斯洛提出人的需要可以分为五个层次，即生理需要、安全需要、社交需要、尊重的需要和自我实现需要，参见表9-1。

表 9-1　根据马斯洛需求层次理论提出激励措施

需要层次	追求的目标	管理策略
生理的需要	工资 健康的工作环境 各种福利	待遇、奖金 医疗保健制度 工作时间多少 住房等福利设施
安全需要	职业保障 意外事故的防止	雇佣保证 劳保制度 退休金制度
社交需要	友谊（良好的人际关系） 团体的接纳 组织的认同	团体活动计划 互助金制度 群众组织 教育培训制度
尊重需要	地位、名次、荣誉 权利、责任 与他人收入比较	人事考核制度 晋升制度 表彰制度 选拔进修制度 参与制度 奖励制度
自我实现需要	能发挥个体特长的环境 具有挑战性的工作	决策参与制度 提案制度 革新小组

（1）生理需要。生理需要是指维持人类自身的基本需要，如对衣、食、住、行的基本需要。马斯洛认为，在这些需要没有得到满足以维持生命之前，其他需要都不能起到激励人的作用。

（2）安全需要。安全需要是指人们希望避免人身危险和不受丧失职业、财物等威胁的需要。生理需要与安全需要是属于物质需要。

（3）社交需要。这里是指人们希望与别人交往，避免孤独，与同事和睦相处、关系融洽的欲望。

（4）尊重的需要。当第三层次需要满足后，人们开始追求受到尊重，包括自尊与受人尊重两个方面。

（5）自我实现需要，这是一种最高层次的需要，指使人能最大限度发挥潜能，实现自我理想和抱负的欲望。马斯洛认为这一层次的需要是无止境的，一种自我实现需要满足后，会产生更高的自我实现需要，后三个层次的需要是精神需要。

马斯洛需要层次理论的基本观点主要有以下几点。

（1）人的需要是分等分层的，呈阶梯式逐步上升

人的最基本需要是生理需要。一般来说，只有在低层次的需要满足以后，才会进一步追求较高层次的需要，而且低层次需要满足的程度越高，对高层次需要的追求就越强烈。

（2）需要的存在是促使人产生某种行为的基础

当一个人无所求时，也就没有什么动力与活力；反之若一个人有所需求，就必然存在着可以被激励的因素。因为人的需要不同，所以要调动人的积极性，就必须针对不同的人，引导满足不同层次的需求。

（3）当某种需要得到满足以后，这种需要也就失去了对行为的唤起作用

当某一层次的需要得到满足以后，下一层次尚未满足的需要就会成为人们行动的动机。高层次的需要，不仅内容上比低层次的需要广泛，实现的难度也大。据马斯洛估计，80％的生理需要和70％的安全需要一般会满足，但只有50％的社交需要、40％的尊重需要和10％的自我实现需要能得到满足。

（二）赫茨伯格的"双因素理论"

双因素理论是美国心理学家弗雷德里克·赫茨伯格（Fredrick Herzberg）于20世纪50年代提出来的。

赫茨伯格通过对9个企业的203名工程师和会计师进行了1844人次的调查结果的分析，把影响人的积极性的因素归纳为激励因素与保健因素，提出了"双因素理论"。基本内容如下所述。

1．影响人的积极性的因素有两类：激励因素与保健因素

保健因素，一般而言，是与工作环境和条件相关的因素。包括：管理政策与制度、监督系统、工作条件、人际关系、薪金、福利待遇、人事关系、工作安全等。但当人们得到这些方面的满足，只能消除不满，却不会调动人们的工作积极性，即起不到明显的激励作用，因此这类因素被称为保健因素。激励因素，属于和工作本身相关的因素。包括：工作成就感、工作挑战性、工作中得到的认可与赞美、工作的发展前途、个人成才与晋升机会等。当人们得不到这些方面的满足时，工作就会缺乏积极性，但不会起到明显的激励作用。因此，他把这类因素称为激励因素。

2．激励因素是以人对工作本身的要求为核心

如果工作本身富有吸引力，那么员工在工作时就能得到激励；如果奖励是在完成工作之后，或离开工作场所之后才有价值或意义的，则对员工工作只能提供极少的满足。例如，

一个学生之所以潜心学习，是因为他对所学的知识感兴趣；而如果只是为了取得一定的学分，他就不再努力钻研。也就是说，当工作本身具有激励因素时，人们对外部因素引起的不满足会具有较大的忍受力；而当他们经常处于没有"保健"因素的状态时，则常常会对周围事物感到极大的不满意。

3.只有激励因素的满足，才能激发人的积极性

由上可见，并不是所有需要的满足都能激发人的积极性，只有那些激励因素的满足，才能激发起人的积极性。保健因素的满足只能防止人们产生不满意的情绪，而难以起到激励作用。因此，激励的确需要以满足需要为前提，但并不是满足需要就一定能产生激励作用。

总之，双因素理论就如何针对员工需要来激励员工进行了更深入的分析，提出要调动和保持高昂的积极性，必须首先具备必要的保健因素，防止员工不满情绪的产生；但仅仅这些是不够的，更重要的是努力创造条件，使员工激励因素方面得到满足。但是保健因素和激励因素对于不同的人，是不同的，对一个人来说是激励因素，但是对另一个人很可能属于保健因素。

(三)期望理论

美国心理学家维克托·弗鲁姆（Victor H. Vroom）于1964年系统提出了期望理论。这一理论通过人们努力的行为与预期奖酬之间的因果关系来研究激励的过程。

基本内容。期望理论认为，人们对某项工作积极性的高低，取决于他对这种工作能力满足其某种需要的程度及实现可能性大小的评价。例如，一名员工认为某项工作的目标实现，将会给他带来很大的收益，如巨额奖金、荣誉称号、获得提升等；而且只要通过努力，达到目标的可能性也很大时，他就会以极高的积极性努力完成这一工作。反之，若对达到目标不感兴趣，或者虽感兴趣，但根本没有希望达到目标，那他就不会有努力做好工作的积极性。

激励水平取决于期望值与效价的乘积，其公式：

激发力量＝效价×期望值

激发力量，是指激励动机的强度，即激励作用的大小，表示人们为了达到目的而努力的程度。

效价，指目标对于满足个人需要的价值，即某一个人对某种结果偏爱的强度。

期望值，指采取某种行为实现目标可能性的大小，即实现目标的概率。

由上式可见，激励作用的大小，与效价、期望值成正比，即效价、期望值越高，激励作用越大；反之，则越小。若其中一项为0时，则激发的力量为0，表示没有任何的激励作用。

(四)公平理论

公平理论是美国心理学家约翰·斯塔希亚当斯（John Stacy Adams）于1965年提出来。这一理论重点研究个人做出的贡献与所得报酬之间关系的比较对激励的影响。

基本内容。公平理论认为，人的工作积极性不仅受其所得的绝对报酬影响，更重要的是受其相对报酬的影响。这种相对报酬是指个人付出劳动与所得报酬的比值。

付出劳动包括体脑力消耗、技术水平能力高低、工龄长短、工作态度等；报酬包括工资、奖金、晋升、地位等。

付出与报酬包括两种比较方式。

(1)横比，即在同一时间内自身同他人相比较。

（2）纵比，即拿自己不同时期的付出与报酬进行比较。

是否感到公平，所依据的就是付出与报酬之间比较出来的相对报酬。相对报酬如果合理，就会获得公平的感受，否则就是不公平感受。

（五）强化理论

强化理论主要着眼于如何引导人的行为朝着组织所希望的方向进行。心理学家认为，人具有学习能力，通过改变其所处的环境，可保持和加强积极行为，减少或消除消极行为，把消极行为转化为积极行为。哈佛的伯尔赫斯·弗雷德里克·斯金纳（Burrthus Frederick Skinner）据此提出了强化理论，并提出了以下几种行为改造策略。

（1）正强化。正强化是指对正确的行为及时加以肯定或奖励。正强化可以导致行为的继续，条件是所给予的奖励必须是员工所喜欢的。

（2）负强化。负强化是指通过人们不希望的结果的结束，而使行为得以强化。例如，下级努力按时完成任务，就可以避免上级的批评，于是人们就一直努力按时完成任务；上课迟到的学生都受到了老师的批评，不想受到批评的学生就努力做到不迟到。负强化可增加某种预期行为发生的概率，而使一些不良行为结束或者消退。

（3）不强化。不强化是指对某种行为不采取任何措施，既不奖励也不惩罚。这是一种消除不合理行为的策略，因为倘若一种行为得不到强化，那么这种行为的重复率就会下降。如果一个人老是抱怨分配给他的工作，但没有人理睬他，也不给他换工作，也许过一段时间他就不再抱怨了。

（4）惩罚。惩罚是对不良行为给予批评或处分。惩罚可以减少这种不良行为的重复出现，弱化行为。但是惩罚一方面可能会引起怨恨和敌意，另一方面随着时间的推移，惩罚的效果会减弱。

（5）综合策略。综合策略是指对某人的不同行为采取以上的策略。如当两种互不相容的行为，即一种合理另一种不合理时，可采用综合策略强化合理的行为、减少或消除其他不合理的行为。

三、实训内容、组织方式及步骤

实训内容Ⅰ：马斯洛需要层次论、赫茨伯格双因素理论

实训形式：

案例分析。

实训步骤：

第一步，实训前准备。要求参加实训的同学，课前查阅相关书籍，初步了解本次实训的理论基础知识。

第二步，以5—6人的小组为单位对以下案例资料进行阅读。

⇨【案例分析9-2】

华为公司的管理措施

只用了10多年的时间，华为就从一家代理销售交换机的小公司，逐步发展壮大为拥有自主开发产品和核心技术的跨国公司。华为能把全国211院校通信专业

的一流毕业生全包下,华为在哪里设立分公司,本地同行如何想方设法留住人才?这一切都离不开华为在人才吸引和人才激励方面的机制。

一、"全员持股"的特定激励政策满足员工最大生理需求和安全需求

先看一看下面这些股权激励下的员工收入数据。0级主管,30个人年薪6000万;1级主管,120个人能年薪1500万;2级部门总监,350个人年薪350万;3级部门主管,1500个人年薪100万;4级部门正负经理,5000个人年薪50万;基层员工,60000个人年薪10万。华为公司的股权激励说明,任何一个员工只要努力工作,不仅可以以拿到丰厚的工资,而且还可以获得可观的股权分红。甚至有的员工的分红是其工资的数倍。这种方法不仅激发了员工的工作积极性,还充分满足员工的生理需求和安全需求,使员工不会为自己的生存担忧。

二、团结协作,集体奋斗的企业文化满足员工的归属感

在公司里上下平等,不平等的部分已经通过工资形式表现出来,华为员工无权享受特权。大家同甘共苦,人人平等,集体奋斗,将个人努力融入集体拼搏之中,在华为得到充分体现。这样团结协作的氛围给予员工归属感,而且同事之间的合作是员工感受到他人的帮助和关爱。员工的社交需求得到满足。

三、公司未来客观的前景和双向晋升渠道满足员工自尊需求和自我实现的需求

华为的产品和解决方案已经应用于全球100多个国家,服务全球运营商前50强中的36家,2008年很多通信行业业绩下滑,而华为实现合同销售额233亿美元,同比增长46%,其中75%的销售额来自国际市场。同时,华为设计了任职资格双向晋升通道。新员工首先从基层业务人员做起,然后上升为骨干,员工可以根据自己的喜好,选择管理人员或者技术专家作为自己未来的职业发展道路。在达到高级职称之前,基层管理者和核心骨干之间,中层管理者与专家之间的工资相同,同时两个职位之间还可以相互转换。如此诱人的晋升和发展前景让追求成功和实现自身价值的员工更加努力工作。

第三步,根据以下问题,个人充分发表个人观点,进行讨论和分析,并记录。
①如何用马斯洛的激励理论来解释华为员工的行为?
②如何用赫茨伯格的双因素理论对员工的行为加以解释?
第四步,各小组选出一名代表发言,对小组讨论分析结果进行总结。
第五步,对小组成员的各种观点进行分析、归纳和要点提炼,完成资料分析发言提纲。
实训要求:各小组成员都应学会分析记录,并积极进行讨论,发表个人观点,认真完成实训内容;发言提纲要求语言流畅,文字简练,条理清晰。

实训内容Ⅱ:期望理论的理解
实训形式:
案例分析。
实训步骤:
第一步,实训前准备。要求参加实训的同学,课前查阅相关书籍,初步了解本次实训的理论基础知识。
第二步,以5—6人的小组为单位对以下案例资料进行阅读。

⤷【案例分析 9-3】

苗晓光的故事

　　北京雪莲羊绒有限公司的科技人员苗晓光,是公司先进人物中的典型代表。他从学校的校门出来,就进了工厂,那么在企业里他就有一种追求,就是要用他在学校里面的所学,结合生产的需要,结合中国是个羊绒大国的国情,不仅仅是资源大国,也是一个生产大国,把自己的所学,结合实践发明创造出最好的分梳技术。这样一种抱负,这样一种追求,激励他在将近6年的时间内,在研制小组的领导下,发挥了他自己的特长,最后终于取得了突破性的进展,获得了专家鉴定,就是这项工艺 BsLD—95 的工艺技术,获得 20 世纪 90 年代国际先进水平的评价。

　　苗晓光自己曾说:"作为一名知识分子,在企业里想干一些事,像我们这样一些从学校毕业以后到基层工作的人,一辈子要干出点贡献。反正我是这么想的。一个人要想干成一件事,如果没有企业领导的支持,没有周围人创造的环境条件,要干成点事是很难的,像我们这个项目就是这样的,所以历时有6年。在刚开始研制的时候,我们厂处于低谷的特殊情况,一个是人们也不理解,因为消耗资金比较大,再一个是人力、物力的条件都不特别具备。这个时候,李总来了(因为他是技术出身),当他了解到这个情况,又了解了分梳的重要性以后,决定把这个项目干下去。回想这个项目的完成,对我自己来讲,我觉得这是做了一件有意义的事情。虽然这不是什么大事,但也算是为企业做了一点贡献,今后的路还很长,我想这还只是走完了第一步,今后还有推广和有一个更好地应用和发展的过程,事物是没有止境的,我想在领导的支持下一定会做得更好。"

　　苗晓光指着公司奖给他的房子,激动地对人们说:"这就是公司奖励给我的一套住房,是公司最好的住房了,对我来说是非常知足的。因为什么呢?在这个项目完成之前,公司曾两次给我调整住房,从原来我住房子的8平方米到16平方米,后来又给了一套两居室。后来公司认为贡献(与报酬)应该是相对应的,所以就奖给了我这套住房,建筑面积大约有90多平方米。对我来说,自己心里感到一种踏实、一种满足。在北京有套住房是比较难的,给套住房也是对我工作的一种承认。你看这里面房子的格局都是好的,不仅是在住房上领导给了奖励,而且在工作的其他方面,如晋级、职称,还有工资待遇上也给了相应的奖励,我想我不能辜负领导对我的奖励,自己也不能忘记一个知识分子在工作上应该更努力地工作,主要是为企业做出新的贡献。"

　　第三步,根据以下问题,个人充分发表个人观点,进行讨论和分析,并记录。

　　①该公司满足了苗晓光什么期望,使其努力为企业做出重大贡献?

　　②请用案例内容分析期望值、效价和激励力之间的关系?

　　第四步,各小组选出一名代表发言,对小组讨论分析结果进行总结。

　　第五步,以小组为单位对各种观点进行分析、归纳和要点提炼,完成案例分析发言提纲。

　　实训要求:查阅相关资料,完成案例分析与发言提纲,各小组成员都应学会分析记录,并积极进行讨论,发表个人观点,认真完成实训内容;发言提纲要求语言流畅,文字简练,条理清晰。

实训内容Ⅲ:公平理论以及强化理论的理解

实训形式:

案例分析。

实训步骤:

第一步,实训前准备。要求参加实训的同学,课前查阅相关书籍,初步了解本次实训的理论基础知识。

第二步,以5—6人的小组为单位对以下案例资料进行阅读。

【案例分析9-4】

固定工资还是佣金制

白泰铭在读大学时成绩不算突出,老师和同学都没认为他是很有自信和抱负的学生,以为他今后无多大作用。他的专业是日语,毕业后便被一家中日合资公司招为推销员。他很满意这份工作,因为工资高,还是固定的,不用担心未受过专门训练的自己比不过别人。若拿佣金,比人少得太多就会丢面子。

刚上班的头两年,小白的工作虽然兢兢业业,但销售成绩只属一般,可是随着他对业务和他与客户们的关系越来越熟悉,他的销售额也渐渐上升了。到了第三年年底他已列入全公司几十名销售员中头20名了。下一年他很有信心估计自己当数推销员中的冠军了。不过这公司的政策,是不公布每人的销售额,也不鼓励互相比较,所以他还不能说很有把握自己一定会坐上第一把交椅。去年,小白干得特别出色。销售额比前年提高了25%,到了九月初他就完成了这个销售额。根据他的观察,同事中间还没有人完成定额。

十月中旬,日方销售经理召他去汇报工作。听完他用日语做的汇报后,那日方销售经理对他格外客气,祝贺他已取得的成绩。在他要走时,那经理对他说:"咱公司要再有几个像你一样的推销明星就好了。"小白只微微一笑,没说什么,不过他心中思忖,这不就意味喜新厌旧承认他在销售员队伍中出类拔萃了吗?今年,公司又把他的定额提高了25%,尽管一开始不如去年顺利,他仍是一路领先,比预计干得要好。他根据经验估计,十月中旬前他准能完成自己的定额。

可是他觉得自己的心情并不舒畅。最令他烦恼的事,也许莫过于公司不告诉大家干得好坏,没个反应。他听说本市另两家也是中外合资的化妆品制造企业都搞销售竞赛和有奖活动。其中一家是总经理亲自请最佳推销员到大酒店吃一顿饭;而且人家还有内部发行的公司通讯小报,让人人知道每人销售情况,还表扬每季和年度最佳销售员。

想到自己公司这套做法,他就特别恼火。其实一开头他并不关心排名第几的问题,现在却重视起来了。不仅如此,他开始觉得公司对推销员实行固定工资制是不公平的,一家合资企业怎么也搞大锅饭?应该按劳付酬。

上星期,他主动去找了那位外国经理,谈了他的想法,建议改行佣金制,至少按成绩给奖金制。不料那日本上司说这是既定政策,拒绝了他的建议。

昨日,令公司领导吃惊的是,小白辞职而去,到另一家公司了。

第三步,根据以下问题,个人充分发表个人观点,进行讨论和分析,并记录。

①用什么激励理论来分析白泰铭的情况比较合适。

②白泰铭为什么要从中日合资公司辞职而去,到另一家公司去谋高就呢?

③该公司应该依靠什么理论来制定相应的激励措施解决这一类问题?

④尝试依据公平理论以及强化理论来制定公司新的激励措施,避免类似的问题。

第四步,各小组选出一名代表发言,对小组讨论分析结果进行总结。

第五步,对各种观点进行分析、归纳和要点提炼,完成案例分析发言提纲。

实训要求:各小组成员都应学会分析记录,并积极进行案例讨论,发表个人观点,认真完成实训内容;发言提纲要求语言流畅,文字简练,条理清晰。

实训内容Ⅳ:激励理论的运用(员工激励)

实训形式:

情景模拟。

实训步骤:

第一步,实训前准备。要求参加实训的同学,课前查阅相关书籍,初步了解本次实训的理论基础知识。

第二步,组建实训小组5—6人(模拟公司),确定情景剧设计的激励理论。

第三步,搜集案例,围绕激励理论设计情景剧,并确定学生的角色。

第四步,学生表演情景剧,在表演的过程中,指导教师在表演过程中可以发出提问。

第五步,围绕着情景剧的激励理论,学生与指导老师一起讨论分析并总结情景剧。

实训要求:通过对各个成员角色的模拟表演,特别是激励行为的合理性进行分析与评价,学生加深对各种激励理论的理解。

实训内容Ⅴ:激励理论实际运用

实训形式:

管理沙龙。

实训步骤:

第一步,实训前准备。要求参加实训的同学,课前查阅相关书籍,初步了解本次实训的理论基础知识。

第二步,组建讨论分析的实训小组(模拟公司),并确定组长。

第三步,由小组长对实训小组进行分工,搜集学生的学习、生活以及社会工作的案例。

第四步,对搜集的案例进行分析讨论,最后总结讨论的结果,总结处理一些激励问题的措施。

第五步,实训指导老师总结分析各类案例处理的一般规则。

实训要求:通过前期对每一个激励理论分析,学生搜集身边的各种生活的小例子或者贴近学习、生活以及学生工作的案例;通过生活例子或贴近学习、生活以及学生工作的案例讨论分析,加深激励理论的理解,并灵活地运用在平时学生学习、生活以及学生工作中。

四、实训时间及成绩评定

(一)实训时间

实训内容Ⅰ:讨论时间 20 分钟为宜,各小组代表发言时间控制在 3 分钟。

实训内容Ⅱ:讨论时间 20 分钟为宜,各小组代表发言时间控制在 3 分钟。

实训内容Ⅲ:讨论时间 20 分钟为宜,各小组代表发言时间控制在 3 分钟。

实训内容Ⅳ:确定设计情景剧的激励理论,利用课余时间组建实训小组,搜集案例,编写剧本和排练;课堂表演控制在 25 分钟;实训小组总结分析 3 分钟。

实训内容Ⅴ:课外搜集案例;课堂讨论分析时间 30 分钟;总结并填写实训报告 15 分钟。

(二)实训成绩评定

1.实训成绩按优秀、良好、中等、及格、不及格 5 个等级评定。

2.实训成绩评定准则。

①案例分析是否准确,理论的基本内容是否掌握。

②激励理论的运用是否合理合情,表演的行为是否围绕着某个激励理论。

③激励理论是否能运用在现实的实际情况之中。

实训项目三　激励方法

一、实训目的

通过实训,学生掌握激励的方式方法;学会调研、访谈搜集资料,制定符合企业实际的激励制度。

二、基本知识要点

激励是一种力量,给人以行动的动力,使人的行为指向特定的方向。激励的目标是使组织中的成员充分发挥出其潜能。因此,管理者应该在激励理论的指导下,掌握正确的激励方法与技巧,才能使组织的成员热情高涨地去为组织的目标而工作。

(一)有效激励的要求

要能最大限度地满足员工的需要、激励员工的士气,在选取合适的激励方式方法时,应注意遵循以下的原则:①物质利益原则;②公平原则;③差异化和多样化原则。

(二)激励的方法

1.工作激励。①设计工作内容要考虑到员工的特长和爱好;②员工的工作目标设定应具有一定的挑战性;③工作丰富化。工作丰富化主要包括以下内容:第一,在不影响工作的结果的前提下,由员工去决定工作方法以及程序,给员工一定的自由;第二,每个员工对自己的工作负有明确的责任;第三,及时反馈员工完成工作情况;第四,员工明确认识自己工作的重要性,对整个组织的贡献;第五,安排员工定期轮换岗位和工种,并参与到某项业务活动的全过程;第六,给员工挑战性的工作,满足员工的成长需要和成就感,从而达到激励的目的。

2.成果奖励。①奖品必须能在一定程度上满足员工的需求;②奖励的多少与员工的工作业绩挂钩。主要包括以下内容:第一,按绩分配,直接根据工做的贡献大小支付报酬;第二,按劳分配,即根据其工作量支付报酬;第三,效益分享,即把奖励员工与员工对组织的贡献直接挂钩;第四,目标考核法,即按照一定的指标或评价标准来衡量员工完成既定目标和执行工作标准的情况,根据衡量结果给予相应奖励。

3.培训教育,即通过教育与培训,增强员工的工作能力,提高员工的思想觉悟,从而增强其自我激励的能力,是管理者激励和引导下属行为的一种重要手段,主要包括思想教育以及业务知识能力的培训。

三、实训内容、组织方式及步骤

实训内容Ⅰ:激励方法运用

实训形式:

案例分析。

实训步骤:

第一步,实训前准备。要求参加实训的同学,课前查阅相关书籍,初步了解本次实训的理论基础知识。

第二步,以5—6人的小组为单位对以下案例资料进行阅读。

【案例分析9-5】

董事长的困境

某公司自成立以来,经营业绩就一直蒸蒸日上,但今年的盈余竟大幅滑落。这绝不能怪员工,因为大家为公司拼命的情况,丝毫不比往年差,甚至可以说,由于人们意识到经济的不景气,干得比以前更卖力。

这也就愈来愈加重了董事长心头的负担,因为马上要过年,照惯例,年终奖金最少加发两个月,多的时候甚至再加倍,今年可惨了,算来算去,顶多只能给一个月的奖金。要让多年来已惯坏了的员工知道,士气真不知要怎样滑落。

董事长忧心地对总经理说:"许多员工都以为最少加两个月,恐怕飞机票、新家具都定好了,只等拿奖金就出去度假或付账单呢。"总经理也愁眉苦脸:"好像给孩子糖吃,每次都抓一大把,现在突然改成两颗糖,小孩一定会吵。"

第三步,根据以下问题,个人充分发表个人观点,进行讨论和分析,并记录。

①你认为该公司可以采用什么样的激励方法来解决目前的困境? 理论依据是什么?

第四步,各小组选出一名代表发言,对小组讨论分析结果进行总结。

第五步,以小组为单位对各种观点进行分析、归纳和要点提炼,完成案例分析发言提纲。

实训要求:个人查阅相关资料,完成案例分析与发言提纲,并能掌握编制计划的能力;各小组成员都应学会分析记录,并积极进行讨论,发表个人观点,认真完成实训内容;发言提纲要求语言流畅,文字简练,条理清晰。

实训内容Ⅱ:激励方法使用,并形成企业激励制度

实训形式:

访谈调研。

实训步骤：

第一步，实训前准备。由小组自行联系企业，制订并上交实训指导老师访谈计划书。

第二步，小组内进行具体访谈对象分工，部分学生负责对企业人力资源部经理者进行访谈，部分学生负责对企业各个层次的代表进行访谈，并找出企业在员工对企业哪些方面不满，哪些因素是可以激励员工努力工作并为完成企业的目标努力。

第三步，完成企业访谈报告的撰写。

第四步，各实训小组对该企业的激励方法以及制度进行总结，并形成一份更适应该企业的激励制度。

第五步，课堂讨论，实训指导老师点评激励制度的可行性。

实训内容：通过对某企业的员工访谈，企业的人力资源经理的访谈，学生了解企业的激励方法，并依据调研和访谈所得资料，分析制定合理的激励制度。

四、实训时间及成绩评定

(一)实训时间

实训内容Ⅰ：讨论分析案例 15 分钟，指导老师点评 5 分钟。

实训内容Ⅱ：利用课余时间制定访谈计划书；企业调研、访谈实际用时 2 小时之内；课堂讨论发言 30 分钟。

(二)实训成绩评定

1.实训成绩按优秀、良好、中等、及格、不及格 5 个等级评定。

2.实训成绩评定准则。

①是否能利用激励方式方法解决案例的问题，解决方法是否可行合理。

②是否能完成企业激励方法以及激励制度现状报告。

③是否形成符合企业情况的新激励制度一份。

模块十

控制及其方法

≫ ≫ ≫　≫

实训目标

1. 提高学生对控制的重要性认识,理解控制的含义、原则、过程;
2. 掌握控制的类型及控制的方式方法。

实训手段

案例分析;管理游戏;问卷测试

实训项目一　控制与控制过程

一、实训目的

通过案例讨论和分析,学生能够充分理解控制的含义、原则,提高学生日常控制能力。

通过游戏实训,学生提高分析问题、解决问题的能力;并通过游戏的讨论和分析,掌握控制的过程,提高学生团队控制能力。

二、基本知识要点

(一)控制的含义

控制就是核对或检查实际工作状况,并与预定的计划相比较,发现偏差时予以纠正,以保证计划的实现。

组织内任何形式的控制,都有一定的前提条件。这些前提条件是否充分,对于控制工作能否顺利开展有很大的影响。一般地,控制的前提条件主要包括以下几个方面。

1. 有计划:有一个科学的、切实可行的计划

控制的目的是保证组织目标与计划的顺利实现。控制目标体系是以预先制定的目标和计划为依据的,控制工作的好坏与计划工作紧密相连。一方面,组织在行动之前制订出一个科学的、符合实际的行动计划,是控制工作取得成功的前提。相反,如果一个组织没有一个好的计划,或者有一个导致组织走向失败的计划,那么控制工作做得越好就越会加速组织走向失败的进程。另一方面,控制工作本身也需要有一个科学的、切实可行的计划来明确控制的目标、对象、主体、方式方法,没有一个科学的控制计划,控制就难免顾此失彼。

从这两方面而言,有效控制是以科学的计划为前提的。

2.有组织:有专司控制职能的组织机构或岗位

控制工作就是根据各种信息,纠正计划执行中出现的偏差,以确保目标的实现。要做到这一点,就要有专司监督职责的机构或岗位,建立、健全与控制工作有关的规章制度,明确由何部门、何人来负责何种控制工作。

一个组织如果没有专门的控制机构,而由各部门自行监督、自行控制,那么就会出现管理部门和执行部门出于对切身利益的考虑而故意掩盖、制造假象、阳奉阴违的情况,也可能会存在管理部门由于忙于贯彻指令,无暇顾及调查研究及分析评价而难以反映真实状态的情况。因此,监督机构与相应的规章制度越健全,控制工作也就越能取得预期的效果。

3.有领导:有畅通的信息反馈渠道

控制工作中的一个重要步骤就是要将决策指令和计划执行情况及时反馈给管理者,以便管理者对已达到的目标水平与预期目标进行比较分析。这种信息反馈的速度、准确性如何,直接影响决策机构做出的决策指令的正确性和纠偏的准确性。因此,为了获得准确的信息反馈,防止监督机构与被监督机构串通一气、谎报信息,管理者在订好计划,明确各部门、各岗位在控制中的职责以后,还必须设计和维护畅通的信息反馈渠道,充分发挥社会舆论的监督作用。

信息反馈渠道的设计要注意:设立多个信息反馈渠道,确定与信息反馈工作有关的人员在信息传递中的任务与责任;事先规定好信息的传递程序、搜集方法和时间要求等事项;做好领导工作,调动各方面人员主动提供信息的积极性。只有加强领导,并建立畅通的信息反馈渠道,控制工作才能卓有成效地进行下去。

(二)控制的原则

1.重点原则

控制不仅要注意偏差,而且要注意出现偏差的项目。我们不可能控制工作中所有的项目,而只能针对关键的项目,且仅当这些项目的偏差超过了一定限度,足以影响目标的实现时才予以控制纠正。事实证明,要想完全控制工作或活动的全过程几乎是不可能的,因此,应抓住活动过程中关键和重点进行局部的和重点的控制,这就是重点原则。

由于组织和部门职能的多样化、被控制对象的多样化以及政策和计划的多变,几乎不存在有关选择关键和重点的普遍原则。但一般地,在任何组织中,目标、薄弱环节和例外是管理者控制的重点。

2.及时性原则

高效率的控制系统要求能迅速发现问题并及时采取纠偏差措施。这一方面要求及时准确提供控制所需的信息,避免时过境迁,使控制产生应有的效果;另一方面要事先估计可能发生的变化,使采取的措施与已变化了的情况相适应,即纠偏措施的安排应有一定的预见性。

控制是通过纠偏来保证目标的实现的,因此控制信息要力求准确,要客观、准确地进行控制标准的制定、实际业绩的评估、存在差异的分析和控制措施的采取。控制不准确不仅会影响工作进展,走弯路,而且会挫伤人们的积极性和工作热情。

要使控制准确客观,第一,要建立客观的衡量方法,对绩效用定量的方法记录并评价,把定性的内容具体化、客观化;第二,管理人员要从组织的角度来观察问题,避免形而上学,避免个人的偏见和成见,特别是在绩效的衡量阶段,要以事实为依据;第三,要明确这些信息不是整人的证据,以确保信息的可靠性,因为谁也不愿意提供对自己不利的证据。

实际情况千变万化,控制不仅要准确,而且要及时,一旦丧失时机,即使提供再准确的信息也徒劳。当然,及时不等于快速,及时是指当决策者需要时,控制系统能适时地提供必要的信息。组织环境越复杂、动荡,决策就越需要及时的控制信息。同时,要尽可能地采用前馈控制方式或预防性控制措施,一旦发生偏差,就对以后的情况进行预测,使控制措施能够针对未来,较好地避免时滞问题。

3.灵活性原则

尽管人们努力探索未来、预测未来,但未来的不可预测性始终是客观存在的。我们努力追求预测的准确性以及对实际业绩评价和差异分析的准确性,但不准确性总会存在。如果控制不具有弹性,则在执行时难免被动。因此,为了提高控制系统的有效性,就要使控制系统具有一定的灵活性。

控制的灵活性原则要求管理者制订多种应付变化的方案和留有一定的后备力量,并采取多种灵活的控制方式和方法来达到控制的目的。控制应保证在发生某些未能预测到的事件,如环境突变、计划疏忽、计划失败等情况下,控制仍然有效,因此要有弹性和替代方案。控制应当从实现目标出发,采用各种控制方式达到控制目的,不能过分依赖正规的控制方式,如预算、监督、检查、报告等。它们虽然都是比较有效的控制工具,但也有一定的不完善之处,数据、报告、预算有时会同实际情况有很大的差别,过分依赖它们有时会导致指挥失误、控制失灵,因此要采用一些能随机应变的控制方式和方法,如现场观察等。

4.经济性原则

控制是一项需要投入大量的人力、物力和财力的活动,其耗费之大正是今天许多应予以控制的问题而没有加以控制的主要原因之一。是否进行控制,控制到什么程度,都涉及费用问题,因此必须把控制所需的费用与控制所产生的效果进行经济上的比较,只有当有利可图时才实施控制。

控制的经济性原则:第一,要求有选择的控制,全面周详的控制不仅是不必要的也是不可能的,要正确而精心地选择控制点,大多会不经济,太少会失去控制;第二,要求努力降低控制的各种耗费而提高控制效果,费用的降低使人们有可能在更大的范围内实行控制。花费少而效率高的控制系统才是有效的控制系统。

控制所耗费的成本必须值得,虽然这种要求看起来很简单,实际上却很复杂。因为管理者很难知道一个特定的控制系统价值多少,或者它的成本是多少。所谓经济是相对的,因为效益会随着业务的重要性、工作的规模、因无控制而造成的耗费、控制系统可能做出的贡献等因素而改变。在实际工作中,控制的经济性考虑在很大程度上取决于管理者是否将控制应用于他们所认为的重要工作上。

(三)控制的过程

1.确定控制标准

控制主要是对组织活动加以监督和约束,以实现所期望的目标,为此必须首先确定控制标准,作为共同遵守的衡量尺度和比较的基础。因此,确定控制标准是实施控制的必要条件。

控制的目的是为了保证计划的顺利进行和目标的实现,因此控制标准的制定必须以计划和目标为依据。但组织活动的计划内容和活动状况是细微和复杂的,控制工作既不可能也无必要对整个计划和活动的细枝末节都来确定标准,加以控制,而应找出关键点。只要抓住这些关键点,就可以控制组织整体状况。

在控制过程中,对关键点必须确定相应的控制标准。控制标准可分为定量标准和定性标准两大类。定量标准便于度量和比较,是控制标准的主要表现形式。定量标准主要分为实物标准、价值标准、时间标准。实物标准如产量等,价值标准如成本、利润、销售收入等,时间标准如工时定额、工期等。除了定量标准外,还有定性标准,主要是有关服务质量、组织形象等方面的,这些方面一般难以量化。尽管如此,为了使定性标准便于掌握,有时也应尽可能地采用一些可度量的方法。如美国著名的麦克劳公司在经营上奉行"质量、服务、清洁、价值"的宗旨,为体现其宗旨,公司制定的工作标准是:95%以上的顾客进餐馆后3分钟内,服务员必须迎上前去接待顾客;事先准备好的汉堡包必须在5分钟内热好供应顾客;服务员必须在就餐顾客离开后5分钟内把餐桌打扫干净等。

任何一项具体工作的衡量标准,都应该有利于组织目标的实现,而对每一项具体工作都应有明确的时间、内容、要求等方面的规定。不管对某些控制对象制定控制标准有多困难,组织都应尽可能地建立有效的控制标准:能够量化的尽可能量化,不能量化的尽可能细化。

2.衡量实际业绩

标准的制定是为了衡量实际业绩,即把实际工作情况与控制标准进行比较,找出实际业绩与控制标准之间的差异,并据此对实际工作做出评估。

实际业绩的确定直接关系到控制措施的采取,因此要十分重视。要进行系统检查,通过调查、汇报、统计、分析等比较全面确切地了解实际的工作进展情况;要力求真实,防止文过饰非、空洞无物;要将它作为一项经常性的工作,定期而持续地进行;要建立一定的检查制度、汇报制度,以及时掌握信息;要抓住重点,对关键之处进行重点检查,以使控制更有针对性。

为了防止被控制者歪曲或隐瞒实际情况,管理者可建立专门的部门,如统计部门、审计部门、政策研究部门等来从事这项工作。不要把实际绩效简单地理解为某项工作或某个项目的最后结果,有时它可能是中间过程或状态,有时它可能是由中间过程或状态推测出来的结果。控制的目的不是衡量绩效,而是达到预定的绩效,所以在控制过程中也要预测可能出现的偏差,以控制未来的绩效。

3.进行差异分析

通过实际业绩同控制标准之间的比较,我们可确定这两者之间有无差异。若无差异,工作按原计划继续进行;若有差异,则首先要了解偏差是否在标准允许的范围之内。若偏差在允许的范围之内,则工作继续进行,但也要分析偏差产生的原因,以便改进工作,并把问题消灭在萌芽状态;若偏差在允许的范围之外,则应及时地深入分析产生偏差的原因。

搞清原因是采取相应措施的前提。差异分析首先要确定偏差的性质和类型。偏差的产生,可能是在执行任务过程中由于工作失误而造成的,也可能是由于原有计划不周所导致的,必须对这两类不同性质的偏差做出准确的判断,以便采取相应的纠偏措施。

偏差可分为正偏差和负偏差。正偏差是指实际业绩超过了计划要求,而负偏差是指实际业绩未达到计划要求。负偏差固然引人注目,需要分析,正偏差也要进行原因分析。如果是由于环境变化导致的有益的正偏差,则要修改原有计划以适应变化了的环境。如在检查当月的销售情况时,出现了实际销售量超过预期计划的正偏差,管理人员就要分析导致实际销售量超过预期计划的原因,以便采取正确的措施。

在做差异分析时,必须持冷静客观的态度,以免影响分析的准确性。应抓住重点和关键,从主观和客观两方面做实事求是的分析。

4.采取纠偏措施

进行差异分析的目的是采取正确的纠偏措施,以保证计划的顺利进行和组织目标的实现。在深入分析产生差异的原因的基础上,管理者要根据不同的偏差采取不同的措施。一般而言,纠偏措施可从以下几方面进行。

(1)改进工作方法

达不到原定的控制标准,工作方法不当是主要原因之一。特别是在企业中,其生产计划的目的是生产出高质量的符合社会需要的产品,因此其计划和控制都是以生产为中心的,而生产技术则是生产过程中的重要一环,在很多情况下偏差来自技术上的原因,为此就要采取技术措施,及时处理生产中由于技术问题而引起的各种偏差。

(2)改进组织和领导工作

控制职能与组织、领导职能是相互影响的。组织方面的问题主要有两种:计划制定好之后,组织实施工作没有做好;控制工作本身的组织体系不完善,不能对已产生的偏差加以及时跟踪与分析。在这两种情况下,组织工作都应改进。偏差也可能是由于执行人员能力不足或积极性不高而导致的,那么就需要通过改进领导方式和提高领导艺术来矫正偏差。

(3)调整或修正原有计划或标准

偏差较大有可能是由于原计划安排不当而导致的;也可能是由于内外环境的变化,使原计划与现实状况之间产生了较大的偏差。不论是哪一种情况,都要对原计划加以适当的调整。需要注意的是,调整计划不是任意地变动计划,这种调整不能偏离组织总的发展目标,调整计划归根到底还是为了实现组织目标。在一般情况下,不能以计划迁就控制,任意地根据控制的需要来修改计划。只有当事实表明计划标准过低或过高,或环境发生了重大变化使原有的计划前提不复存在时,对计划或标准进行修改才是合适的。

三、实训内容、组织方式及步骤

实训内容Ⅰ:控制的含义及原则

实训形式:

案例分析。

实训步骤:

第一步,实训前准备。要求参加实训的同学,课前查阅相关书籍,初步了解本次实训的理论基础知识。

第二步,以5—6人的小组为单位对以下案例进行阅读。

【案例分析 10-1】

邯郸钢铁厂的成本控制

邯郸钢铁公司的前身是河北邯郸钢铁总厂。该厂始建于 1958 年。1990 年，邯郸与其他钢铁企业一样，面临内部成本上升和外部市场疲软的双重压力，经济效益大面积滑坡。当时生产的 28 个品种有 26 个亏损。虽然总厂亏损已经到了难以为继的状况，可是各个分厂报表中的所有产品却都是盈利，因此工人和归纳部的工资奖金依然照发，一点也感受不到市场的压力和总厂亏损的困难。造成这种现象的主要原因是当时该厂采用的是计划价格来进行厂内核算的，这个价严重背离市场，依据这个价格反映不出产品的实际成本和真实效率，自然也就失去了它的价值。从 1991 年开始，该厂开始推行以"模拟市场核算，实行成本否决"为核心的内部改革，加大了企业技术改造力度，强化了企业内部管理，特别是目标成本管理，使企业的经济效益大幅度提高，市场竞争大大增强。自 1991 年实行"成本否决"以来，至 1995 年，企业共实现利税 39.9 亿元，其中利润 21.5 亿元；即使在宏观经济环境十分严峻的 1998 年，企业仍然实现销售收入 75 亿元，实现利税 8.7 亿元，其中利润 5.04 亿元，经济效益继续保持全行业第二位。

邯钢的目标成本管理的具体做法。

1. 以市场可以接收的产品价格为基准，考虑国内先进水平，本单位历史最高水平和可以挖掘的潜力，提出目标利润；然后据此倒算出企业必须控制的成本，也即是目标成本。目标成本—该产品的市场价格—目标利润—总厂应摊的管理费。

2. 将相应的目标成本和目标利润在全公司范围内层层分解到分厂、车间、工段、班组直到个人，以此作为各级的工作目标，也是公司对各级进行考核奖惩的依据。

3. 实现"成本否决"的奖惩制度，即完不成成本指标，别的工作干得再好，也要否决全部奖金，以成本和效益决定分配和对干部业绩进行考评。

为了保证目标成本管理的实施，邯郸还对公司的管理体制进行了改革。

一、精简机构。1990 年到 1995 年，总厂和分厂的管理科室从 503 个减少到 89 个，管理人员占职工人数的比重从 14% 下降到 12%。

二、充实和加强财务、质量管理、销售、计划、外经、预决算、审计等管理部门，进一步强化和理顺了管理职能。

三、实现"卡两头，抓中间"的管理方法。这两头，一方面是严格控制进厂原材料，燃料的价格、质量，另一方面是把住产品的销售关，建立集体定价生产过程中的"跑、冒、漏、滴"，而且将各项技术指标进行横向比较，以同行业先进水平为赶超目标。通过目标成本管理，邯郸不仅在激烈的市场中迎难而上，企业的效益年年提高，而且还为国有企业树立了光辉的榜样。

第三步，根据以下问题，个人充分发表个人观点，进行讨论和分析，并记录。

①根据以上资料，谈谈你对控制的认识。

②根据案例分析,邯郸钢铁厂进行成本控制的目标是什么？在这个过程中,该厂遵循了控制的哪些原则？

③在日常生活中,你认为还有哪些活动需要进行控制？

④有没有经历过缺乏控制而导致活动失败的例子？

第四步,各小组选出一名代表发言,对小组讨论分析结果进行总结。

第五步,对小组成员的各种观点进行分析、归纳和要点提炼,完成资料分析发言提纲。

实训要求:各小组成员都应学会分析记录,并积极进行讨论,发表个人观点,认真完成实训内容;发言提纲要求语言流畅,文字简练,条理清晰。

实训内容Ⅱ:控制的过程

实训形式:

管理游戏,能力测试。

实训步骤:

第一步,实训前准备。若干条15米的编织绳,每人一个眼罩。

第二步,活动前先发给每人一个眼罩,请所有学生戴上后,由教师将绳索整捆任意放置于活动场所的任一位置后,开始说明规则:

①请学生设法找到绳索,并将之排列成一个正三角形,三角形顶端需朝向实训指导老师指定的方向;

②过程中,手不可以离开绳索,确定完成时,请全体蹲下(或将绳索平放在地上),活动期间不能讲话。

第三步,教师对学生进行分组,每3人一组,学生开始活动,在规定的时间内完成任务,最先完成任务的为胜利队。

第四步,检查任务的完成情况,并进行点评。

第五步,重新以4人为一小组,其中一人不需要蒙眼睛,作为指挥和控制者,指导控制队员完成,在整个过程中指挥者不允许碰触绳索,只允许发出命令。

第六步,再一次进行检查任务的完成情况,进行点评。

第七步,按学生人数分发测试题卡。

【测试题卡】

测试你的自我控制能力,选择最适合自己的答案,然后跟随答案后的题目进行后续选择,直至最后。(自我控制能力后面的分值仅是比较各种类型的人的控制能力的高低,即完美主义型的人自我控制能力最强,而风吹即倒型的人自我控制能力最弱)

Q1.一觉醒来,你的第一个感觉是什么呢？

a.精神焕发,感觉新的一天真美好 ……2

b.巴不得是星期天,可以赖在床上 ……3

Q2.今天你起床晚了,面对妈妈为你准备的早餐,你会怎么办呢？

a.不吃了,空着肚子急急忙忙地出门 …………3

b.一边啃着面包,喝着牛奶,一边往外走 ……4

c.宁愿迟到也不放过美味的早餐 ………………5

Q3. 你每天是按时按点起床和睡觉吗？

a. 按时按点 ………4

b. 不或不一定 ……6

Q4. 听完明天有雨的天气预报之后，你会早早在包里放一把折叠雨伞吗？

a. 是的 ……7

b. 不是 ……5

Q5. 在上学途中偶遇自己心仪的对象，你会怎么做呢？

a. 大声跟对方打招呼，然后顺势走上前去………8

b. 不动声色地接近对方或跟在后面……………7

c. 觉得尴尬，故意回避对方，生怕被看见………6

Q6. 放学的路上有三条路可以回家，你会选哪一条呢？

a. 直线距离最近，但没什么小店可逛，没什么风景可看的路 ……7

b. 有几家小店可以逛逛，但稍微远一些的路 ……………9

c. 经过一个游乐场，相对前面两者更远一些的路 …………8

Q7. 看电视看到正精彩的时候，突然你很想上厕所，你会怎么办呢？

a. 不能憋坏自己，宁愿错过精彩的部分也要先方便…………8

b. 必定强忍着，非要看过精彩的部分才肯上厕所……………10

Q8. 如果你感冒了，家人又不在，你一个人躺在床上，会自己起来熬点粥吗？

a. 会…………9

b. 不会 ……10

Q9. 你的好朋友再次失恋了，凭直觉你认为她的下一次恋情什么时候会到来呢？

a. 半年之内 ……12

b. 一年之后 ……11

Q10. 如果你在考试的时候作弊，你估计你的下场如何呢？

a. 顺利逃离监考老师的视线，作弊成功 ……12

b. 人赃并获，当场被监考老师捉住 …………11

Q11. 你最讨厌以下哪种类型的售货员？

a. 瞧不起人的售货员 ……13

b. 爱理不理的售货员 ……14

c. 过分热情的售货员 ……12

Q12. 逛街的时候，你看见朋友小淘在跟一家小店的老板吵架，你会怎么做呢？

a. 马上走过去帮忙调解纠纷………13

b. 装作没看见，赶紧离开………14

Q13. 你准备到户外活动活动，下面哪个安排最合你心意呢？

a. 生态公园露营………14

b. 划船或漂流…………15

c. 钓鱼或烧烤…………16

Q14.当你走在路上的时候,走在你旁边的小学生摔倒了,你会怎么做呢?

a.帮忙扶起她 ………15

b.自己走自己的 ……17

Q15.如果你因为踩到香蕉皮而摔了个四脚朝天,你将作何反应呢?

a.大骂"是谁这么缺德呀?"……………………18

b.马上爬起来,装作什么都没发生一样,迅速逃离现场……17

c.大声抱怨"真是倒霉到家啦!"……………………16

Q16.班长通知你,老师叫你去办公室,凭直觉你认为老师要跟你说哪方面的事呢?

a.商量学校歌咏比赛或运动会的事情 ……19

b.成绩下滑,让你好自为知 ……………18

c.表现欠佳或被人打了小报告 ………17

Q17.学校举办运动会,你会参加哪支志愿服务队呢?

a.运动员联络队 …………19

b.比赛用品发放队 ………18

c.医务队或饮料派发队 ……20

Q18.朋友告诉你,他要用多米诺骨牌砌个埃及艳后图案,你认为他会成功吗?

a.一定能成功……………………19

b.不会成功,肯定半途而废……20

Q19.橙汁、水果沙拉、炸鸡翅这三样东西你最爱哪一个呢?

a.最爱橙汁 ………21

b.最爱水果沙拉 ……20

c.最爱炸鸡翅 ……22

Q20.你的愿望是能够就读一所什么样的大学呢?

a.一般的大学……21

b.名牌大学………22

Q21.火山、云朵、雨这三样里面你最喜欢哪一个呢?

a.最喜欢火山 ……22

b.最喜欢云朵 ……24

c.最喜欢雨 ………23

Q22.你最喜欢以下哪一个词?

a.花好月圆 ……23

b.天长地久 ……24

c.青梅竹马 ……25

Q23.回到家,你看见桌子上有一个包装精美的盒子,你会怎么做呢?

a.直接打开,看个究竟…………………………26

b.先捧起来掂量一下,等家人回来一起打开………………25

c.虽然好奇但由于没写明是给自己的,所以只好不管它……24

Q24. 表姐想参加新星选拔赛,而她父母却想让她考空姐,你认为她会怎么做呢?

a. 无法与家庭的力量抗衡,只好报考空姐·········26

b. 想办法说服父母,参加新星选拔赛·········27

c. 参加新星选拔赛和报考空姐同时进行·········25

Q25. 考试前的那些日子,你在温习了两个小时的功课后,会怎么样呢?

a. 吃点喝点,再调整好情绪继续温习·········26

b. 换换脑子,跟朋友通通电话·········27

Q26. 你相信星座运程分析吗?

a. 对大多数的运程分析都深信不疑·········27

b. 看过就忘了,娱乐一下而已·········29

c. 不相信,无论好坏都不会放在心上·········28

Q27. 当你遭遇失败时,会怎样安慰自己呢?

a. 会安慰自己"可能自己真做错了什么"······30

b. 会安慰自己"下次我会做得更好的"······29

c. 会安慰自己"失败就失败咯"······28

Q28. 你喜欢圆点图案还是条纹图案呢?

a. 喜欢圆点图案······29

b. 喜欢条纹图案······30

Q29. 当你无意中看到一个帅气十足的男生(漂亮十足的女生)的时候,你会怎么做呢?

a. 暗自惊叹"这个男(女)生真帅(漂亮)呀!"············36

b. 觉得很舒服,偷偷地欣赏他(她)·············31

c. 将对方想象成自己的男(女)朋友·············32

Q30. 你的性格更接近以下哪一种呢?

a. 凡事循序渐进······A

b. 喜欢迎接挑战······31

Q31. 你携带一份地图独自旅行,当你在一个陌生的地方迷路时,会怎么做呢?

a. 向附近的居民或便利店的人问路·········D

b. 仔细看地图,希望自己能解决问题······F

c. 到处乱转,直到彻底绝望才问路······33

Q32. 填写高中志愿前,老师告诉你,你考重点高中的成功率在20%左右,你会怎么办呢?

a. 坚持报重点高中,非要搏一把,暗自用功······34

b. 决定改填有把握的学校·············C

Q33. 对于你喜欢的书籍,你是怎样放的呢?

a. 放在自己熟悉的地方(比如枕头旁边、抽屉里)······A

b. 小心翼翼地放在书架的较高层·············35

Q34. 高考时你计划好了考大学要报什么科系了吗?

a. 已经计划好了······B

b.没想过这个 ………A

Q35.考试前一天,死党约你去看电影,你会拒绝吗?

a.会的 ……F

b.不会 ……D

Q36.你准备向心仪的男(女)生告白,你会选以下哪种方式呢?

a.直接打电话 ………………B

b.发邮件或在QQ上告白 ……E

测试结果:

A.稳打稳扎型　自我控制能力:75分

你做事非常有条理,一切几乎都是在按部就班地进行着,你对自己的能力似乎很有把握,好像一切都在你掌握中一样哦!由此可见,行事理智、有恒心、有毅力是你最大的优点,你的成功指日可待。但美中不足的是,你有点保守,有点不知变通,为了求安稳,你不会冒一丁点的险,这样的人生是不是太缺乏乐趣了呢?倘若胆子再大一些的话,你的成就可能会更大哟!

B.完美主义型　自我控制能力:90分

对自己要求严格的你,相信一分耕耘一分收获,你天生就知道要成功,必须靠自己付出才行,不劳而获的做派不是你这种类型所为,所以,一直以来,你都在默默耕耘、不断提升自己的学识和处世技巧。从另一方面来看,你又是个力求完美的人,你对自己的要求很高,或许别人眼中的你活得有点辛苦,可你自己却乐在其中,不把那些非议当回事,将来的你前途无量哟!

C.点到为止型　自我控制能力:65分

你从来都不是爱出风头或备受大家关注的人,可以说是比上不足比下有余的中间人。你很有自知之明,对一切事情都抱着随遇而安、顺其自然的态度,这样的你当然活得轻松又自在啦!因为你不爱强出头,不爱拿自己跟人家比,所以,心态平和,一天到晚都是开开心心的。可能有些人会觉得你没有上进心,不思进取,实际上要真正发掘你的潜力的话,还是大有希望的。

D.风吹即倒型　自我控制能力:30分

你永远没有痛下决心的时候,缺乏自我控制能力的你一旦没有别人的协助,就不可能独立完成任何任务。没有别人的鼓励你就会觉得缺少了点什么,打不起精神,不知道下一步该怎么办。所以,你从不会自作主张,最好有人为你打点好一切,而且,遇到帮你出主意的人一多,你就迷糊了,左也不是,右也不是,搞得自己进退两难。靠别人不如靠自己,还是靠自己最稳当。

E.妄自尊大型　自我控制能力:50分

平时的你对自己比较自信,但算不上绝对自信,自以为自我控制能力超好的你讨厌被人指挥,你认为凭自己那一套经验和方法就能搞定一切,可往往到头来结果并不能达到预期的效果。除了有点唯我独尊之外,有时你也会干涉别人的所作所为,开始的时候以为自己很有说服力,可实践却证明你出的点子并不是明智之举,为此,朋友对你的判断力也产生了巨大的置疑之心。

F. 知己知彼型　自我控制能力：80 分

你并不属于绝顶聪明的类型，但你那过人的自我控制能力和判断力却让你脱颖而出，经常比别人早一步料到事情的结果，如此这般你才显得蛮才智过人的。你很清楚自己的优点和缺点在哪里，所以，你在为人处世方面能恰到好处地展现自己的强项，与此同时，你也不断为自己的人脉拓展牵线搭桥，一旦要做什么事情，即可调遣手中的关系网络，结果必然是顺理成章的哦！

第八步，让学生在安静的状态下根据自己的情况进行选择。

第九步，根据下列问题进行分组讨论，并对比自己与别人的控制能力，并结合游戏进行讨论，完成讨论记录。

①根据自己测试题卡的测试结果与小组其他成员进行控制能力对比，分析自己的不足之处。

②小组在完成两次不同情况的游戏过程中，你有什么感受？

第十步，根据下列问题，对小组成员的各种观点进行分析、归纳和要点提炼，完成实训报告。

①你的自我控制能力测试得分如何？ 请对自我控制能力进行分析。

②第一次盲人三角形的任务完成得如何？ 为什么能够完成（不能完成）？

③在共同任务中，你是如何确定自己的方向的？ 三角形的方向如何确认和控制？

④在实际工作中，你是如何协调个人目标与团队目标的一致性的？ 如何理清与定位个人目标和团队目标？

⑤当三角形被放下时，是否每个人都明确地知道自己与团队的位置、方向，或者你是存有疑问，还是没有意见，以大家的看法为主？ 在你的工作团队中，是否也有类似的情形？

⑥当队员们都蒙着眼睛参与到活动中，没有一个可以看得见的人，你们的活动缺乏控制时，你感觉如何？ 当有一个可以信任的领导出现进行活动控制时，你的感觉如何？

实训要求：要求学生用一条 15 米长的编织绳在蒙着眼睛的状态下，互助合作，形成一个等边三角形；学生从控制的角度去分析，如何控制能够完成任务；各小组成员都应学会分析记录，并积极进行讨论，发表个人观点，认真完成实训内容；实训报告要求语言流畅，文字简练，条理清晰。

四、实训时间及成绩评定

（一）实训时间

实训内容Ⅰ：案例分析讨论时间以 20 分钟为宜，各小组代表发言时间控制在 3 分钟。

实训内容Ⅱ：游戏规则说明时间和组织时间控制在 10 分钟，游戏活动时间 20 分钟，测试时间控制在 5 分钟，游戏分析时间和讨论时间控制在 20 分钟。

（二）实训成绩评定

1. 实训成绩按优秀、良好、中等、及格、不及格 5 个等级评定。

2. 实训成绩评定准则。

①是否充分理解控制的含义、原则、过程。

②是否能积极主动与小组成员交流，能否简练、清楚地整理讨论和交流记录。

③是否能够积极地参与到游戏活动中，并积极地进行游戏的分析和讨论，是否掌握了控制的过程。

实训项目二　控制的类型与方法

一、实训目的

通过案例分析讨论，学生能够基本掌握控制系统中控制的各种类型以及控制的方式方法。

二、基本知识要点

在组织控制系统的构建过程中，由于控制的性质、内容、范围不同，控制可分成许多不同的类型。了解控制的各种类型，根据实际情况选择合适的控制类型，对于进行有效的控制是十分重要的。

（一）控制的类型

1.按照控制点的不同，控制可分为事前控制、事中控制和事后控制

（1）事前控制

事前控制又称为事先控制，是指一个组织在一项活动正式开始之前所进行的管理上的努力。主要是对活动最终产出的确定和对资源投入的控制，其重点是防止组织行为偏离目标、防止所使用的资源在质和量上产生偏差。因此，事前控制的基本目的是：保证某项活动有明确的绩效目标，保证各种资源要素的合理投放。可以说，计划是典型的事前控制。市场调查和可行性分析等均属于此类。

（2）事中控制

事中控制又称为过程控制、现场控制、实时控制，是在某项活动或工作进行过程中的控制，如管理者在现场对正在进行的活动给予指导与监督，以保证活动按规定的政策、程序和方法进行。它是一种面对面的领导，目的是及时处理例外情况、纠正工作中发生的偏差。由于事中控制一般在现场进行，管理者的工作作风和领导方式对控制效果有很大的影响。生产过程中的进度控制就属于此类控制。

（3）事后控制

事后控制发生在行动或任务终了之后，这是历史最悠久的控制类型，传统的控制方法几乎都属于此类。例如传统的质量控制往往局限于成品的检查，把次品和废品都挑出来，以保证出厂的产品都符合质量标准。事后控制的主要特征是，根据事先确定的控制标准对实际工作绩效进行比较、分析和评价。事后控制的最终目的是把好最后一道关，并根据对实际工作绩效的评价，为未来的事前控制和事中控制打下基础。

2.根据控制的性质，可以把控制分为预防性控制和纠正性控制

（1）预防性控制

采取预防性控制是为了避免产生错误和尽量减少今后的纠正活动，防止资金、时间和其他资源的浪费。一般而言，规章制度、工作程序、上岗培训等都起着预防性控制的作用。在设计预防性控制措施时，人们所遵循的原则都是为了更有效地达成组织目标，但要使这些预防性的规章制度能真正被遵从，还要有良好的监控机制加以保证。使用这种控制类型要求对整个活动的关键点有比较深刻的了解，能事先预见到问题并提出相应的对策措施。

（2）纠正性控制

采取纠正性控制往往是由于管理者没有预见到问题，其目的是，当出现偏差时采取措施使行为或活动返回到事先确定的或所希望的水平。

3.按照控制信息的来源不同，可以把控制分为反馈控制和前馈控制

（1）反馈控制

反馈控制就是根据过去的情况来指导现在和将来，即从组织活动进行过程中的信息反馈中发现偏差，通过分析原因，采取相应的措施纠正偏差。尽管这种控制类型得到了广泛的应用，但简单的反馈控制并不能有效地解决一切控制问题，因为从发现偏差到纠正偏差存在着时间延迟现象。

（2）前馈控制

前馈控制又称为指导将来控制。它通过情况的观察、规律的掌握、信息的分析、趋势的预测，预计未来可能发生的问题，在其未发生前即采取措施加以预防。前馈控制的着眼点是通过预测对被控制对象的投入或过程进行控制，以保证获得所期望的产出，并可较好地解决时滞所带来的问题。

4.按照控制时所采用的方式，可以把控制分为集中控制、分散控制和分层控制

（1）集中控制

集中控制就是在组织中建立一个控制中心，由它来对所有的信息进行集中统一的加工、处理，并由这一控制中心发出指令，操纵所有的管理活动。如果组织的规模和信息量不大，且控制中心对信息的取得、存贮、加工效率及可靠性都很高时，采用集中控制的方式有利于实现整体的优化控制。当组织十分庞大，规模和信息量极大时，就难以在一个控制中心进行信息存贮和处理，这种情况下，集中控制会拉长信息传递时间，造成反馈时滞，使组织反应迟钝、决策延误时机，并且一旦中央控制发生故障或失误，整个组织就会陷于瘫痪。

（2）分散控制

分散控制对信息存贮和处理能力的要求相对较低，易于实现，由于反馈环节少，因此反应快、时滞短、控制效率高、反应能力强；由于采用分散决策方式，即使个别控制环节出现了失误或故障，也不会引起整个系统的瘫痪。但分散控制可能会带来一个严重后果，即难以取得各分散系统的相互协调，难以保证各分散系统的目标与总体目标的一致性，从而会危及整体的优化，严重的甚至会导致失控。

（3）分层控制

分层控制是一种集中控制和分散控制结合起来的控制方式。它有两个特点：一是各子系统都具有各自独立的控制能力和控制条件，从而有可能对子系统的管理实施独立的处理；二是整个管理系统分为若干层次，上一层次的控制结构对下一层次各子系统的活动进行指导性、导向性的间接控制。在分层控制中要特别注意防止缺乏间接控制、自觉不自觉地滥用直接控制，并多层次地向下重叠实施直接控制的弊病。

（二）控制的方法与方法

管理实践中运用着多种控制方法，管理人员除了利用现场巡视、监督或分析下属依循组织路线传送的工作报告等手段进行控制外，还经常借助预算控制、比率分析、审计控制、盈亏控制以及网络控制等方法进行控制。

1. 预算控制

在管理控制中使用最广泛的一种控制方法就是预算控制。预算控制最清楚地表明了计划与控制的紧密关系。预算是计划的数量表现。预算的编制即是计划过程的开始,而预算本身又是计划过程的终点,是一种转化为控制标准的计划。

所谓预算,就是用数字、特别是用财务数字的形式来描述企业未来的活动计划,它预估了企业在未来时期的经营收入和现金流量,同时也为各部门或各项活动规定了在资金、劳动、材料、能源等方面的支出的额度。预算控制就是根据预算规定的收入与支出标准,来检查和监督各个部门的生产经营活动,以保证各种活动或各个部门在完成既定目标、实现利润的过程中对经营资源的利用,并使费用支出受到严格有效的约束。

预算编制,就是以数字编制未来某个时期的计划。据此,预算就是以财务术语(如在收支预算和资本预算中)或者以非财务术语(如在直接工时、物资、实际销售量或生产量的预算中)来表述预期结果。

预算在形式上是一整套预计的财务报表和其他附表。按照不同的内容,可以将预算分为经营预算、投资预算和财务预算三大类。

(1)经营预算,是指企业日常发生的各项基本活动的预算。它主要包括销售预算、生产预算、直接材料采购预算、直接人工预算、制造费用预算、单位生产成本预算、推销及管理费用预算等。其中最基本和最关键的是销售预算,它是销售预测正式的、详细的说明。由于销售预测是计划的基础,加之企业主要是靠销售产品和劳务所提供的收入来维持经营费用的支出和获利的,因而销售预算也就成为预算控制的基础。生产预算是根据销售预算中的预计销售量,按产品品种、数量分别编制的。在生产预算编制好后,还应根据分季度的预计销售量,经过对生产能力的平衡,排出分季度的生产进度日程表,或称为生产计划大纲,在生产预算和生产进度日程表的基础上,可以编制直接材料采购预算、直接人工预算和制造费用预算。这三项预算构成对企业生产成本的统计。而推销及管理费用预算,包括制造业务范围以外预计发生的各种费用明细项目,例如销售费用、广告费、运输费等。对于实行标准成本控制的企业,还需要编制单位生产成本预算。

(2)投资预算,是指对企业固定资产的购置、扩建、改造、更新等,在可行性研究的基础上编制的预算。它具体反映在何时进行投资、投资多少、资金从何处取得、何时可获得收益、每年的现金净流量为多少、需要多少时间回收全部投资等。由于投资的资金来源往往是任何企业的限定因素之一,面对厂房和设备等固定资产的投资又往往需要很长时间才能回收,因此,投资预算应当力求和企业的战略以及长期计划紧密联系在一起。

(3)财务预算,是指企业在计划期内反映有关预计现金收支、经营成果和财务状况的预算。它主要包括"现金预算""预计收益表"和"预计资产负债表"。必须指出的是,前述的各种经营预算和投资预算中的资料,都可以折算成金额反映在财务预算内。这样,财务预算就成为各项经营业务和投资的整体计划,故亦称"总预算"。

2. 非预算控制

除了预算控制方法以外,管理控制工作中还采用了许多不同种类的控制手段和方法。有些方法属于传统的控制方法,例如亲自观察。另外一些方法,例如计划评审法,则代表了新一代的计划和控制方法,它说明科学技术的进步、社会活动规模的扩大必然伴随着管理理论的发展和管理技术的进步。

（1）比率分析

比率分析就是将企业资产负债和收益表上的相关项目进行对比，形成一个比率，从中分析和评价企业的经营成果和财务状况。常用的比率类型有财务比率和经营比率。

（2）盈亏分析

所谓盈亏分析，就是根据销售量、成本和利润三者之间的相互依赖关系，对企业的盈亏平衡点和盈利情况的变化进行分析的一种方法，又称"量、本、利"分析。它是一种很有用的控制方法和计划方法。

三、实训内容、组织方式及步骤

实训内容Ⅰ：控制系统

实训形式：

案例分析。

实训步骤：

第一步，实训前准备。要求参加实训的同学，课前查阅相关书籍，初步了解本次实训的理论基础知识。

第二步，以5—6人的小组为单位对以下案例资料进行阅读。

⇨【案例分析 10-2】

麦当劳公司的控制系统

麦当劳公司以经营快餐闻名遐迩。1955 年，克洛克在美国创办了第一家麦当劳餐厅，其菜单上的品种不多，但食品质量高，价格廉，供应迅速，环境优美。连锁店迅速发展到每个州，至 1983 年，国内分店已超过 6000 家。1967 年，麦当劳在加拿大开办了首家国外分店，以后国外业务发展很快。到 1985 年，国外销售额约占它的销售总额的 1/5。在 40 多个国家里，每天都有 1800 多万人光顾麦当劳。

麦当劳允诺：每个餐厅的菜单基本相同，而且"质量超群，服务优良，清洁卫生，货真价实"。它的产品、加工和烹制程序乃至厨房布置，都是标准化的，严格控制的。它撤销了在法国的第一批特许经营权，因为它们尽管盈利可观，但未能达到在快速服务和清洁方面的标准。

麦当劳的各分店都由当地人所有和经营管理。鉴于在快餐饮食业中维持产品质量和服务水平是其经营成功的关键，因此，麦当劳公司在采取特许连锁经营这种战略开辟分店和实现地域扩张的同时，就特别注意对各连锁店的管理控制。如果管理控制不当，使顾客吃到不对味的汉堡包或受到不友善的接待，其后果就不仅是这家分店将失去这批顾客及其周遭人光顾的问题，还会波及影响到其他分店的生意，乃至损害整个公司的信誉。为此，麦当劳公司制定了一套全面、周密的控制办法。

麦当劳公司主要是通过授予特许权的方式来开辟连锁分店。其考虑之一，就是使购买特许经营权的人在成为分店经理人员的同时也成为该分店的所有者,从而在直接分享利润的激励机制中把分店经营得更出色。特许经营使麦当劳公司在独特的激励机制中形成了对其扩展中的业务的强有力控制。麦当劳公司在出售其特许经营权时非常慎重,总是通过各方面调查了解后挑选那些具有卓越经营管理才能的人作为店主,而且事后如发现其能力不符合要求则撤回这一授权。

麦当劳公司还通过详细的程序、规则和条例规定,使分布在世界各地的所有麦当劳分店的经营者和员工们都遵循一种标准化、规范化的作业。麦当劳公司对制作汉堡包、炸土豆条招待顾客和清理餐桌等工作都事先进行翔实的动作研究,确定各项工作开展的最好方式,然后编成书面的规定,用以指导各分店管理人员和一般员工的行为。公司在芝加哥开办了专门的培训中心——汉堡包大学,要求所有的特许经营者在开业之前都接收为期一个月的强化培训。回去之后,他们还被要求对所有的工作人员进行培训,确保公司的规章条例得到准确的理解和贯彻执行。

为了确保所有特许经营分店都能按统一的要求开展活动,麦当劳公司总部的管理人员还经常走访、巡视世界各地的经营店,进行直接的监督和控制。例如,有一次巡视中发现某家分店自作主张,在店厅里摆放电视机和其他物品以吸引顾客,这种做法因与麦当劳的风格不一致,立即得到了纠正。除了直接控制外,麦当劳公司还定期对各分店的经营业绩进行考评。为此,各分店要及时提供有关营业额和经营成本、利润等方面的信息,这样总部管理人员就能把握各分店经营的动态和出现的问题,以便商讨和采取改进的对策。

麦当劳公司的另一个控制手段,是在所有经营分店中塑造公司独特的组织文化,这就是大家熟知的"质量超群,服务优良,清洁卫生,货真价实"口号所体现的文化价值观。麦当劳公司的共享价值观建设,不仅在世界各地的分店,在上上下下的员工中进行,而且还将公司的一个主要利益团体——顾客也包括进这支建设队伍中。麦当劳的顾客虽然被要求自我服务,但公司特别重视满足顾客的要求,如为他们的孩子们开设游戏场所、提供快乐餐和组织生日聚会等,以形成家庭式的氛围,这样既吸引了孩子,也增强了成年人对公司的忠诚感。

第三步,根据以下问题,个人充分发表个人观点,进行讨论和分析,并记录。

①麦当劳提出的"质量超群,服务优良,清洁卫生,货真价实"口号如何反映它的公司文化? 以这种方式来概括一个组织或公司的文化,具有哪些特色或不足?

②麦当劳公司所创设的管理控制系统,具有哪些基本构成要素?

③该控制系统是如何促进麦当劳公司全球扩张战略的实现?

第四步,各小组选出一名代表发言,对小组讨论分析结果进行总结。

第五步,对小组成员的各种观点进行分析、归纳和要点提炼,完成案例分析发言提纲。

实训要求:各小组成员都应学会分析记录,并积极进行讨论,发表个人观点,认真完成实训内容;发言提纲要求语言流畅,文字简练,条理清晰。

实训内容Ⅱ:控制的方式和方法

实训形式:

案例分析。

实训步骤：

第一步，实训前准备。要求参加实训的同学，课前查阅相关书籍，初步了解本次实训的理论基础知识。

第二步，以 5—6 人的小组为单位对以下案例资料进行阅读。

【案例分析 10-3】

戴尔公司与电脑显示屏供应商

戴尔公司创建于 1984 年，是美国一家以直销方式经销个人电脑的电子计算机制造商，其经营规模已迅速发展到当前 120 多亿美元销售额的水平。戴尔公司是以网络型组织形式来运作的企业，它联结有许多为其供应计算机硬件和软件的厂商。其中有一家供应厂商，电脑显示屏做得非常好。戴尔公司先是花很大的力气和投资使这家供应商做到每百万件产品中只能有 1000 件瑕疵品，并通过绩效评估确信这家供应商达到要求的水准后，戴尔公司就完全放心地让他们的产品直接打上"Dell"商标，并取消了对这种供应品的验收、库存。类似的做法也发生在戴尔其他外购零部件的供应中。

通常情况下，供应商需将供应的零部件运送到买方那里，经过开箱、触摸、检验、重新包装，经验收合格后，产品组装商便将其存放在仓库中备用。为确保供货不出现脱节，公司往往要贮备未来一段时间内可能需要的各种零部件。这是一般的商业惯例。因此，当戴尔公司对这家电脑显示屏供应商说道："这型显示屏我们今年会购买 400 万到 500 万台，贵公司为什么不干脆让我们的人随时需要、随时提货"的时候，商界人士无不感到惊讶，甚至以为戴尔公司疯了。戴尔公司的经理们则这样认为，开箱验货和库存零部件只是传统的做法，并不是现代企业运营所必要的步骤，遂将这些"多余的"环节给取消了。

戴尔公司的做法就是，当物流部门从电子数据库得知公司某日将从自己的组装厂提出某型号电脑××部时，便在早上向这家供应商发出配领多少数量显示屏的指令信息，这样等到当天傍晚时分，一组组电脑便可打包完毕分送到顾客手中。如此，不但可以节约检验和库存成本，也加快了发货速度，提高了服务质量。

第三步，根据以下问题，个人充分发表个人观点，进行讨论和分析，并记录。

①你认为，戴尔公司对电脑显示屏供应厂商是否完全放弃和取消了控制？如果是，戴尔公司的经营业绩来源于哪里？如果不是，那它所采取的控制方式与传统的方式有何切实的不同？

②戴尔公司的做法对于中国的企业有适用性吗？为什么？

第四步，各小组选出一名代表发言，对小组讨论分析结果进行总结。

第五步，对小组成员的各种观点进行分析、归纳和要点提炼，完成案例分析发言提纲。

实训要求：各小组成员都应学会分析记录，并积极进行讨论，发表个人观点，认真完成实训内容；发言提纲要求语言流畅，文字简练，条理清晰。

四、实训时间及成绩评定

(一)实训时间

实训内容Ⅰ:讨论时间以 20 分钟为宜,小组发言时间控制在 20 分钟。

实训内容Ⅱ:讨论时间以 20 分钟为宜,小组发言时间控制在 20 分钟。

(二)实训成绩评定

1.实训成绩按优秀、良好、中等、及格、不及格 5 个等级评定。

2.实训成绩评定准则。

①是否掌握控制的各种类型及控制的方式方法。

②是否能够通过案例讨论理解控制在管理中的运用。

模块十一

管理创新及其方法

≫ ≫ ≫   ≫

实训目标

1.提高学生对创新及管理创新的重要性认识,理解创新及管理创新的含义、特点、重要性;

2.掌握管理创新的内容;

3.掌握管理创新的过程及组织。

实训手段

案例分析;管理游戏;能力测试

实训项目一 管理创新的含义、特点及内容

一、实训目的

通过案例讨论和分析,学生能够充分理解管理创新的含义、特点及重要性,掌握管理创新的内容,提高创新意识和创新能力。

二、基本知识要点

(一)创新及管理创新的含义

经济学家约瑟夫·熊彼特(Joseph Schumpeter)于1912年首次提出了"创新"的概念。通常而言,创新是指以独特的方式综合各种思想或在各种思想之间建立起独特的联系这样一种能力,能激发创造力的组织,可以不断地开发出做事的新方式以及解决问题的新办法。

管理创新则是指组织形成一创造性思想并将其转换为有用的产品、服务或作业方法的过程。也即,富有创造力的组织能够不断地将创造性思想转变为某种有用的结果。当管理者说到要将组织变革成更富有创造性的时候,他们通常指的就是要激发创新。管理创新是指企业把新的管理要素(如新的管理方法、新的管理手段、新的管理模式等)或要素组合引入企业管理系统以更有效地实现组织目标的创新活动。

(二)管理创新的特点

1.系统性

该特性源于企业的系统性,它是指在寻找企业管理创新的着力点以及评价管理创新的成果时要依据企业的系统性来进行。众所周知,企业是一个复杂系统,系统内的各要素相互联系、相互作用。当系统内某个或某些要素处于不良状态时,必有其他要素受到影响,同时,企业系统从整体上看也会处于不良状态。进一步地看,企业系统是由人来运行的,也是为人服务的。当企业系统处于不良状态时,必有相关的人感到不满。反过来也可以这样讲,如果没有相关的人感到不满,企业系统就处于良性状态。企业的系统性为管理创新寻找着力点提供了可能,同时也为管理创新成果的评价提供了标准。

2.全员性

企业管理创新的程度有大有小,创新程度不高的管理创新只是对现有管理工作一定程度上的改进,或者是对成熟管理技术的引进,其复杂程度不高。因此,可以认为企业所有员工都能成为管理创新的主体。依靠员工来解决问题已被认为是改变现代管理面貌的十二种创新之一。从根本上看,企业管理创新涉及企业中的每一个人,每一个人对管理系统是如何影响他本人以及从他的角度来看应该如何改进都是最有发言权的,因此,企业中每个人都能够且应该成为管理创新的主体。

3.变革性

该特性是指管理创新一般会涉及企业内权益关系的调整,因此,许多管理创新,尤其是程度大的管理创新实质上就是一场深刻的变革。从管理史上较为著名的管理创新来看,它们都具有变革性。比如,泰勒科学管理原理的应用需要劳资双方进行精神革命,协调利益关系;梅奥人群关系论的应用也需要企业管理者改变管理方式,尊重员工。由于企业本身就是一个利益聚合体,或者是一个政治实体,因此,不触及现有权益关系、皆大欢喜的管理创新是不存在的。

(三)管理创新的内容

就其内容来说,管理创新的内容是多方面的,它不仅体现在更新岗位设计和工作流程,更体现在对经营观念、经营战略、组织结构、激励和约束制度、组织行为、管理规范、管理方法和管理技术乃至在企业文化整合上进行系统性的调整。归纳起来,主要包括以下几个方面。

1.管理观念的创新

管理观念的创新也即管理思想的创新,很多学者将之看作管理创新内容之首。观念创新是管理创新的灵魂和源泉。管理观念是企业从事经营管理活动的指导思想,体现为企业的思维方式,是企业进行管理创新的灵魂,企业要想在复杂多变的市场竞争中生存和发展,就必须首先在管理观念上不断创新。而要更新观念,管理者必须打破现有的心智模式的束缚,有针对性地进行系统思维、逆向思维、开放式和发散式思维的训练,并通过综合现有的知识、管理技术等,改进和突破原有的管理理论和方法。管理者只有勇于创新,敢于追求新事物,乐于解决新问题,才能使管理活动成为一种乐趣,其产生的社会经济效益也是难以用价值衡量的。而这一局面的创造,其最根本的在于管理者和管理组织的观念创新。

2.战略管理创新

树立战略思维是企业管理创新的灵魂和核心,战略管理关乎企业的发展方向。面对世界经济一体化进程的加快、信息技术的迅速发展和知识经济兴起所带来的外部环境深刻而巨大的变化,企业要想在激烈的市场竞争中立于不败之地,必须在战略创新方面下功夫。企业战略创新首先是指企业战略的制订和实施要着眼于全球竞争。今后,企业的竞争态势将是国内竞争国际化和国际竞争国内化,因此,任何企业的战略都必须放眼全球。其次,企业战略的制订和实施要在捕捉外部环境机遇的基础上更多地立足于企业核心竞争力的形成。核心竞争力也叫核心专长,就是拥有别人所没有的优势资源。今后,企业的竞争是围绕培育和形成核心竞争力来展开的。培育和形成核心竞争力必须适应企业外部的环境因素,如顾客价值,竞争者和替代品的变化。面对变化了的顾客价值,重新选择与核心竞争力相匹配的经营环境和业务领域,不断建立新的核心竞争力,预测、跟踪并满足不断变化的顾客需求。面对经济全球化、贸易壁垒减少带来的企业竞争对手数量增加与规模扩大,企业必须及早确立核心竞争力的发展战略,以实现企业核心竞争力的持续发展。面对企业核心竞争力受到替代品的威胁,企业必须不断创新竞争方式和运作方式,在形成核心竞争力方面有突破性进展,使自己永远走在前列。

3.企业文化创新

企业文化是企业发展的灵魂,任何企业都会倡导自己所信奉的价值理念,而且要求自己所倡导的价值理念成为员工的价值理念,得到员工的认可,并且在实践中认真实施,从而使自己所信奉的价值理念成为指导企业及其员工的灵魂。也就是说,企业文化实际上是指导企业及其员工的一种价值理念,这种价值理念体现在每个员工的意识上,当然最终就成为指导员工行为的一种思想,因而企业文化最终作为企业的灵魂存在。纵观世界成功企业的经营实践,人们往往可以看到,一个企业之所以能在激烈的市场竞争中脱颖而出,长盛不衰,归根到底是因为在其经营实践中形成和应用了优秀的、独具特色的企业文化。

4.组织机构创新

几乎每位研究管理创新的学者都将组织创新作为管理创新一项必不可少的内容。组织创新意味着打破原有的组织结构,并根据外部环境和内部条件的变化对组织的目标加以变革,对组织内成员的责、权、利关系加以重新构置,使组织的功能得到完善和发展,其实质是资源的重新配置。

学习型组织是以共同愿景为目标基础,以团队学习为特征、对顾客负责的扁平化的横向网络系统,是一种精简、扁平、网络化、有弹性且能够不断学习、不断自我创新的组织。学习型组织和传统型组织相比具有扁平化、柔性化、虚拟化的特征。因此,学习型组织是企业为适应知识经济时代和国际化的竞争需要而进行的管理创新。

5.人力资源创新

随着市场经济、知识经济、信息知识的快速发展,管理工作应当在实行以人为本的管理过程中,逐步走向对人的知识、智力、技能和实践创新的管理。因此,在"以人为本"的管理过程中,正在逐步形成一种以人的知识、智力、技能和实践创新的能力为核心内容的"能本管理"。

能本管理就是建立一种"各尽其能"的运作机制。它是通过采取有效的方法,最大限度地发挥人的能力,从而实现能力价值的最大化,把能力这种最重要的人力资源作为组织发展的推动力量,并实现组织发展的目标以及组织创新。

能本管理源于人本管理,又高于人本管理。能本管理的理念是以人的能力为本,其总的目标和要求是:通过采取各种行之有效的方法,最大限度地发挥每个人的能力,从而实现能力价值的最大化,并把能力这种最重要的人力资源通过优化配置,形成推动企业和社会全面进步的巨大力量。

6.制度创新

制度创新是指在人们现有的生产和生活环境条件下,通过创设新的、更能有效激励人们行为的制度、规范体系来实现社会的持续发展和变革的创新。所有创新活动都有赖于制度创新的积淀和持续激励,通过制度创新得以固化,并以制度化的方式持续发挥着自己的作用,这是制度创新的积极意义所在。

7.技术创新

技术创新,是指创新技术在企业中的应用过程,新技术在企业生产中的应用一般通过创新产品和创新的生产工艺两种方式体现出来。从操作层面而言,一般须具备以下几个阶段。技术创新的第一个阶段,是创新思想的形成。创新思想的形成环境主要包括市场环境、企业环境和社会环境等方面。第二个阶段就是创新技术的获取。创新技术的获取也主要有三种方式:第一,企业依靠自己的力量进行技术创新活动;第二,企业与其他部门合作培养,主要是与科研部门、高等院校等合作;第三,从外部引进。就第三种方式而言,企业引进技术软件和引进硬件的效果和条件也是不相同的。生产技术创新的第三和第四阶段,是企业生产要素的投入和组织、管理阶段。主要包括企业的人力、物力、资金、技术、信息等基本要素的投入与组织管理。资金的投入与管理,一般来说要把握好几个比例关系:其一,研究与发展费用占企业销售额或利润的比例;其二,在研究与发展费用中,基础研究、应用研究和试验发展各部分的资金比例;第三,引进技术的费用与吸收费用的比例。第五阶段是企业技术创新的效果展示阶段。企业技术创新的效果可以在经济指标和产品的物理化学性能上得到反映,改进产品的物理化学性能也常常是企业进行技术创新的出发点。在现实中,往往也只有在改进产品的物理化学性能方面取得成果后,才能获得相应的经济效益。

8.环境创新

环境是企业经营的土壤,同时也制约着企业的经营。企业与环境的关系不是单纯地去适应,而是在适应的同时去改造、去引导甚至去创造。环境创新不是指企业为适应外界变化而调整内部结构或活动,而是指通过企业积极的创新活动去改造环境,去引导环境朝着有利于企业经营的方向变化。

三、实训内容、组织方式及步骤

实训内容Ⅰ:管理创新的含义及特点

实训形式:

案例分析。

实训步骤:

第一步,实训前准备。要求参加实训的同学,课前查阅相关书籍,初步了解本次实训的理论基础知识。

第二步,请进行一个小测试:测试你的创新能力,选择最适合自己的答案。

如果符合你的情况,则回答"是",不符合则回答"否",拿不准则回答"不确定"。

1.你认为那些使用古怪和生僻词语的作家,纯粹是为了炫耀。

2.无论什么问题,要让你产生兴趣,总比让别人产生兴趣要困难得多。

3.对那些经常做没把握事情的人,你不看好他们。

4.你常常凭直觉来判断问题的正确与错误。

5.你善于分析问题,但不擅长对分析结果进行综合、提炼。

6.你审美能力较强。

7.你的兴趣在于不断提出新的建议,而不在于说服别人去接收这些建议。

8.你喜欢那些一门心思埋头苦干的人。

9.你不喜欢提那些显得无知的问题。

10.你做事总是有的放矢,不盲目行事。

评分标准参见表 11-1。

表 11-1 评分标准

题号	是	不确定	否
1	−1	0	2
2	0	1	4
3	0	1	2
4	4	0	−2
5	−1	0	2
6	3	0	−1
7	2	1	0
8	0	0	2
9	0	1	3
10	0	1	2

评价:

得分 22 分以上,则说明被测试者有较高的创造思维能力,适合从事环境较为自由,没有太多约束,对创新性有较高要求的职位,如美编、装潢设计、工程设计、软件编程人员等。

得分 21—11 分,则说明被测试者善于在创造性与习惯做法之间找出均衡,具有一定的创新意识,适合从事管理工作,也适合从事其他许多与人打交道的工作,如市场营销。

得分 10 分以下,则说明被测试者缺乏创新思维能力。

第三步,以 5—6 人的小组为单位对以下案例资料进行阅读。

【案例分析 11-1】

IBM 的创新之举

想成为与时俱进的公司,必须善于把握新商机。由此,新进入者更有利于把握明日的机会。对于已成立的公司来说，更现实的问题不在于创意的枯竭，而是管理流程与实践的"惯域"——更青睐墨守成规，而不是开拓创新。当新的商业创新偶然触动那些充满漠视与怀疑的管理协定时，少有公司会对其开辟新商务抱有满意的态度。1999 年，IBM 曾任总裁郭士纳(Lou Gerstner)就深有感受。

拥有 32 万名员工及财政收入达 910 亿美元，IBM 是全球最大的信息技术公司。但到了 20 世纪 90 年代后期，其增长速度惊人地锐减，表现出其已经无法跟上行业的步伐。1993 年，郭士纳接手 IBM 后引领蓝色巨人起死回生。然而，随着新世纪临近，投资者纷纷怀疑在经历了多年精简与成本压缩之后的 IBM 是否失去了增长的雄风。即使改革后的公司变得灵活高效，但似乎也失去了许多令人兴奋的机会——从生命科学计算至开放源软件爆炸式增长，至携带移动式电子设备的大量涌现，这些都使 IBM 与巨大财富失之交臂。

在郭士纳任期的前 6 年，IBM 申请了许多项专利(12773 件)，远远多于其他公司，但其仍一如既往地未将技术威力转变为新的商业利润增长点。当 IBM 为其实验室发明的关系数据库等成为行业标准而雀跃时，思科(Cisco)和甲骨文(Oracle)等更灵活的公司也抓住了这些技术变革并转化为高额的商业利润。IBM 似乎并不在意培育新商务，在 20 世纪 90 年代末花了巨额资金收购自己的股票。随着 1999 年和 2000 年科技浪潮达到顶峰，IBM 的增长引擎接近了停滞——财政收入增长只有微不足道的 1%。

1999 年 9 月的一个星期天中午，问题终于爆发了。郭士纳正在家中阅读月报，他突然注意到一个脚注：一个生命科学计算的新项目受到阻挠，无法实现四分之一的盈利目标。郭士纳亲自策划了这一风险投资项目，因此他对其随意的终止感到非常气愤。他思索着，是否这一看似并不重要的预算平衡方式正是 IBM 增长问题的根源？为什么 IBM 总是在整体上失去新的增长机会？为了使 IBM 重回增长道路，麦肯锡首席咨询顾问团队开始寻找问题的根源并寻求解决途径。

接下去的 3 个月里，这一任务要求 12 位高级领导者共同寻求 IBM 增长问题的根源。通过访问那些走厄运的新商业风险投资部门的员工，观察者们期待发现是否是 IBM 的管理流程侵蚀了增长的成效。对于 IBM 来说，这一探究过程是大范围而又彻底的。

1999 年 12 月 1 日，咨询团队向郭士纳提交了分析报告，"这是个痛苦的过程"，公司战略副主席迈克·杰石(Mike Giersch)承认"我们不可否认，是我们自己将事情搞砸了"。

当郭士纳埋头苦干于使 IBM 更具顾客导向时，他们所做的努力更多是关注已有的顾客而不是赢得新顾客群体。高层管理者坚定不移地青睐基于事实数据的分析并劝阻那些"不慎重"的管理者远离不确定并带有风险的新商务。

咨询任务报告分析指出，当某一经理最终鼓起勇气发起一个新商务项目时，IBM 总是采用对几十亿传统项目相同的方式来计算财政拨款，这非常不公平。为此，为了获得财政支持，新商务项目必须承诺不可能的利润回报。不可避免地，初生的新商务总是达不到预期目标，财政支持也随之而去。最终，咨询报告指出，新的风险投资由于吸收不到最优秀的人才而失败。考虑到新商务的巨大风险，许多有志气的经理们宁愿选择相对安全的老业务。

　　咨询团队的批评是如此尖锐,但这并不是针对某个部门。失去了这么多机会,只能说 IBM 的增长噩梦根源是系统性的,并不是个人的错误。杰石回忆说,并不是可以指责某位高层管理者。所有人都注定得出这样一个结论:为了更好地开发新商务,IBM 必须彻底地革新其管理流程与价值观。

　　尽管咨询报告的分析很清晰,但解决的方法仍很难实施。在 IBM 传统的文化下,郭士纳一直在思考如何帮助新商务团队抓住新兴的机会,而又不损害已有的创造利润的商务部门。怎样的管理体制才能帮助新商务部门利用 IBM 巨大的资源而同时又不受到短期利润的压力?

　　在接下去的几年里,为了培育"新型的商务机会(EBO)",IBM 形成了新的商务管理流程。这一计划始于 2000 年,即 EBO 计划,其快速发展成为一个发现寻找机会、雇用人员、财政支持、跟踪商务等完整的系统。在这一项目的头 5 年,IBM 开展了 25 项新商务。其中有 3 个项目夭折,其余的 22 个项目到 2005 年年底获得了 150 亿美元的回报。通过 EBO 计划,IBM 开拓了成熟的信息工具帮助生命科学用户进行药物研发;利用 IBM 软件与技术发挥无线上网技术,将此用于手提电脑存储各种信息或用于家用电器。更多地,EBO 计划重新平衡了公司的管理流程。现在,IBM 的管理者将这些新商务创造视为重要的运营部分。

　　所有这些都需要持续的管理创新,郭士纳的团队最终认识到了问题的根源,EBO 计划的有效执行正是基于对这些管理问题的深刻理解之上的。

　　第四步,根据案例资料,谈谈对管理创新的认识,个人充分发表个人观点,进行讨论和分析,并记录。

　　第五步,各小组选出一名代表发言,对小组讨论分析结果进行总结。

　　第六步,对小组成员的各种观点进行分析、归纳和要点提炼,完成案例分析发言提纲。

　　实训要求:各小组成员都应学会分析记录,并积极进行讨论,发表个人观点,认真完成实训内容;发言提纲要求语言流畅,文字简练,条理清晰。

　　实训内容Ⅱ:管理创新的内容

　　实训形式:

　　案例分析。

　　实训步骤:

　　第一步,实训前准备。要求参加实训的同学,课前查阅相关书籍,初步了解本次实训的理论基础知识。

　　第二步,以 5—6 人的小组为单位对以下案例资料进行阅读。

⑥▷【案例分析 11-2】

五则管理创新案例

　　一、国美和永乐的合并

　　国美和永乐的合并是国内家电连锁业最大的并购案,持续了近 5 个月、耗资 52.68 亿元。新集团采用国美和永乐"双品牌"运营。永乐在上海、长三角等地区具有较强的优势,国美的全国整体实力优势明显,在网络布局上双方具有较强互补性,这在很大程度上能避免资源浪费,在中国市场形成"一盘棋"格局。

二、健康元药业开通博客

健康元药业在博客网开通了博客,重点向外界推介健康元的事业,介绍其主导产品,通过文字的形式对产品的成分、价格进行说明,同时进行推介与评述。另外,还通过播放短片等形式进行业务推介。这种营销与产品推介的方式,与传统严肃的产品说明书等相比,更显得灵活生动。

三、万科被评为"最佳雇主"

国内地产的领军企业万科秉承尊重个人选择权的文化理念,这种"尊重"表现在企业经营的方方面面:譬如尊重员工选择生活方式的权利;尊重员工选择在公司内部调动的权利;尊重员工选择在不同地区工作的权利;尊重员工双向选择的权利。其核心理念,便是"创造健康丰盛的人生"。在这种理念指引下,万科已连续三年被评为"最佳雇主"。

四、中国人寿建立短信客服系统

由于行业的特殊性,保险公司的客户服务方式主要通过直邮、呼叫中心等方式进行,很难和投保客户直接进行沟通,直邮和呼叫中心的成本费用也很高。为此,中国人寿建立了覆盖全国的"移动95519"短信客服系统,以短消息作为主要客服手段,实现与客户之间最快捷、最直接、最主动的沟通,使企业的快速反应能力有了大幅度提高。

五、武汉钢铁公司的降能耗

武汉钢铁公司的能源消耗费用约占制造成本的25%以上,降低潜力很大。为使这部分成本最大限度地可控,武钢通过大量的数据分析,确定了以宝钢为"标杆",运用标杆管理法来挖掘节能潜力。他们先认真分析了自己与标杆企业的差距及优势,然后采取了一系列的赶超措施,使污染物排放量减少,能耗指标不断降低。

第三步,根据以下问题,个人充分发表个人观点,进行讨论和分析,并记录。

①根据以上资料进行分析,这五则案例分别属于何种创新形式。

②根据上述案例分析管理创新在企业经营中的作用。

第四步,各小组选出一名代表发言,对小组讨论分析结果进行总结。

第五步,对小组成员的各种观点进行分析、归纳和要点提炼,完成资料分析发言提纲。

实训要求:各小组成员都应学会分析记录,并积极进行讨论,发表个人观点,认真完成实训内容;发言提纲要求语言流畅,文字简练,条理清晰。

四、实训时间及成绩评定

(一)实训时间

实训内容Ⅰ:案例分析讨论时间以20分钟为宜,各小组代表发言时间控制在3分钟。

实训内容Ⅱ:案例分析讨论时间以20分钟为宜,各小组代表发言时间控制在3分钟。

(二)实训成绩评定

1.实训成绩按优秀、良好、中等、及格、不及格5个等级评定。

2.实训成绩评定准则。

①是否充分理解管理创新的含义、特点及内容。

②是否能积极主动与小组成员交流,能否简练、清楚地整理讨论和交流记录。

实训项目二 管理创新的过程与组织

一、实训目的

通过游戏实训,学生提高参与积极性,逐渐认识管理创新的过程及组织,并通过创造力测试及讨论对创造力水平有一个自我认识。

二、基本知识要点

(一)管理创新的过程

一般来说,管理创新过程包含四个阶段。

1.对现状的不满

在几乎所有的案例中,管理创新的动机都源于对公司现状的不满:或是公司遇到危机,或是商业环境变化以及新竞争者出现而形成战略型威胁,或是某些人对操作性问题产生抱怨。例如,Litton 互联产品公司是一家为计算机组装主板系统的工厂,位于苏格兰的格兰罗塞斯(Glenrothes)。1991 年,乔治·布莱克(George Black)受命负责这家工厂的战略转型。他说:"我们曾是一家前途黯淡的公司,与竞争对手相比,我们的组装工作毫无特色。唯一的解决办法就是采取新的工作方式,为客户提供新的服务。这是一种刻意的颠覆,也许有些冒险,但我们别无选择。"很快,布莱克推行了新的业务单元架构方案。每个业务单元中的员工都致力于满足某一个客户的所有需要。他们学习制造、销售、服务等一系列技能。这次创新使得客户反响获得极大改善,员工流动率也大大降低。

当然,不论出于哪一种原因,管理创新都在挑战组织的某种形式,它更容易产生于紧要关头。

2.从其他来源寻找灵感

管理创新者的灵感可能来自其他社会体系的成功经验,也可能来自那些未经证实却非常有吸引力的新观念。

有些灵感源自管理思想家和管理宗师。1987 年,默里·华莱士(Murray Wallace)出任了惠灵顿保险公司的 CEO。在惠灵顿危机四伏的关键时候,华莱士读到了汤姆·彼得斯(Tom Peters)的新作《混沌中的繁荣》(*Thriving on Chaos*)。他将书中的高度分权原则转化为一个可操作的模式,这就是人们熟知的"惠灵顿革命"。华莱士的新模式令公司的利润率大幅增长。

还有些灵感来自无关的组织和社会体系。20 世纪 90 年代初,总部位于丹麦哥本哈根的助听器公司奥迪康推行了一种激进的组织模型:没有正式的层级和汇报关系;资源分配是围绕项目小组展开的;组织是完全开放的。几年后,奥迪康取得了巨大的利润增长。而这个灵感却来源于公司 CEO——拉斯·科林德(Lars Kolind)曾经参与过的美国童子军运动。科林德说:"童子军有一种很强的志愿性。当他们集合起来,就能有效合作而不存在任何等级关系。这里也没有钩心斗角、尔虞我诈,大家目标一致。这段经历让我重视为员工设定一个明确的'意义',这种意义远远超越了养家糊口。同时,建立一个鼓励志愿行为和自我激励的体系。"

此外,有些灵感来自背景非凡的管理创新者,他们通常拥有丰富的工作经验。一个有趣的例子是上述那家 ADI 的经理阿特·施奈德曼(Art Schneiderman),平衡计分卡的原型就是出自他的手笔。在斯隆管理学院攻读 MBA 课程时,施奈德曼深受杰伊·福雷斯特(Jay Forrester)系统动态观念的影响。加入 ADI 前,他在贝恩咨询公司做了六年的战略咨询顾问,负责贝恩在日本的质量管理项目。施奈德曼深刻地了解日本企业,并用系统的视角看待组织的各项职能。因此当 ADI 的 CEO 雷·斯塔达(Ray Stata)请他为公司开发一种生产质量改进流程的时候,他很快就设计出了一整套的矩阵,涵盖了各种财务和非财务指标。

这三个例子说明了一个简单的道理:管理创新的灵感很难从一个公司的内部产生。很多公司盲目对标或观察竞争者的行为,导致整个产业的竞争高度趋同。只有通过从其他来源获得灵感,公司的管理创新者们才能够开创出真正全新的东西。

3.创新

管理创新人员将各种不满的要素、灵感以及解决方案组合在一起,组合方式通常并非一蹴而就,而是重复、渐进的,但多数管理创新者都能找到一个清楚的推动事件。

4.争取内部和外部的认可

与其他创新一样,管理创新也有风险巨大、回报不确定的问题。很多人无法理解创新的潜在收益,或者担心创新失败会对公司产生负面影响,因而会竭力抵制创新。而且,在实施之前,我们很难准确判断创新的收益是否高于成本。因此对于管理创新人员来说,一个关键阶段就是争取他人对新创意的认可。

在管理创新的最初阶段,获得组织内部的接收比获得外部人士的支持更为关键。这个过程需要明确的拥护者。如果有一个威望高的高管参与创新的发起,就会大有裨益。另外,只有尽快取得成果才能证明创新的有效性,然而,许多管理创新往往在数年后才有结果。因此,创建一个支持同盟并将创新推广到组织中非常重要。管理创新的另一个特征是需要获得"外部认可",以说明这项创新获得了独立观察者的印证。在尚且无法通过数据证明管理创新的有效性时,高层管理人员通常会寻求外部认可来促使内部变革。外部认可包括四种来源。

第一,商学院的学者。他们密切关注各类管理创新,并整理总结企业碰到的实践问题,以应用于研究或教学。

第二,咨询公司。他们通常对这些创新进行总结和存档,以便用于其他的情况和组织。

第三,媒体机构。他们热衷于向更多的人宣传创新的成功故事。

第四,行业协会。

外部认可具有双重性:一方面,它增加了其他公司复制创新成果的可能性;另一方面,它也增加了公司坚持创新的可能性。

(二)管理创新的组织

系统的管理者不仅要根据创新的上述规律和特点的要求,对自己的工作进行创新,而且更主要的是组织下属的创新。组织创新,不是去计划和安排某个成员在某个时间去从事某种创新活动——这在某些时候也许是必要的,但更要为部属的创新提供条件、创造环境,有效地组织系统内部的创新。

1.正确理解和扮演"管理者"的角色

管理人员往往是保守的。他们往往以为组织雇用自己的目的是维持组织的运行,因此,自己的职责首先是保证预先制定的规则的执行和计划的实现。"系统的活动不偏离计划的要求"便是优秀管理的象征。因此,他们往往自觉或不自觉地扮演现有规章制度的守护神的角色。为了减少系统运行中的风险,防止大祸临头,他们往往对创新尝试中的失败吹毛求疵,随意惩罚在创新尝试中遭到失败的人,或轻易地奖励那些从不创新、从不冒险的人。在分析了前面的关于管理的维持与创新职能的作用后,再这样来狭隘地理解管理者的角色,显然是不行的。管理人员必须自觉地带头创新,并努力为组织成员提供和创造一个有利于创新的环境,积极鼓励、支持、引导组织成员进行创新。

2.创造促进创新的组织氛围

促进创新的最好办法是大张旗鼓地宣传创新,激发创新,树立"无功便是过"的新观念,使每一个人都奋发向上、努力进取、跃跃欲试、大胆尝试。要造成一种人人谈创新、时时想创新、无处不创新的组织氛围,使那些无创新欲望或有创新欲望却无创造行动、无所作为者自己感觉到在组织中无立身之处,使每个人都认识到组织聘用自己的目的,不是要自己简单地用既定的方式重复那也许重复了多次的操作,而是希望自己去探索新的方法,找出新的程序,只有不断地去探索、去尝试才有继续留在组织中的资格。

3.制订有弹性的计划

创新意味着打破旧的规则,意味着时间和资源的计划外占用。因此,创新要求组织的计划必须具有弹性。

创新需要思考,思考需要时间。把每个人的每个工作日都安排得非常紧凑,对每个人在每时每刻都实行"满负荷工作制",则创新的许多机遇便不可能发现,创新的构想也无条件产生。同时创新需要尝试,而尝试需要物质条件和试验的场所。要求每个部门在任何时间都严格地制订和执行严密的计划,则创新会失去基地,而永无尝试机会的新构想就只能留在人们的脑子里或图纸上,不可能给组织带来任何实际的效果。

4.正确地对待失败

创新的过程是一个充满着失败的过程。创新者应该认识到这一点,创新的组织者更应该认识到这一点。只有认识到失败是正常的,甚至是必需的,管理人员才能允许失败,支持失败,甚至鼓励失败。当然,支持尝试,允许失败,并不意味着鼓励组织成员去马马虎虎地工作,而是希望创新者在失败中取得有用的教训,学到一点东西,变得更加明白,从而使下次失败到创新成功的路程缩短。

5.建立合理的奖酬制度

要激发每个人的创新热情,还必须建立合理的评价和奖惩制度。创新的原始动机也许是个人的成就感、自我实现的需要,但是如果创新的努力不能得到组织或社会的承认,不能得到公正的评价和合理的奖酬,则继续创新的动力会渐渐失去。

(1)注意物质奖励与精神奖励的结合

奖励不一定是金钱上的,而且往往不需要是金钱方面的,精神上的奖励也许比物质报酬更能满足驱动人们创新的心理需要。而且,从经济的角度来考虑,物质奖励的效益要低于精神奖励;金钱的边际效用是递减的,为了激发或保持同等程度的创新积极性,组织不得不支付越来越多的奖金。对创新者个人来说,物质上的奖酬只在一种情况下才是有用的:奖金首先被视作衡量个人的工作成果和努力程度的标准。

(2)奖励创新的过程

奖励不能视作"不犯错误的报酬",而应是对特殊贡献,甚至是对希望做出特殊贡献的努力的报酬;奖励的对象不仅包括成功以后的创新者,而且应当包括那些成功以前、甚至是没有获得成功的努力者。就组织的发展而言,也许重要的不是创新的结果,而是创新的过程。如果奖酬制度能促进每个成员都积极地去探索和创新,那么对组织发展有利的结果是必然会产生的。

(3)奖励制度既要有竞争也要有合作

奖励制度要既能促进内部的竞争,又能保证成员间的合作。内部的竞争和合作对创新都是重要的。竞争能激发每个人的创新欲望,从而有利于创新机会的发现、创新构想的产生;而过度的竞争则会导致内部的各自为政,互相封锁。协作能综合各种不同的知识和能力,从而可以使每个创新构想都更加完善,但没有竞争的合作难以区别个人贡献,从而会削弱个人的创新欲望。要保证竞争与协作的结合,在奖励项目的设置上,可考虑多设集体奖、少设个人奖,多设单项奖、少设综合奖;在奖金的数额上,可考虑多设小奖,少设甚至不设大奖,以给每一个人有成功的希望。避免"只有少数人才能成功的超级明星综合征",从而防止相互封锁和保密,破坏合作的现象。

三、实训内容、组织方式与步骤

实训内容Ⅰ:团队创新的过程

实训形式:

管理游戏。

实训步骤:

第一步,实训前准备。每个小组一套材料:A4 纸 50 张,胶带一卷,剪刀一个,彩笔一盒。

第二步,将学生分成 5—6 人一组,然后发给每组一套材料,要求每一个组在 30 分钟之内,将"长江大桥"建起来,要求外形美观,结构合理,创意第一。

第三步,要求每一个组挑选一个人来解释他们的大桥的建造过程,比如说他们的创意,他们的实施办法。

第四步,由大家选出最有创意的大桥,最具有美学色彩的大桥、最简单实用的大桥等等,胜出组可以得到一份小礼物。

第五步,按照以下问题进行进一步的讨论,对小组成员的各种观点进行记录。

①你们组的创意是怎样来的?

②你们的合作过程如何?

③在建桥的过程中,大家的协调性怎么样?

④不同的人扮演什么角色,这一角色是否与他的平时形象相符?

第六步,各小组选出一名代表发言,对小组讨论分析结果进行总结。

第七步,以小组为单位对各种观点进行分析、归纳和要点提炼,完成实训发言提纲。

实训要求:团队创新是一个团队成功的根本前提,所以作为一个团队的领导者一定要了解小组各成员的特点并善加利用;以 10 人为一小组,以小组为单位用给定的材料在一定的时间内完成"长江大桥"的建造过程,在游戏时要努力让小组成员发挥主动性和创造性,提出创新意见,并加以总结和利用完成游戏任务。

实训内容Ⅱ:团队创新的组织

实训形式:

管理游戏。

实训步骤:

第一步,实训前准备。将全体学生分成三队,告诉他们这次任务是用两张凳子轮流传送来"渡河"接力比赛。

第二步,在地板上各画一条起点线和终点线,中间部分作为渡河。

第三步,各队派出 2 人以传递椅子的方式前进,到达对岸后放下一位。

第四步,另一位再回到起点,以同样的方式把下一位队员运过去。

第五步,如果任何人的脚着地,全部队员都要重新做起。

第六步,最快渡河的一队获胜。

第七步,按照以下问题进行讨论,对小组成员的各种观点进行记录。

①你们组是怎样部署的? 也就是说你们是怎么分工和排序的?

②你们组有没有受到其他组进度的影响?

③在完成任务的过程中,你觉得自己表现得如何? 小组其他成员表现如何?

④你认为成功(失败)的问题在哪里?

实训要求:在工具或道具有限的情况下解决问题,最能考量一个人的能力。因为,当辅助工具有限时,人就会被迫最大限度地发挥自己的才智,运用自己的知识和能力来解决问题,这会比借助很多手段达到目的更有成就感;以 10 人为一小组,用给定的工具在一定的时间内完成"渡河"的任务,在游戏时要努力让小组成员都发挥主动性和创造性,提出创新意见,并加以总结和利用完成游戏任务。

实训内容Ⅲ:创造能力测试

实训形式:

能力测试。

实训步骤:

第一步,实训前准备。实训指导老师将测试题卡按学生人数打印分发。

⏩【测试题卡】

1. 我认为,只提出问题而不想获得答案,无疑是浪费时间。

2. 无论什么事情要我发生兴趣,总比别人困难。

3. 我认为合乎逻辑的、循序渐进的方法是解决问题的最好办法。

4. 有时,我在小组里发表意见,似乎使一些人感到厌烦。

5. 我花大量时间来考虑别人是怎么看我的。

6. 我自认为是正确的事情,比力求博得别人的赞同要重要得多。

7. 我不尊重那些做事情似乎没有把握的人。

8. 我需要的刺激和兴趣比别人多。

9. 我知道如何在考验面前保持自己内心的镇静。

10. 我能坚持很长一段时间来解决难题。

11. 有时我对事情过于热心。

12. 在特别无事可做时,我倒常常想出好主意。

13. 解决问题时,我常单凭直觉来判断"正确"和"错误"。

14. 解决问题时,我分析问题较快,而综合所搜集的资料较慢。

15. 有时我打破常规去做我原来并未想到要做的事。

16. 我有搜集东西的癖好。

17. 幻想促进了我许多重要计划的提出。

18. 我喜欢客观而又理性的人。

19. 如果我在本职工作之外的两种职业中选择一种,我宁愿当一个实际工作者,而不当探索者。

20. 我能与我的同事或同行们很好地相处。

21. 我有较高的审美感。

22. 在我一生中,我一直在追求着名利和地位。

23. 我喜欢那些坚信自己结论的人。

24. 灵感与成功无关。

25. 争论时使我感到最高兴的是,原来与我观点不一致的人变成了我的朋友,即使牺牲我原先的观点也在所不惜。

26. 我更大的兴趣在于提出新建议,而不在于设法说服别人接受建议。

27. 我乐意自己一个人整日"深思熟虑"。

28. 我往往避免做那种使我感到"低下"的工作。

29. 在评价资料时,我觉得资料的来源比其内容更为重要。

30. 我不满意那些不确定和不可预计的事。

31. 我喜欢一味苦干的人。

32. 一个人的自尊比得到别人敬慕更为重要。

33. 我觉得力求完美的人是不明智的。

34. 我宁愿和大家一起工作,而不愿意单独工作。

35. 我喜欢那种对别人产生影响的工作。

36. 在生活中,我常碰到不能用"正确"或"错误"来加以判断的问题。

37. 对我来说,"各得其所""各在其位"是很重要的。

38. 那些使用古怪和不常用的词语的作家,纯粹是为了炫耀自己。

39. 许多人之所以感到苦恼,是因为他们把事情看得太认真了。

40. 即便遭到不幸、挫折和反对,我仍能对我的工作保持原来的精神状态和热情。

41. 想入非非的人是不切实际的。

42. 我对"我不知道的事"比"我知道的事"印象深刻。

43. 我对"这可能是什么"比"这是什么"更感兴趣。

44. 我经常为自己在无意中说话伤人而闷闷不乐。

45.即使没有报答,我也乐意为新颖的想法花费大量时间。

46.我认为"出主意无甚了不起"这种说法是中肯的。

47.我不喜欢提出那种显得无知的问题。

48.一旦任务在肩,即使受到挫折,我也要坚决完成。

49.我不做盲目的事,也就是说我总是有的放矢,用正确的步骤来解决每一个具体问题。

50.从下面描述人物性格的形容词中,挑选出 10 个你认为最能说明你性格的词。

精神饱满的	有说服力的	实事求是的	束手无策的	有献身精神的
有独创性的	性急的	高效的	乐意助人的	坚强的
老练的	有克制力的	热情的	时髦的	自信的
不屈不挠的	有远见的	机灵的	好奇的	有组织力的
铁石心肠的	思路清晰的	脾气温顺的	爱预言的	拘泥形式的
不拘礼节的	有理解力的	有朝气的	严于律己的	精干的
讲实惠的	感觉灵敏的	无畏的	严格的	一丝不苟的
谦逊的	复杂的	漫不经心的	柔顺的	创新的
泰然自若的	渴求知识的	实干的	好交际的	善良的
孤独的	不满足的	虚心的	观察敏锐的	易动感情的
谨慎的	足智多谋的	自高自大的	有主见的	

第二步,让学生在安静的状态下根据自己的情况进行选择。

第三步,根据自己测试题卡的测试结果与小组其他成员进行创造力水平对比,分析自己的不足之处。

第四步,分 5—6 人一组进行讨论并进行对比自己与别人的创造力水平。

第五步,根据以下问题对小组成员的各种观点进行分析、归纳和要点提炼,完成实训报告发言提纲。

①谈谈通过游戏你对创新的认识。

②你认为需要什么样的环境和条件对于团队创新而言更为有利?

③团队创新与个人创新相比各有什么样的优点和缺点?

④你认为自己的创新能力如何? 该如何提高和改进?

实训要求:学生根据实训指导老师所发测试答题卡,根据自己的情况对每题做出判断。这些题没有正确答案,即它只重视过程而不是结果;每个人在做这些题时,也是审视自己的过程,所以做题时不要思前想后,一切凭借直觉才是最保险的,得出的结果才是最准确的;各小组成员都应学会分析记录,并积极进行讨论,发表个人观点,认真完成实训内容;实训报告要求语言流畅,文字简练,条理清晰。

四、实训时间及成绩评定

(一)实训时间

实训内容Ⅰ:游戏时间以 30 分钟为宜,讨论时间 20 分钟,小组发言时间控制在 20 分钟。

实训内容Ⅱ:游戏时间控制在 20 分钟,讨论时间 20 分钟,小组发言时间控制在 20 分钟。

实训内容Ⅲ:测试时间控制在 20 分钟,讨论时间 20 分钟,小组发言时间控制在 20 分钟。

(二)实训成绩评定

1.实训成绩按优秀、良好、中等、及格、不及格 5 个等级评定。

2.实训成绩评定准则。

①是否掌握管理创新的过程及组织的相关内容。

②是否能够通过游戏和讨论理解这管理创新的过程及组织。

模块十二

综合实训　　⟫ ⟫ ⟫　　⟫

实训目标

1. 提高学生对管理学各个知识点的融合贯通能力；
2. 提高学生的综合管理实践能力。

实训手段

案例分析；素质测评；个性测试；管理游戏；角色扮演

实训项目一　海尔的管理

一、实训目的

通过海尔经典案例的分析，学生进一步掌握案例分析的能力，管理理论及知识的综合运用能力。

二、实训内容、组织方式及步骤

实训形式：
案例分析。
实训步骤：
第一步，实训前准备。印发案例，要求学生进行阅读和查阅相关资料。

⇨【案例分析 12-1】

海尔的管理

总篇：海尔走进哈佛，中国管理走向世界

1998 年 3 月 25 日，张瑞敏走上美国哈佛商学院讲台，向哈佛学生讲解了海尔的管理案例。海尔集团成为被正式写入哈佛案例的第一个中国企业，张瑞敏也成为登上哈佛讲台的第一位中国企业家，正是海尔独特的文化、独特的管理和独特的市场理念震动了世界一流的工商管理学府。

哈佛的案例教材是全美商学院通用的,世界范围内的商学院也有相当一批选用哈佛案例作教材。哈佛商学院相信会有更多的学生和经理们从海尔案例中受益。而对于有志成为国际大企业的海尔来说,走进哈佛,意味着走向世界的道路更加宽广。1999年,张瑞敏被美国《商业周刊》评为"亚洲50位风云人物"之一。评语是这样写的:拥有更多的像张瑞敏一样"惜时如金"的企业家,中国必将在不久的将来在世界经济中扮演更加重要的角色。张瑞敏的成功轨迹为全中国,甚至全球的经营者所羡慕,因此,仔细地审视分析这位神奇的企业领导人的经营策略和管理见解将大有裨益。在我们分析的过程中,读者可以思考,张瑞敏用于推动企业前进的技巧和方法是否适用于你身边的公司。

2000年5月19日,海尔因出色的经营业绩被美国科尔尼管理公司、《财富》杂志等评选为"全球最佳营运公司",海尔是亚太地区企业中该称号的唯一得主。近两年,工商界凡有大型评选,海尔总是名列其中。张瑞敏也和海尔品牌、海尔产品一道名扬天下,成为企业家群体中常被称道的人物。

海尔具有山东人讲"实在"的性格,它的影响几乎遍及全国的每一个村寨,还有上万个金发碧眼的"洋人"参与经营,可似乎很少听说它发生过什么传奇或者是激动人心的故事。而数以亿计的人群都在关心它、议论它,海尔究竟有什么魅力?

海尔姑娘王俊成19岁就领受海尔文化的熏陶,在冰箱一厂流水线干了三年,后来不幸得了白血病。弥留之际,她的最后一个要求是:"我要最后看一眼我的岗位!"家长为满足这一要求,让送葬的队伍在冰箱一厂大门口停留了一刻钟。一个年轻的女孩,在生命的最后一刻还念念不忘她工作过的岗位。这是为什么?

这岗位极其普通,每天拧这颗螺栓,擦那块玻璃,扫这片地,装那只箱子……为什么每天这样重复干——日清日高,就能让品牌驰名宇内,就能让产品进入美国德国、法国、日本?美国麻省理工学院的爱德华·诺顿·洛伦兹(Edward Norton Lorenz)教授研究混沌现象,探讨"为什么北京的蝴蝶拍打翅膀会在纽约引发龙卷风"。是不是海尔这种最简单、最实在的管理方式也产生了"蝴蝶效应"。

其实,海尔的做法没有那么神秘。海尔和张瑞敏的故事几乎每个中国人都耳熟能详,但他们却很少深思公司关键的经营理念,而这恰恰是海尔皇冠上的明珠。海尔的经营哲学值得每个人关注,海尔的成功有力地证实了其基本战略和经营原则的作用。我们认为,海尔从小到大成功发展有八个方面的经验:

(1)"要么不干,要干就要争第一"——追求卓越的企业文化;

(2)"明天的目标比今天更高"——日清日高的素质管理;

(3)"人人是人才,赛马不相马"——重在行动的人才观念;

(4)"先谋势,后谋利"——高屋建瓴的品牌方针;

(5)"否定自我,创造市场"——以变制变的创新策略;

(6)"卖信誉而不是卖产品"——真诚到永远的服务;

(7)"内有文化,外有市场"——"吃休克鱼"的扩张方式;

(8)"国门之内无名牌"——先难后易的国际化战略。

我们并不断言海尔所遵循的某一个竞争、组织、管理或产品开发战略是其成功的唯一源泉或在众多公司中独一无二的,但以上八条战略与原则相互啮合在一起,却使海尔得以永远站在竞争与经营的最前沿。毫无疑问,企业人士可以从海尔身上学到很多很多。

我们不想就海尔论海尔,也许我们的野心过大,总是试图解答这样的问题:在历史的时空中,该如何给海尔定位?海尔的员工如果现在以回顾的口吻说他们过去曾干得如何如何,也许并不能引起我们很大的兴趣,我们更关注的是如果回到一年、几年或者许多年前的那个时期里,他们在说些什么,而那之后又发生了些什么。公司的演变过程不能通过短时间的发展状况加以概括,要用历史的眼光才能洞察这一过程的深度。

篇章一:追求卓越的企业文化

创建一个人本企业的最困难之处在于创建一种企业文化。在这种文化氛围里,员工们有明确的工作责任、清晰的业绩评估制度以及最大限度的自由空间去施展自己的才能。所以,讲海尔,必须首先从企业文化讲起。

海尔成功兼并原青岛红星电器厂已被写进哈佛案例。案例中最让人惊异的是,兼并生效之后,海尔派去的第一批人不是出自财务部,而是出自企业文化中心。他们首先宣讲的是企业文化、管理模式,而不是投资额度、盈利指标。账面上一时的得失不在他们的视野之内,企业长远的价值才是他们的立足点。为什么要这样做?张瑞敏的理论是:"企业兼并的目的是以少量资金投入,迅速地扩大企业规模。兼并之后,企业扭亏为盈不是靠大量的资金注入,否则不如建立一家新的企业;主要还是利用自己的无形资产,即所谓品牌运营,并输入文化和管理。我们的做法是,在被兼并企业里把海尔的模式进行复制,可以形象地总结为吃'休克鱼'的方法。"什么叫吃"休克鱼"呢?张瑞敏说,从国际上看兼并分成三个阶段:当企业资本存量占主导地位、技术含量并不占先的时候,是大鱼吃小鱼,大企业兼并小企业;当技术的地位已经超过资本的作用时,是快鱼吃慢鱼,像微软起家并不早,但它始终保持技术领先,所以能很快地超过一些老牌电脑公司;到20世纪90年代则是一种强强联合,所谓鲨鱼吃鲨鱼,美国波音兼并麦道就是这种情况。在中国,国外成功的例子只能作为参考,大鱼不可能吃小鱼,也不可能吃慢鱼,更不能吃掉鲨鱼。在现行经济体制下活鱼是不会让你吃的,吃死鱼你会闹肚子,因此只有吃"休克鱼"。所谓"休克鱼",是指硬件条件很好,但管理跟不上的企业。它由于经营不善,落到了市场的后面,兼并后一旦有一套行之有效的管理制度,把握住市场,很快就能重新站立起来。海尔擅长的恰恰就是管理和开拓市场,这就找到了结合点。用无形资产盘活有形资产从而积累企业竞争实力,是海尔的一大法宝。

在企业扩张中,海尔的兼并是很成功的,其中文化起了关键作用,不仅第一个派驻被兼并企业的机构是企业文化中心,以后检验这些企业是否"克隆"成了海尔,也得看文化,包括价值观、做人做事的方式是否跟原来的海尔一样。这种本来无形的东西,现在滚动出巨大的市场规模。所以张瑞敏常用老子在《道德经》中的一句话来感叹无形文化的神奇:"天下万物生于有,有生于无。"

天下有形的东西都来自无形的东西,张瑞敏常琢磨无形文化的奇妙之处。事实证明，买到技术、产品和服务易如反掌，而要重复一个企业的文化和经营方式则极为困难。这便是文化及组织能力日益成为企业成功的根本法宝的原因。从这个角度讲，建立一个非常好的、能够让员工普遍认同并促进企业成长的企业文化至关重要。张瑞敏这样定义企业文化："企业发展的灵魂是企业文化，而企业文化最核心的内容应该是价值观。一般外来人员到海尔来看到的一般是文化外层即海尔的物质文化（每年接待 20 万人参观学习）。海尔将企业文化分为三个层次，最表层的是物质文化，即表象的发展速度、海尔的产品、服务质量，等等；中间层是制度行为文化；最核心的是价值观，即精神文化。一般参观者到海尔感兴趣的是，能不能把规章制度传授给他们，其实最重要的是价值观，有什么样的价值观就有什么样的制度文化和规章制度，这又保证了物质文化不断增长。"

多年来，海尔一直致力于企业文化的建设。海尔从创业时的 800 多人发展到现在的 2 万多人，拥有 100 多个独立核算的单位，就集团而言，管理部门不到 30 个，这其中很重要的一个部门就是企业文化中心。这个部门在企业发展中的作用非常关键。

海尔各家工厂的墙壁上都张贴着写有"海尔精神"和"海尔作风"的标语。"海尔精神"是"敬业报国，追求卓越"，讲求个人价值与集体利益、国家命运融为一体，不干则已，要干就干第一流。海尔作风是"迅速反应，马上行动"，有点类似于总裁张瑞敏奉行的"慎言敏行"，还有点类似于"服从命令听指挥"的部队作风。

表面看起来，这两句口号很平常，没有石破天惊的轰动效应，海尔人默默坚持做了几年后却取得了惊天动地的效果。而把两句口号带进海尔的每一家新加盟企业的正是海尔企业文化中心。每当海尔接收一家新公司，文化中心总是首先行动起来，它的拿手好戏是培养人们学会纪律和质量管理，而培养对象在加入海尔之前，往往不知纪律和质量为何物。

企业用专人、专门部门管理企业文化是一项非常之举，其他企业是否需要效仿海尔，重新划分职能和部门来统领这一块并不重要，重要的是如何让这一块成为企业获取竞争优势的新资源。海尔的"首席文化官"其实也可以说就是张瑞敏本人。美国一家报社的记者采访张瑞敏时问：你在这个企业中应当是什么角色？张瑞敏回答：第一应是设计师，在企业的发展过程中使组织结构适应企业的发展；第二应是牧师，不断地布道，使员工接收企业文化，把员工自身价值的体现和企业目标的实现结合起来。

当相当多的领导人把注意力集中在改变组织结构以改善业务成果时，张瑞敏高明地意识到，领导者职责的一个重要部分是对文化的阐释和发展。前者常常低估文化在公司的业务表现上所起的作用，而张瑞敏则把文化看作一个紧迫的业务问题。他的看法清晰而有力：塑造文化是最重要的高层领导责任，而不是委托给人力资源部门或其他一些部门的责任。

美国管理学大师杜拉克把一个企业组织比作一部美妙的乐曲。"不过，"他说，"它不是单个个人的音符罗列，而是由人们之间的和声关系所谱成。"海尔人之间的和声关系是由海尔文化理念孕育的，它对生产经营、企业发展起了巨大的推动作用。可以说，海尔的发展是在企业文化灵魂统领下实现的。

企业文化是基于共同价值观之上,企业全体职工共同遵循的目标和行为规范及思维方式有机整体的总称。一些去过海尔的人感到,那里的员工对自己的文化有一种近似宗教的崇敬。海尔员工的意见一致超过绝大多数公司,不仅在文化观念上一致,而且对公司如何争取竞争优势的看法也一致。

海尔从干部到员工有这样一个共识:一个企业要永远向前发展,必须要有自己的企业文化、理念和行动纲领。如同张瑞敏所说:"所有成功的企业必须有非常强烈的企业文化,用这个企业文化把所有的人凝聚在一起。上百年的企业,不知道有多少东西都变化了,唯独它的企业精神百年不变,这非常能够说明问题。所以企业文化就是企业精神,企业精神就是企业灵魂,而这个灵魂如果是永远不衰、永远常青的,企业就永远存在。"

篇章二:日清日高的素质管理OEC管理模式

英特尔董事长葛鲁夫曾断言:华人对财富几乎有一种与生俱来的创造力,但对组织的运作似乎缺乏足够的热情与关注。张瑞敏的行动是对他最好的挑战。从一开始,张瑞敏的着眼点就不只是先进的技术,他想悟出一套适合中国企业的管理模式。

在海尔与三菱重工的一个合作项目中,日方带来一整套的日式管理。张瑞敏告诉日本人,他们的办法不行,日本人坚定地摇头。张瑞敏说:"你现在就到十字路口看看,红灯亮了,人们照样往前闯,熟视无睹,视死如归,你这几条规定算什么?"日本人还是摇头。三个月之后,日本人来找张瑞敏,说他们的办法的确不行,请允许使用海尔的管理方法。

"如果训练一个日本人,让他每天擦六遍桌子,他一定会这样做;而一个中国人开始会擦六遍,慢慢觉得五遍、四遍也可以,最后索性不擦了!"张瑞敏的观察一针见血,他熟悉中国人的秉性,知道中国人做事的最大毛病是不认真,做事不到位,每天工作欠缺一瞬,天长日久就成为落后的顽症。他想,需要一个管理机制专攻这一毛病,这一机制同时还要承担下述功能:领导在与不在企业照样良性运转。

因此,他发明一套管理方法叫作"OEC",其中"O"代表"over-all",意为"全面的";"E"代表"everyone,everything,everyday",意为"每个人、每件事、每一天";"C"代表"control和clear",意为"控制和清理",其含义是全方位地对每个人每一天所做的每件事进行控制和清理,做到"日事日毕,日清日高",每天的工作每天完成,而且每天的工作质量都有一点儿(1%)的提高。这样,从车间工人到集团总部的每一位干部都知道自己每天应干些什么,甚至可能自己考核自己的工作,领取自己该得到的那份报酬。

具体地说,OEC管理模式意味着企业每天所有的事都有人管,所有的人均有管理、控制内容,并依据工作标准对各自控制的事项,按规定的计划执行,每日把实施结果与计划指标对照、总结、纠偏,达到对事物发展过程日日控制、事事控制的目的,确保事物向预定目标发展。这一管理方法可以概括为五句话:总账不漏项,事事有人管,人人都管事,管事凭效果,管人凭考核。

总账不漏项是海尔模式实施的基础,它是指把企业内所有的事物按事(软件)

与物（硬件）分两类，建立总账，使企业正常运行过程中所有的事与物都处在控制网络内，确保体系完整、无漏项。

事事（物物）有人管，人人都管事（物）是指将总账中的所有的事与物通过层层细化落实到各级人员，并制定各级岗位职责及每件事的工作标准。为达到事事控制的目的，每个人根据其职责，建立工作台账。明确每个人的管理范围、工作内容、每项工作的工作标准、工作频次、计划进度、完成期限、考核人、价值量，等等，为确保其完整性，每个人的台账由其上一级主管审核后方可生效。

管事凭效果，管人凭考核是指任何人在实施过程中，必须依据工作台账的要求，开展本职范围内的工作，在相对的自由度下，每个人进行创造性的能力发挥。力求在规定期限内用最短的时间，完成符合标准甚至高于标准的各项工作。对管理人员是月度账加日清表控制，即每天一张表，明确一天的任务。下班时交上级领导考核，没有完成的要说明原因以及解决的办法；对生产工人是"3E"（everyone，everything，everyday）卡控制，此表由检查人员每两小时一填，每日终了，将结果与标准一一对照落实，并予以记录。通过自我审核后，附各种材料或证明工作绩效的证据，报上一级领导审核，即复审。上一级领导按其工作进度、工作质量等与标准对比，进行 A，B，C 分类考评。复审不是重复检查，而是注重实际效果，通过对过程中某环节有规律性的抽查，来验证系统受控程度。

复审结束后，工人一天的工作成绩以及一天的报酬也就显示出来。在建立分配机制上，海尔模式是采取计点到位、一岗一薪的分配形式，工作岗位根据员工应具备的知识程度、技能要求、工作经验、工作负荷、脑力与体力的分配比例、知识更新快慢的速度等予以科学划分，最终还要依据工作效果考核来计算实得报酬。工人工资每天填在"3E"卡上，月末凭"3E"卡兑现工资。

OEC 源头——斜坡球体定律。张瑞敏从"吾日三省吾身"的中国传统自律方法中，悟出企业在市场上所处的位置，就如同斜坡上的一个球体，它受到来自市场竞争和内部员工惰性而形成的压力，如果没有止动力，就会下滑。为使海尔在斜坡（市场）上的位置保持不下滑，就需要强化内部基础管理这一止动力。

"斜坡球体定律"在海尔被奉若神明，大家称其为"海尔发展定律"，它也道出了企业发展的一般规律。海尔的经济学家给"斜坡球体定律"列的公式是：$A=\dfrac{(F_{动}-F_{阻})}{M}$，即企业发展的加速度，与企业发展动力之和与阻力之和的差值成正比，与企业的规模成反比。其中：A 代表企业发展的加速度；$F_{动}$ 代表企业发展的动力之和（$F_{动_1}+F_{动_2}+F_{动_3}$），海尔常谈到的动力有三个：一是基础管理的止退力，二是优质产品、优质服务、科技发展的提升力，三是创国际名牌、市场占有率扩大的推动力；$F_{阻}$ 代表影响企业发展的阻力之和（$F_{阻_1}+F_{阻_2}$），海尔常谈到的阻力有两个：一是来自企业内部自身惰性的下滑力，二是来自企业外部竞争对手的压力；M 代表企业的质量，即规模。海尔认为，日事日毕解决基础管理的问题，使 $F_{动_1}>F_{阻_1}$；日清日高解决速度的问题，使 $F_{动_2}+F_{动_3}>F_{阻_2}$。

用斜坡球体论来比喻，OEC 在管理上的深层含义有三方面。

（1）管理是企业成功的必要条件。没有管理，没有止挡，企业就会下滑，就不可能成功。

（2）抓管理要持之以恒。管理工作是一项非常艰苦而又细致的工作。管理水平易反复，也就是说，止挡自己也会松动下滑，需要不断地加固。管理是一项笨功夫，没有一种一劳永逸的办法，只有深入细致地反复抓、抓反复，才能不滑坡，上档次。

（3）管理是动态的，永无止境的。管理无定式，需要根据企业目标的调整，根据内外部条件的变化进行动态优化，而不能形成教条。海尔的口号是"练为战，不为看"，一切服从于效果。

篇章三：重在行动的人才观念

盘活企业，首先盘活人。按海尔的说法，如果每个人的潜能发挥出来，每个人都是一个太平洋，每个人都是一座喜马拉雅山，要多大有多大，要多深有多深，要多高有多高。张瑞敏看准了这一点，企业首先要对得起人，人才能对得起企业。

对人才的选拔使用，张瑞敏从一接手这家企业，就提倡"赛马"而非"相马"。张瑞敏说："我是老三届学生，深知单凭领导印象、感觉的好恶来提拔干部，往往弄错，而且容易挫伤大多数人的积极性。那时候我就看不惯一些单位的领导任人唯亲、拉帮结派，到自己当了企业领导，我就一定要创造一个完全公平竞争的空间，给海尔每一个愿意干事的人才以发挥才干的舞台。这就是海尔跟其他企业不同的地方。"

中国历来把世道清平、人才解放的希望寄托在清官好皇帝上，"包公""伯乐"的故事千古流传就是这种传统心态的体现。张瑞敏这样解释："伯乐相马"在封建社会可以，在市场经济条件下，"相马"作为一种人事制度，不规范，不可靠，这种把命运拴在别人身上的机制出人才的效率是很低的。由少数人说了算的选人路子肯定不能够做到最大限度地选用优秀人才，也不可能做到公平。要做到用人的公平、公正、公开，"赛马"才是真正值得信赖的好制度，它能激发人的活力，让人才脱颖而出。是不是千里马，要在市场这个大竞技场、企业这个大赛马场上见分晓。跑在前面的人有危机感，才能保持自己的竞技状态；而跑在后面的又想超越前面的人，所以才会加倍努力。

在激烈的市场竞争中，具有深邃眼光的海尔早已清楚地看到在人、财、物、时间、空间诸要素中，人才是企业发展的关键因素，人是企业的主体，是企业活力之源。海尔格守以人为本的指导思想，提出"人人是人才"的用人观念，坚持用竞争上岗的办法选拔人才。在"赛马场上挑骏马"，实行管理人员公开招聘。每个月由人力资源管理部门公布一次空岗情况和招聘条件，经过严格的实绩考核、笔试面试，使人尽其才，才尽其用。这样，一批好学上进、有实践经验的一线工人转入管理。一批年轻的大学毕业生经过基层锻炼走上了领导岗位，干部新陈代谢的良性循环机制得以运行。海尔独特的用人观创造了一个有利于每个人最大限度地发挥自己特长的机制，使每个人在企业里都能找到适合于展现自己价值的位置。

第一流企业清楚自己需要什么素质的人才。如"联邦快递"认为人要有"两股勇气"："承担风险的勇气，具备坚定信念的勇气"；"乐天派"是迪士尼聘人的首选；

宝洁公司想雇佣具有全球眼光的优秀年轻人,并帮助他们完成一生发展的设计规划。对已经适用的员工,花旗银行还不断地跟踪他们,派专人以各种方式了解全球1万名员工:他们的表现如何?还想怎样进一步发展?还需要提高哪些技能?公司还有哪些职位适合他们发展?

张瑞敏把海尔的所有员工都看作可以造就的人才,领导者的工作是设法把每一个人的潜能都发挥出来,使之对企业达到"投入地爱一次,忘了自己"的境地。为此,海尔制定了许多有关的制度,通过实行公开招聘上岗,发现人才和促进人才流动,让许多年轻有为的员工走上领导岗位。这些制度使每个员工都能感受到自身价值的存在,积极自愿地、富有责任感地进行创造性的工作。

张瑞敏恪守人本主义的管理哲学。海尔现在已经是"世界级的供应商"。如何与松下、三菱这样资金技术力量雄厚、内部管理严格的对手竞争?张瑞敏说:"靠人,靠人的优势。"正因如此,张瑞敏为海尔设计、缔造了这样一种文化:以人为本。一切以人为中心,把人当作主体,当作目的,在企业内部营造了一种尊重人、信任人、关心人、理解人的文化氛围,让每个员工都以百倍的热情投入充满理想色彩的伟大事业,使管理的艺术和心灵的需求更加和谐、完美地统一起来。

人本企业在各个层次都拥有强大的凝聚力。然而,提高员工凝聚力的第一步是给予员工当家做主的感觉。只有这样,员工才有自我表现的动力。为了给员工创造"自我设计""自我表现"的机制,张瑞敏设立了"海尔奖"和"海尔希望奖",重奖有发明创造的人才。

张瑞敏说,海尔集团有2万多人,其中,有研究生,也有文化程度较低的员工,但"人人是人才"。他提出过"管理借力论",就是挖掘和调动每个员工的积极性、创造性,形成合力,通过管人达到管事的目的。他引用一句古语解释:"上下同欲者,胜。"他要求管理人员必须身先士卒,对员工则强调参与意识。在海尔,就要营造"人人是人才"的氛围,让海尔员工人人都有公平感,人人都有成就感,"你能翻多大的跟头,我就给你搭多大的舞台"。

张瑞敏闲聊"三国",说刘备虽胸怀大志,虽无甚奇能,但他求贤若渴、爱才如命,将孔、关、张、赵、马、黄等文臣武将团结在周围,终于在西蜀建朝立国;若海尔善于造就和使用人才,形成"人人是人才"的氛围,是奠定海尔发展之基础。

张瑞敏说:"兵随将转,无不可用之才。作为一个领导,你可以不知道下属的短处,却不能不知道下属的长处,要能够容人之短,用其所长。"这种思想有助于员工建立自信心,鼓励他们自己磨炼自己。

篇章四:品牌为旗

1985年,海尔用铁锤砸烂了76台不合格冰箱,这不仅是公司创业的壮举,更是中国一代名牌的起点。创名牌,核心在于产品的高质量。海尔始终靠高质量推销产品,而不是以价格取胜。"高质量"的内涵不仅仅是符合工厂或国家规定的标准,更意味着不断向顾客提供超出期望的满足。顾客增加值现已成为世界一流公司的竞赛名称。

从起步开始,海尔就实施了一种质量驱动战略。简而言之,它的目标是要成为一个高质量的组织，干出高质量的工作，生产高质量的产品。以"零缺陷"而言，要使质量百分之百合格的想法是有道理的吗？多数人都会认为这是荒诞的，但实际上，并不那么容易下判断。从统计学观点来说，"零缺陷"是没有道理的，在大公司里，根据大数定律，总会有残次品出现。另一方面，如果不为百分之百而奋斗，那就是容忍错误，错误也真的会发生。

对于质量与品牌之间的关系，海尔看得十分清楚。海尔1985年就提出：创名牌，核心在于产品的高质量。张瑞敏认为，在市场经济中，"高质量"的内涵不仅仅是符合工厂或国家规定的标准，而且是适应市场的需求，利用高科技来创造市场，引导消费。具体地说，一是不断向用户提供意料之外的满足，二是让用户在使用海尔产品时毫无怨言。他还认为，高质量的外延就是要发展规模经营，使产品在高质量的基础上，形成合理的竞争规模，把名牌这块蛋糕做大，赢得巨大的经济效益和社会效益，使企业一直保持上升势头。除了冰箱，海尔在空调、洗衣机及厨房用具上都是后起之秀，可都后来居上，在市场占有率上名列前茅。原因当然是靠内在质量开路，名牌战略发挥后劲作用。

对品牌的保护是为了让品牌获得最好的生长机会，这是优秀企业品牌战略的一部分。像海尔的故事所显示的那样，品牌的管理已成为一项技巧很高的特殊工作。曾经有很长一段时间，一个品牌就是一个品牌，品牌管理者的任务非常单纯。然而，今天的情况已经发生了彻底的变化，大众市场的细分创造出多元化的消费观，品牌的延伸也使其担当的角色复杂难辨，品牌管理者除了要知道品牌的特色，还得了解品牌在不同情境下扮演的不同角色，而且，还要让消费者能清楚地分辨出不同品牌组合之间的关系。

与技术开发"细分市场"策略相对应，海尔的生产和销售也采用了"多品牌"战略，即用五彩织纷的品牌群体烘托海尔总品牌的光彩，达到众星捧月的效果。这一招，现在一些世界名牌也在使用。如通用汽车公司的牌子比福特、克莱斯勒和丰田三家加起来还多。尽管这样每年会增加上千万美元的策划和广告投入，可产生的销售利润、市场信用和消费者信心等效益，远远超过了投入。

采用多品牌策略的公司必须具有经过验证的基于品牌的企业文化和组织结构。与采用单一品牌结构的公司相比，以多品牌为导向的公司必须更多地依靠单个经营单位，拥有强大的市场营销能力和优异的生产管理水平；必须通过发展良好的以品牌为导向的控制系统为经营单位提供支持。

张瑞敏说："消费者给予企业无任何企图的赞扬。有口皆碑，这就是美誉度，这种美誉度是无价的，是最可贵最可靠的市场资源。"市场经济条件下每个企业都想占有更大的市场。而要成为胜者，唯一需要的就是美誉度。但是，美誉度永远是相对的，它所需要的不仅是顾客今天的满意，更重要的是明天的满意。所以，要树立一个品牌的美誉度，绝不能把品牌仅仅等同于产品。过度注重和产品功能相关的品牌特色，对于品牌的发展会有非常不利的影响。标榜产品属性的品牌策略，既不能帮助品牌在市场上脱颖而出，又极其容易被竞争对手模仿，而且也不利于品牌的延伸，令品牌无法灵活适应市场的变化。

海尔的做法是把品牌的认同基础扩大到企业，即所谓"品牌就是企业"。这种品牌策略强调的是企业的属性,而不是产品或服务。"企业的属性"包括企业的创新能力、质量领先的声誉、研发机构与市场部门的密切协作情况等等。这些属性是由企业的员工、文化、价值观以及企业内的各种计划共同创造出来的。

消费者对海尔人艰苦卓绝树立的海尔总品牌具有深刻的形象认识,对同牌产品产生一致的认同,并以企业的形象影响力作为购买依据,从而给海尔带来了综合的效益。如今,"海尔"已成为纯正的"中国造"精品的代名词,并以"产品零缺陷、使用零抱怨、服务零烦恼"的特色向全球展示自己的风采。世界著名管理咨询公司麦肯锡公司认为,建立一个强劲品牌要经历三个阶段:即"商品"变成"名字","名字"变成"品牌","品牌"变成"强劲品牌"。一件"商品"如果能被消费考认知而达到一定知名度,就可称为一个"名字",在此基础上加上强的业绩表现可以称为"品牌",而只有把品牌人格化、赋予其独特的个性并使其无所不在,才能真正飞跃到"强动品牌"。海尔正在向强劲品牌靠近。

篇章五:面向市场的产品创新

海尔价值观的核心就是两个字——创新,而且把这一价值观变成企业的灵魂,成为海尔进军国际市场的不竭动力。与之相比,众多的中国企业至今仍然没有自己的灵魂。创新的第一要求就是和市场结合,这不仅意味着适应市场,更重要的是"创造市场",即不局限于在现有的市场中争份额而是以自己的优势"重做一块蛋糕"。海尔把自己看作一个新产品引擎,目标是在竞争使其产品过时之前,就淘汰自己的产品。

在科技产业的战场上,决胜点不在实验室(技术),而在大街上(顾客),向顾客开放是所有出色企业奉行的原则。四川农民希望洗衣机能洗地瓜,这看似荒唐的要求,却给了海尔市场开发的灵感。大地瓜洗衣机销量并不大,但它验证了海尔的创新理念,给消费者以信心。海尔连这样的市场需求都能满足,还有什么做不到的呢?

海尔在解释"用户满意"的理念过程中,得出匠心独运的"只有淡季的思想,没有淡季的产品"的经营理念,基础就是海尔强有力的技术创新制度和相应的科研管理模式。摈弃主观上想当然的"淡季思想",却又不是盲目冒进,而是注重技术创新基础上的"产品"思想,这就是海尔的勇气。

人说上海的市场难以打进,不仅因为上海市场本身已具备相对国内其他市场较规范的市场结构,而且因为上海产品向来在国内市场上具有较强的整体优势,再加上上海消费者近乎苛刻的对产品更新度的多元化需求,因而,一般非上海产产品难以打进上海市场,并不主要因为上海实行地方保护主义。事实上,上海市场恰恰比其他国内地区市场有更大的开放度,因为上海市场简直就是产品的检验所。

海尔硬是凭着灵敏的市场触角,巧妙地在产品的细微之处大胆创新,最后把2千克装的"小小神童"洗衣机嵌入了上海市场,而在1997年这种洗衣机打开上海市场时,却是一般业内人士认为和消费者普遍消费行为对称的淡季时期,洗衣机的载物洗涤容量一般为5千克,而且呈增大趋势,但海尔推出"小小神童"时,却和这种洗衣机的消费潮流背道而驰,思维的逆转,加上强大的科研开发实力,让海尔打开了市场并站稳了脚跟。

海尔对技术创新的重视带有强烈的爱国主义思想。这种强大的民族观念推动海尔一步步走向高处。海尔认为,我国和国际经济活动大融合只是时间问题,结果是中国为创造公平竞争环境的一系列措施激发了国外跨国公司进军中国市场的欲望,他们带着高新技术和雄厚的资金纷纷到中国设厂和销售外国品牌的产品。逐步实现生产销售的中国当地化战略,直接冲击着中国的市场,威胁着中国的民族工业。中国的民族工业来已经进入了"与狼共舞"的严峻时代。

市场的竞争内涵发生了根本性变化,以往中国的市场竞争主要是国内企业间的竞争,而今是中国民族工业企业同外国跨国公司之间的竞争。对家电业来讲,尤其如此,家电行业中新的竞争直接关系到民族家电工业企业的进一步发展壮大,甚至直接影响民族家电工业企业的存亡。目前,我国众多的家电企业纷纷同实力雄厚的跨国公司合资,以求利用跨国公司的高新技术和雄厚的资金重振雄风,但反过来,这往往是以牺牲我们民族工业企业的控股权和品牌为代价,这种情况导致家电行业的中国品牌越来越少,面临的形势越来越严峻。在这种形势下,民族工业企业如何求得生存和进一步发展壮大,如何在激烈的市场竞争中高举民族工业的旗帜,振兴民族工业是每个企业要思考的问题。在这种分析后,海尔得出解决生存问题的办法。除加强对中国市场的研究外,很重要的一条,是以市场为导向,强化企业科技开发,最终成为技术创新的主体,使企业具备发展的后劲和原动力,从而做到根据市场的需求不断开发出适销对路的产品。引导消费,发展壮大自己,振兴民族工业。

正是出于这种考虑,海尔集团自创业以来,始终重视技术创新工作,把企业的科技创新列入企业的首要工作。通过这些年的发展,海尔已形成了技术创新体系,科研成果基本上同海尔独特的动态优化科研管理方法,就是海尔贴近市场的产物。

1.项目是动态的。科研项目要围着市场转,要根据市场的变化不断进行调整:凡市场急需的,就不遗余力将项目积极推进;凡不适应市场需要的,不仅不开展,即使是已开展的,也要改进或停止。不以成果多少论英雄,而以市场效果论英雄。

2.技术是动态的。根据国内外技术发展和市场变化,对项目所应用的技术也进行动态调整,及时吸收最先进和最适应市场需要的技术,从而保证技术的领先和贴近市场。

3.人员是动态的。在整个产品开发过程中根据项目的需要和技术的变化来调配人员,通过公开招聘竞争上岗,促进人才向科研岗位流动,并将不适应研究工作的人调整下岗。

篇章六:真诚到永远的星级服务

在中国,服务商机的到来只是十几年的事情。在计划经济时代,服务是奢侈品;而在市场经济条件下,服务已成为企业全部经营活动的出发点与归宿。

海尔是全国第一家提出"以服务赢得市场"的企业。张瑞敏把海尔的全部市场行为归纳为一句话，叫作"卖信誉而不是卖产品"。在海尔人眼里，产品合格不是标准，用户满意才是目的。没有十全十美的产品，但有百分之百的服务。

"零距离"是目前海尔大力宣扬的一个概念，对于什么是零距离，张瑞敏说："所谓零距离，其本质是心与心的零距离。只有企业同员工的心是零距离，员工才能同用户的心零距离，那就真正做到了卖一台产品赢得一颗用户的心。"零距离是一种全新的服务观念和市场营销观念，强调"直接面对用户，以用户为核心"，一改以往"企业生产什么就卖什么"的做法，提倡"用户提出要求，我们按需提供"。它十分符合当今网络时代的精髓。

海尔的服务有个十分响亮的名字——海尔国际星级服务。海尔的"星级服务"大体包括三方面的内容。首先是售前服务：实实在在地介绍产品的特性和功能，通过不厌其烦的讲解和演示，为顾客答疑解惑。如海尔产品的质量好究竟好在哪里，功能全究竟全在何处，如何安全操作，用户享有哪些权利等，从而使顾客心中有数，以便在购买时进行比较与选择。其次是售中服务：在有条件的地方实行"无搬动服务"，向购买海尔产品的用户提供送货上门、安装到位、现场调试、月内回访等服务。最后是售后服务：通过微机等先进手段与用户保持联系，出现问题及时解决，以百分之百的热情弥补工作中可能存在的万分之一的失误。"星级服务"有一整套规范化标准：(1)售前、售中提供详尽热情的咨询服务；(2)任何时候，均为顾客送货到家；(3)根据用户指定的时间、空间，给予最方便的安装；(4)上门调试，示范性指导使用，保证一试就会；(5)售后跟踪，上门服务，出现问题24小时之内答复，使用户绝无后顾之忧。

在实施"星级服务"中，海尔还推出了"一、二、三、四"模式。

一即一个结果：服务圆满。

二即二条理念：带走用户的烦恼，留下海尔的真诚。

三即三个控制：服务投诉率小于十万分之一，服务遗漏率小于十万分之一，服务不满意率小于十万分之一。

四即四个不漏：一个不漏地记录用户反映的问题；一个不漏地处理用户反映的问题；一个不漏地复查处理结果；一个不漏地将处理结果反映到设计、生产、经营部门。

"星级服务"的目标是：用户的要求有多少，海尔的服务内容就有多少；市场有多大，海尔的服务范围就有多大。

为了保证"星级服务"的连续性、有效性，使之在任何时候都能经得住严峻的考验，海尔集团建立了国内最大、最先进、最完整的服务体系。海尔服务中心拥有国内一流的计算机检测和通信系统，可以在30秒内迅速查询到售出的产品，并给予顾客最满意的答复。海尔服务中心是目前国内服务领域资金最雄厚、运输调配能力最强和反应能力最快的销售服务机构，也是国内服务区域规模最大的销售服务机构，在全国建立了几十个分中心，可以把海尔的服务以最快的速度、最高的效率迅速推进到全国的每一个角落。

海尔集团执行总裁杨绵绵告诉记者，"星级服务"的内涵是确切的，即通过真诚的服务,不断满足用户对产品服务方面的一个又一个新的期望,使消费者在得到物质享受的同时,还得到精神上的满足;其外延则是不确定的、动态的,必须不断满足用户层出不穷的合理要求,并通过具体措施使服务制度化、规范化。即使出现极个别用户的不合理要求,我们宁愿发"委屈费",也决不允许与用户对着干。

后来,海尔在星级服务上又提出两点新要求:一是不断向用户提供意料之外的满足;二是让用户在使用海尔产品时毫无怨言。海尔明确宣布把"星级服务"作为自己跨世纪宏伟工程的核心,并以此驱动市场份额的持续拓展和不断领先的产品创新,实现二次创业的总体战略目标——造就一个现代化的大型跨国集团企业。

在张端敏看来,"消费—服务—生产"这一结构已成为当今世界先进经营秩序的基本框架。在这一结构框架中,服务起着沟通、疏导消费与生产的中介作用。服务的主体地位是根本不容忽视和无法动摇的。没有先进完美的服务体系和服务手段,就无法吸引消费者,就无法占领市场,也就无法扩大再生产,更谈不上企业的整体驱动与持续发展。

服务机制的完善与否直接代表着企业体制的先进程度,服务环节的完善与否直接反映着企业的经营水平和经营能力。可以说,服务是企业全部经营活动的出发点和归宿。服务决定消费,并由此决定生产,这是一个积极的双重因果循环关系。"海尔流派"的服务精神。在我国的经济生活中具有里程碑式的意义。在计划经济时代,企业的生产和经营严重脱节,服务一直游离于社会经济总秩序之外,服务的主体地位从未得到应有的重视。在以卖方市场为主的短缺经济环境里,生产者和卖方的优先地位被先天地确立了,对买方而言,没有选择的权力,服务更是奢侈品。即使到了经济生产和经营发生了巨大变化的 20 世纪 90 年代,在买方市场已经初步形成的情况下,大量的企业和人对服务的认识仍然停留在短缺经济、计划经济时代,服务仅被视作推销产品的手段,服务的主体地位始终未能在社会经济总秩序中得到质的提升。由中央新闻媒介以及众多的民间组织联合掀起的"质量万里行"活动,在 20 世纪 90 年代获得了浩大的声势和规模,它从另一个侧面反映了服务的衰竭和苍白无力。

在此条件下,以海尔为先导的服务潮流以其强劲的态势,改变了经营的时代方向,并对中国经济运行模式的整体产生了深远的影响。

篇章七:"吃休克鱼"的扩张方法

从 1993 年开始到 1998 年,海尔进入以兼并求发展、增强竞争实力的阶段。这时期,为了在日渐开放、竞争激烈的市场上获得生存,企业注重科技开发和质量控制,在售后服务、产品形象等方面下大力气。一批国产著名品牌逐步确立.成为消费者放心购买的标志。知名品牌成为企业的无形资产,我国一批优秀国产品牌的无形资产含金量大大提高。

与此同时,跨国公司大举入侵,我国实际利用外资从 1990 年的 103 亿美元猛增到 1995 年的 481 亿美元;国际竞争来到身边,国内企业一出厂门就进入国际市场。国内企业技术水平低,产品质量不高,市场竞争力弱,达到国际先进水平的企业不足20％，大多数还是处于国际20世纪六七十年代的技术水平，有的甚至是20世纪四五十年代的水平；国有企业资源配置效益低下，中长期亏损的占20％左右；引进外资的同时，也引进了新的竞争主体，竞争实力明显不均衡，加上市场的细分，原有的市场空间变小，造成市场过度竞争。

在此期间，企业普遍不清楚筹资干什么，盲目抓票子，从股市收来的钱不知作何使用，有的以为房地产赚钱就投向房地产，有的干脆就存在银行里。海尔则继续以钱滚钱，收购经营不善企业，连续兼并了18家企业，经营规模迅速扩大。

兼并，也是以钱套钱的游戏。海尔从20世纪90年代初吃进经营弱势企业，靠的是管理优势和文化优势，以软伏硬，以柔克刚，最终以小钱控制大钱。海尔兼并红星电器厂、激活"休克鱼"就是一个优秀示范。

海尔的兼并目标很有特点：主要选择技术、设备、人才素质均优良，只是管理不善，处于休克亏损状态的企业，海尔人称之为"吃休克鱼"。对于休克鱼，张瑞敏的解释是：鱼的肌体没有腐烂，比喻企业的硬件很好，而鱼处于休克状态，比喻企业的思想、观念有问题，导致企业停滞不前。这种企业一旦注入新的管理思想，有一套行之有效的管理办法，很快就能够被激活起来。

"吃休克鱼"的理论为海尔选择兼并对象提供了现实依据。海尔看重的不是兼并对象现有的资产，而是潜在的市场、潜在的活力、潜在的效益，如同在资本市场上买期权而不是买股票。在海尔的18件兼并案中，被兼并企业的亏损额达到5.5亿元，而最终盘活的资产为15.2亿元，实现了低成本扩张。

海尔选择"休克鱼"是基于以下两点考虑：首先，企业结构调整，可分为"以强吃弱"和"强强联合"两大方向。优势企业兼并濒临破产的困难企业，能够以强扶弱，盘活存量资产，减少失业，但也容易使优势企业背上包袱，搞不好会影响企业短期甚至长期的竞争力。为了迅速培养一批具有国际竞争力的大型企业集团，世界经济大国在企业结构调整中积极鼓励优势企业主动采取的"强强联合"式的企业结构调整，不仅可以增强企业的国际竞争力，而且可以优势互补，减少重复投资，提高现有生产能力的利用率和技术开发的联合攻关能力。如果两家大企业的销售与服务渠道共享，必然扩大产品的市场占有率；如果两家企业的技术开发队伍联成一体，一加一肯定会大于二。然而，当时国内市场经济体制还不健全、效益好的企业没有互相兼并的动力，真正以资本为纽带的强强联合，在当时并没有出现。

其次，资金匮乏，使优势企业无力兼并那些需要巨大投资的亏损企业。在我国，企业出现亏损的原因多种多样。但企业经营机制不健全，管理不善是普遍的根本原因。对被兼并的企业，注入资金、技术固然重要，但这只是外部条件的优化，可治标，却不能治本。因此，关键在于解决企业发展动力和经营机制问题，变输血为造血。海尔选择那些硬件不错，只是管理不善的企业，通过输入海尔的管理和文化模式，可以很快使它起死回生，从休克状态苏醒，变得充满活力。

篇章八：先难后易的国际化战略

海尔国际化市场战略的独到之处是"先难后易"。所谓"先难后易"，就是先打开发达国家的市场,然后进入发展中国家的市场。海尔这样推理:如果能在现已成熟的市场中竞争过那些知名的企业如 GE、松下、飞利浦,就一定能占领发展中国家市场。先强后弱,战胜了强者,弱者会随风而倒,就好比在国内市场上,海尔冰箱先占领了北京、上海,有了一定的名牌效应,再攻其他中小城市便所向披靡。

攻国际市场,也可以先攻欧洲、美国、日本等发达地区,一旦成功,其他地区自然会被辐射到,因为西方国家经销商的商战手法很凌厉,不用你操心,他们就会把商业网络做到不发达地区。

"先难后易",这里面潜藏着一种逆向思维:向第三世界国家出口创汇相对容易,但对企业形象来说有什么好处呢?海尔偏要把产品放到发达国家,放到家电业的老祖宗眼皮底下去。西方国家不认中国产品,无形中给海尔创造一个机会:都说中国货不好,我偏要摆出高质量的产品来,而且标的价格不比洋货低,尽管西方人不买,但会引起注意——中国货价钱都很低,唯独海尔的产品这么高价,为什么?一开始没人要,慢慢地总会有人接受的。到了那时,海尔产品货真价实的优势就体现出来了,使用者满意,口碑自然很快就会传出去。

一位德国经销商就说:"海尔进入德国恐怕是挡不住的,因为它的质量征服了我们;可我们的好奇心也使我们犯了错误,我们不相信一个中国造的商品敢标出与西方品牌毫不逊色的价格,一旦进入检测程序,我们就没有理由拒绝了,因为它确实不错。""先难后易"的具体操作当然是积小胜为大胜,最终在国际上占有大的份额。海尔是这样勾画跨国运营方略的:通过开展星级服务成为中国家电第一品牌,再以市场份额的不断扩大和产品的不断创新为基点,创建"世界名牌",在 21 世纪,把海尔建设成为国际化的跨国企业集团公司。

先难后易,即可转弱势为强势。从国际市场一体化的全局看,海尔尚处于"敌强我弱"之势,但却可以转化出无数个局部的"我强敌弱"之势。海尔信奉"战略上以一当十,战术上以十当一",集中优势兵力打歼灭战。从而造出若干个局部的"小强势",进而转化为全局的"大强势"。具体做法上,海尔依靠"一路纵队而不是一路横队"进行市场开拓。由于产品线很多,在一个外国市场上,海尔不可能采取在国内的做法,告诉消费者自己提供什么样的选择,而是看哪一种产品竞争力最强,先用它当尖兵进入市场,叩开市场大门之后,其他产品再跟进。这样算起来总的交易成本比较低。美国市场就是用冰箱先打进去的,现在很多美国人都知道海尔是做冰箱的,后来再跟进洗衣机,就不需要再大肆宣传了。但是在欧盟市场上,海尔是由空调打先锋。因为欧洲人过去不太使用空调,它的空调市场刚刚发展起来,无论是日本品牌、韩国品牌,欧洲人同样感到陌生。海尔空调在法国和意大利先冲进去,现在,冰箱、洗衣机跟着它往里冲。和打仗一样,一路纵队牺牲比较小,一路横队牺牲就比较大。

为了实现"先难后易"的市场进入策略,海尔不惜把自己逼到悬崖边上。发达国家中德国对待质量最认真,通过德国的质量认证也最难,了解到这一点,海尔就专攻德国认证,一攻就是一年半。其中有一项试验是将电冰箱的内体悬在室内中央,人人四面八方用水喷,等浸透水之后再查看漏电与否。通过认证之后,海尔要进入德国市场,德国人还是认为日本冰箱都没有能进入德国,对中国冰箱又如何信得过？海尔把冰箱运到德国，守着25名德国经销商，一再坚持他们把德国市场上所有品牌的冰箱和海尔冰箱都揭去商标，放在一起检验。检验结果很好。最后德国人当场签订了2万台的合同，这是海尔第一批进入德国的冰箱，也是整个亚洲出口最多的一批冰箱。

海尔的冰箱技术是从德国引进的，海尔冰箱出口的第一个国家也选择了德国。海尔洗衣机技术是从日本引进的，出口自然首选日本。日本是一个家电出口大国，它对进口最为挑剔。1995年，日本想大批量进口洗衣机，许多著名洗衣机生产厂家都闻风而动。可精明、苛刻的日本人认准的是产品的质量，而不是品牌。他们做了一项严格的洗衣机性能试验，不贴商标，采用美国军用工业标准对来自各国不同品牌的洗衣机进行检测。在中国，洗衣机无故障运行达到5000次已属不易，而这次检测需达到7918次才可放行。国内一根水管只需500次试验，而日本的检测室需在0℃以下连续测试6300次方可通过，比中国的检测次数高出10余倍。最后测试结果显示，海尔洗衣机各项性能指标均列第一，成为首家出口日本也是出口数量最多的企业。

进入德国和日本市场就等于站在了家电市场的最前沿，这两个较真的国家认可了，其余国家就好办多了。目前海尔产品已出口到世界上102个国家和地区，其中60%以上在欧美地区销售，海尔成为中国家电进入国际市场最早、数量最多、品种最全的企业集团。

闯进了世界市场，也就保住了国内市场。外国著名的跨国集团纷纷以合资、合作的方式进入我国家电市场，海尔集团也同它们合作，如与日本三菱重工合资生产空调器；但海尔凭借雄厚的企业实力和强烈的品牌意识，经过激烈争取和艰苦谈判，终于使产品国内销售全部采用"海尔"商标。海尔与三菱成立的合资公司，商标用"海尔"，控股也是海尔，这在三菱跨国经营史上是少见的宽容做法。海尔不畏艰险走向世界，最后博得了与跨国公司平起平坐的国际地位。

第二步，以5—6人的小组为单位根据案例资料，就以下问题，个人充分发表个人观点，进行讨论和分析，并记录。

①请重述海尔的经营管理哲学。

②请简述海尔的企业文化建设，并结合案例谈谈企业文化的重要性。

③海尔日清日高的素质管理包含了我们管理学中的哪些内容？

④海尔的人才招聘及使用的特点是什么？体现了哪些激励理论？

⑤海尔的战略发展历程如何？

第三步，各小组选出一名代表发言，对小组讨论分析结果进行总结。

第四步，引导总结。从整个管理的角度，结合案例及学生的发言，老师进行分析与总结，进而回顾管理学的相关内容。

第五步，以小组为单位对各种观点进行分析、归纳和要点提炼，完成案例分析发言提纲。

实训要求：学生能认真看完全文，并能做好一定记录，完成实训报告的填写，同时也能运用所学的管理学相关知识较好地回答问题；查阅相关资料，完成案例分析与发言提纲，各小组成员都应学会讨论分析记录，并积极进行讨论，发表个人观点，认真完成实训内容；发言提纲要求语言流畅,文字简练,条理清晰。

三、实训时间及成绩评定

(一)实训时间

课前准备——填写实训报告,时间为 40 分钟,课堂提问及回答,时间为 8 分钟以内,老师总结时间为 4 分钟。

(二)实训成绩评定

1.实训成绩按优秀、良好、中等、及格、不及格 5 个等级评定。

2.实训成绩评定准则。

①能否在规定时间内完成案例分析。

②能否理解案例。

③能否结合案例及管理学课程进行分析。

实训项目二　企业家智商测评

一、实训目的

通过测试问卷,学生能进一步了解自身的素质,了解企业家智商的相关内容,为今后企业家塑造奠定基础。

二、实训内容、组织方式及步骤

实训形式:

素质测评。

实训步骤:

第一步,实训前准备。按学生人数印发测评资料。

⇨【素质测评 12-1】

你的企业家智商是多少?

根据下列量表,评价你自己的下列 15 种行为和个性特征:

1＝非常不同意　2＝不同意　3＝同意　　4＝非常同意

1.我能够把理念转变成任务和结果。

2.当我对某一项目感兴趣时,我的睡眠较少。

3.为了得到长期奖赏,我愿意做出牺牲。

4.在成长的过程中,我比较喜欢冒险,我不是一个谨小慎微的孩子。

5.我常常可以看到其他人看不见的趋势、关系和模式。

6.我总喜欢一个人独来独往。

7.大家认为我比较固执。

8.我愿意和一位难以相处但是能力很强的人一起共事,而不愿意和一位情投意合但是能力低下的人一起工作。

9.在孩提时代,我有一份送报纸的临时工作、出售柠檬水的摊位,还在几个中小企业中做过。

10.我常常保存新年的决心书。

11.我不容易泄气,即使遇到巨大的障碍我也会持之以恒。

12.我能够很快从情绪低落中恢复到常态。

13.为了独自过生活,我愿意多放一些"储备金"——也许把我所有的积蓄都全部用上。

14.我对日复一日的同样工作感到厌倦了。

15.当我想要某件东西时,我心中的目标非常明确。

评分标准:

汇总你的15道题的总得分。如果得分为50—60分,那么你的企业家智商就非常高。30—50分表示你有很好的当企业家的潜质。如果你愿意并受到激励的话,你创办一家成功企业的可能性是很大的。如果你得分在30分以下,也许你并不具备多少企业家的素质。再把每个问题复习一遍,想一想你将如何做出改变,以便自己或多或少具备一些企业家的素质,当然这取决于你个人的职业发展兴趣。

第二步,根据以下问题学生进行发言。选取部分学生代表就自身的测评结果进行分享。

①你的测评结果如何?

②请你对测评结果进行分析。

③根据测评,你将如何提高自身素质?

第三步,引导总结。从企业家素质的角度正确认识企业家智商,并结合自身的优缺点进行分析、改进和完善。

第四步,以小组为单位对各种观点进行分析、归纳和要点提炼,完成实训发言提纲。

实训要求:学生能根据素质测评方法对自己进行较为科学的测评,并能结合管理学相关知识就如何提高自身素质提出有效对策。

三、实训时间及成绩评定

(一)实训时间

测评资料阅读及实训报告的填写,时间为10分钟,学生发言时间为4分钟,老师分析总结时间为3分钟。

(二)实训成绩评定

1.实训成绩按优秀、良好、中等、及格、不及格5个等级评定。

2.实训成绩评定准则。

①能否按照老师要求在规定时间内完成实训报告。

②管理测评是否真实有效。

③能否结合管理者的相关知识及测评结果进行自我剖析。

实训项目三 团队管理游戏

一、实训目的

通过开展团队管理游戏,学生运用已学的管理理论与知识,参与管理实践,特别是体验管理角色。

二、实训内容、组织方式及步骤

实训形式:

管理游戏。

实训步骤:

第一步,游戏讲解。团队管理游戏—《开大船》。将班级学生分成2组,邻近同学之间要绑住腿,听老师口令,整组一起做动作,如"向前""向后""向右转""向左转"等。过了一个阶段后,每组各淘汰一名,依次类推,一直到队伍里剩下两个人。看哪一组的协调性更好。

备注:绳子和剪刀

第二步,开展游戏。学生根据游戏要求开展团队管理游戏。

第三步,学生总结。学生针对自己小组内的成员表现,用管理学的相关知识进行分析,如管理者的素质等,以5—6人小组为单位就以下问题进行讨论,并记录。

1.请简述游戏过程。

2.你在团队中的分工是什么?

3.请你对自己的表现进行评价,并对自己所存在问题提出改进意见。

4.请你对小组的整体表现进行评价,并对团队所存在的问题提出改进意见。

5.你对游戏的感悟是什么?

第四步,各小组选出一名代表发言,对小组讨论分析结果进行总结。

第五步,根据学生的表现及总结,实训指导教师运用管理学的相关理论进行分析。

第六步,以小组为单位对各种观点进行分析、归纳和要点提炼,完成实训发言提纲。

实训要求:学生能根据游戏规则,积极参与游戏,服从老师管理,并能结合管理学相关理论指导管理实践,同时也能做好问题分析。

三、实训时间及成绩评定

(一)实训时间

游戏讲解时间为5分钟,分组及准备活动5分钟,游戏时间为30分钟,学生总结5分钟,老师总结时间为5分钟。

(二)实训成绩评定

1.实训成绩按优秀、良好、中等、及格、不及格5个等级评定。

2.实训成绩评定准则。

①能否按照游戏规则积极参加团队管理游戏。

②团队管理游戏中表现是否较为突出。

③能否结合管理游戏及相关管理学知识进行分析。

④管理体会较多,并真实客观地反映自身及团队的问题。

实训项目四　模拟公司创建

一、实训目的

通过进行模拟公司创建的文案设计及展示,学生切实把握现代企业的基本结构及基本管理模式,进而对整个课程进行总体复习。

二、实训内容及要求

实训形式:

综合实训。

实训步骤:

第一步,创设公司组织结构并做好文案。老师用几分钟时间简要回顾公司组织结构的相关理论,然后布置学生以 8 人左右为一组,按照现代企业的组织结构相关知识,完成公司宗旨、目标、部门设置等公司创建的基本内容,并形成文案,同时让小组成员充当企业成员,完成角色分工,但需预留一个职位,用于人员招聘。

第二步,公司展现。学生根据文案,在课堂中讲解本公司的相关情况及现有职位安排。

第三步,人员招聘。学生展示完企业相关内容后,开始人员招聘,由其他小组的 2 名成员担任应聘者,该小组成员按照拟定空缺的职位进行人员招聘。

第四步,公司成立。经过人员招聘,企业正式成立,为此小组成员需策划一个公司成立仪式。

第五步,公司年会。成立公司后,企业要按照目标管理的相关要求召开年初会议,会议中要结合之前的公司定位及岗位安排进行任务布置等。

第六步,总结。根据上述五个环节,对小组进行总结,并要求学生根据以下问题完成实训报告及公司策划文案。

①请概述你们公司的概况及组织结构。

②你的职位是什么?

③公司空缺的职位是什么? 该职位需要哪方面技能?

④你对公司招聘的人员是否满意?

⑤你怎样评价你公司的年初会议? (可结合目标管理)

⑥你对公司创建整个过程的心得体会有哪些?

备注:该实训要附上模拟公司的策划文案

实训要求:学生能根据现代企业组织结构及人员配备开展文案策划及人员招聘,并模拟公司会议场景,环环相扣,思路清晰,能全面运用管理学相关知识开展实训,策划文案语言流畅、逻辑性强、内容科学。

三、实训时间及成绩评定

(一)实训时间

组织结构设计及文案的完成需在课外完成。公司展现为 8 分钟,人员招聘 15 分钟,公司成立为 5 分钟,公司年会为 10 分钟,老师总结时间为 5 分钟。

(二)实训成绩评定

1.实训成绩按优秀、良好、中等、及格、不及格 5 个等级评定。

2.实训成绩评定准则。

①能否按照老师要求完成实训准备,特别是策划文案。

②能否顺畅开展公司讲解及人员招聘。

③能否结合管理学相关知识正常开展企业的年初会议。

④能否结合本小组的实际情况进行分析。

附录

实训记录表格 ≫ ≫ ≫ ≫

一、实训小组讨论分析记录表

专业班级		组别（组长）	
记录人		时　间	
小组成员			
讨论记录	姓名	观　点	成绩
	组员 1		
	组员 2		
	组员 3		
	组员 4		
	组员 5		
	组员 6		

二、实训小组实训报告发言提纲

专业班级		组别（组长）	
提纲执笔人		成　绩	
小组成员			

发言提纲	

三、企业参观/调研/访谈记录表

专业班级		组别（组长）	
记录人		成绩	
小组成员			
访谈对象		所在单位	
职位（职务）		联系方式	

参观/调研/访谈记录	

图书在版编目（CIP）数据

新编管理学基础实训教程／曾宪达，毛园芳主编
. —杭州：浙江大学出版社，2019.1(2022.9 重印)

ISBN 978-7-308-18844-9

Ⅰ.①新… Ⅱ.①曾… ②毛… Ⅲ.①管理学－教材
Ⅳ.①C93

中国版本图书馆 CIP 数据核字（2018）第 301892 号

新编管理学基础实训教程

曾宪达　　毛园芳　　主编

责任编辑	周卫群
责任校对	虞雪芬
封面设计	周　灵
出版发行	浙江大学出版社
	（杭州天目山路 148 号　邮政编码 310007）
	（网址:http://www.zjupress.com）
排　　版	杭州青翙图文设计有限公司
印　　刷	杭州高腾印务有限公司
开　　本	787mm×1092mm　1/16
印　　张	15.75
字　　数	393 千
版 印 次	2019 年 1 月第 1 版　2022 年 9 月第 4 次印刷
书　　号	ISBN 978-7-308-18844-9
定　　价	36.00 元